COMO SOBREVIVER A 2012

PATRICK GERYL

# COMO SOBREVIVER A 2012

Locais e Táticas de Sobrevivência para
Enfrentar a Inversão Polar

*Tradução:*
GILSON CÉSAR CARDOSO DE SOUSA

Editora
Pensamento
SÃO PAULO

Título original: How to Survive 2012.

Copyright © 2007 Patrick Geryl.

Todos os direitos reservados. Nenhuma parte deste livro pode ser reproduzida ou usada de qualquer forma ou por qualquer meio, eletrônico ou mecânico, inclusive fotocópias, gravações ou sistema de armazenamento em banco de dados, sem permissão por escrito, exceto nos casos de trechos curtos citados em resenhas críticas ou artigos de revistas.

A Editora Pensamento-Cultrix Ltda. não se responsabiliza por eventuais mudanças ocorridas nos endereços convencionais ou eletrônicos citados neste livro.

Dados Internacionais de Catalogação na Publicação (CIP)
(Câmara Brasileira do Livro, SP, Brasil)

Geryl, Patrick
    Como sobreviver a 2012 : Locais e táticas de sobrevivência para enfrentar a inversão polar / Patrick Geryl ; tradução Gilson César Cardoso de Sousa. — São Paulo: Pensamento, 2009.

    Título original: How to survive 2012.
    ISBN 978-85-315-1564-4

    1. Desastres – previsão  2. Fim do mundo  3. Profecias  4. Século 21 – Previsões  I. Título

09-00672                                            CDD-133.3

Índices para catálogo sistemático:
    1. Profecias : Ocultismo  133.3

O primeiro número à esquerda indica a edição, ou reedição, desta obra. A primeira dezena à direita indica o ano em que esta edição, ou reedição, foi publicada.

| Edição | Ano |
|---|---|
| 3-4-5-6-7-8-9-10-11-12 | 09-10-11-12-13-14-15 |

Direitos de tradução para o Brasil
adquiridos com exclusividade pela
EDITORA PENSAMENTO-CULTRIX LTDA.
Rua Dr. Mário Vicente, 368 — 04270-000 — São Paulo, SP
Fone: 2066-9000 — Fax: 2066-9008
E-mail: pensamento@cultrix.com.br
http://www.pensamento-cultrix.com.br
que se reserva a propriedade literária desta tradução.

# SUMÁRIO

PREFÁCIO .................................................................. 7

## PARTE I – SEGREDOS DE UM PASSADO DISTANTE

1. A solução do enigma do campo magnético ..................... 11
2. Por que o norte se tornou sul ....................................... 26
3. O núcleo da Terra ....................................................... 35
4. Um esplêndido código duplo! ....................................... 42
5. O ciclo de manchas solares dos maias: teoria e realidade ... 49

## PARTE II – A DESTRUIÇÃO DEPOIS DA CATÁSTROFE

6. Uma advertência religiosa para o apocalipse próximo? ..... 65
7. A destruição ............................................................... 72
8. Furacões e ciclones ..................................................... 79
9. Tempestades solares e radiação cósmica ........................ 85
10. Regiões vulcânicas .................................................... 91
11. Eras glaciais ............................................................. 100

## PARTE III – A RECONSTRUÇÃO

12. Um lugar geograficamente adequado ........................... 109
13. A reconstrução ......................................................... 115
14. Frutas, legumes e cereais essenciais ............................ 120
15. Uma biblioteca para um mundo novo ........................... 138
16. Medicina elementar ................................................... 144

## PARTE IV – LUGARES POSSÍVEIS DE SOBREVIVÊNCIA

17. O comportamento do maremoto .................................................. 151
18. Barcos insubmergíveis ................................................................ 155
19. O problema de determinar a localização ..................................... 161
20. Onde nos encontraremos depois da mudança continental? ........ 173
21. Montanhas que se erguem ou afundam no mar .......................... 178
22. Lugares mais propícios à sobrevivência ...................................... 187
23. O fim dos tempos ....................................................................... 194
24. Uma nova Idade do Ouro ........................................................... 204

## PARTE V – PROVAS MATEMÁTICAS E ASTRONÔMICAS

25. Provas matemáticas ................................................................... 213
    - Os supernúmeros predizem a catástrofe ................................. 213
    - Números de código que confirmam a contagem regressiva para o fim dos tempos em 2012 ............................................. 217
    - O ciclo de manchas solares teoricamente calculado ............... 219
    - A inversão do campo magnético numa velocidade orbital de 360 dias ................................................................................. 222
    - Outro cálculo para o período da inversão polar do campo magnético do Sol .................................................................... 223
    - O ponto de virada na unidade 16,071 ..................................... 225
    - Correlações matemáticas entre o ciclo de manchas solares e a mudança do zodíaco .......................................................... 226
    - Como os maias codificaram o período orbital da Terra? ......... 229

APÊNDICE ........................................................................................ 235

# PREFÁCIO

Neste livro, *Como sobreviver a 2012*, revelo detalhes do gigantesco cataclismo que irá atormentar a Terra no futuro próximo. Atualmente muitas pessoas, incluindo a comunidade científica de um modo geral, supõem que a rotação do planeta seja estável; no entanto, conforme expliquei pormenorizadamente em outros livros, as coisas não são bem assim. Os assustadores relatos deixados por sobreviventes de desastres já ocorridos talvez esclareçam esse ponto.

A pesquisa histórica da cosmologia que empreendi em obras anteriores baseou-se na tradução de hieróglifos, na quebra de códigos, na determinação da inversão magnética do Sol, no estudo de velhos mapas, no esclarecimento de enigmas astronômicos, em investigações geológicas e na mais espetacular descoberta arqueológica dos tempos modernos.

Depois de ponderar todas essas evidências, cheguei às seguintes conclusões:

1. Mudanças e inversões súbitas dos polos são fenômenos naturais da Terra, que ocorrem com regularidade absoluta. O resultado são destruições gerais, atestadas por indícios paleomagnéticos e manuscritos antigos.
2. A inversão dos polos se deve ao ciclo harmônico dos campos magnéticos solares.
3. As inversões polares podem ser calculadas com precisão, com base na teoria dos ciclos das manchas solares ou teoria do campo magnético, de que já tinham conhecimento os maias e os antigos egípcios. Esses segredos foram preservados no Labirinto de Hawara, um gigantesco complexo de mais de três mil cômodos.

É provável que, graças ao peso de minhas descobertas, eu tenha convencido você a tomar providências para sobreviver à próxima mudança polar em

2012. Quererá, sem dúvida, salvar a própria vida e a dos seus familiares, filhos e amigos. É um bom ponto de partida. Sobreviver e depois reconstruir, eis a questão. E, o que não chega a surpreender, é aqui que nos deparamos com o primeiro problema: você está realmente consciente do que o espera? Sabe que um caos tremendo aterrorizará sua vida num futuro muito próximo? Vou lhe dar uma ideia: esse mundo "antediluviano" totalmente destruído não é nenhum filme de aventura ou conto de fadas. Ainda bem que você já sabe de tudo isso depois de ler meus livros anteriores, onde há uma descrição exata do que aconteceu da última vez e do que nos aguarda em 2012.

Expliquei com clareza que a vida depois de uma inversão polar é puro horror, horror verdadeiramente inimaginável. Todos os recursos agora a seu alcance, como alimento, transporte e remédios, desaparecerão de um golpe: nossa civilização inteira se dissolverá no nada. Não há perspectiva mais apavorante que essa; o pior dos piores pesadelos. A catástrofe será mais devastadora do que uma guerra nuclear onde todo o arsenal global de armas atômicas fosse utilizado. Está acompanhando os fatos?

A Terra será completamente destruída. E de um modo muitas vezes pior do que eu possa descrever. As pessoas passarão fome, frio e dores sem a esperança de uma recuperação a curto prazo; todo o conhecimento e todos os recursos terão desaparecido. Essa será a realidade de sua vida diária depois da inversão polar que se anuncia. Esse será o cenário em meio ao qual você terá de abrir caminho a fim de sobreviver.

A princípio, haverá grande pânico e desespero entre os que escaparem. No entanto, se formos prudentes, logo conseguiremos retomar nosso elevado padrão de tecnologia. Um pequeno grupo bem organizado terá em mente este objetivo: reconstruir nossa perdida civilização. Técnicos, cientistas, matemáticos, médicos e muitos mais tentarão salvar o que puderem. Ainda que não consigamos motivar todas essas pessoas, uma minoria, com conhecimento e perseverança suficientes, criará um clima de ressurreição para beneficiar as gerações futuras. Assim como edificamos nossa cultura no saber herdado dos antigos egípcios, nossos filhos transmitirão o que aprenderem a seus descendentes, estes aos deles, e assim por diante. Dentro de alguns milhares de anos, uma civilização nova (e, esperamos, mais pacífica e menos poluída) habitará a Terra, depois do que o ciclo de destruição e renascimento recomeçará. Mas essa é uma outra história...

# PARTE 1

# SEGREDOS DE UM PASSADO DISTANTE

# 1

# A SOLUÇÃO DO ENIGMA DO CAMPO MAGNÉTICO

Até agora, o mecanismo responsável pelo campo magnético terrestre continua sendo, pela maior parte, um mistério – o que é bastante assustador. Sem dúvida, o prosseguimento de nossa existência depende dessa informação. Há milhares de anos, nossos ancestrais sabiam que, quando o campo magnético se modifica, o globo inteiro é destruído. Atualmente, os geólogos, astrônomos e físicos pouco sabem a respeito. E, em virtude de sua ignorância, estamos rumando diretamente para nosso fim sem que as fontes oficiais nos forneçam qualquer informação.

Mas, afinal de contas, que sabem nossos professores? Resumindo: quase nada. Eis o cenário: um núcleo sólido gira no interior do planeta, rodeado por uma camada semelhante a ferro derretido, sobre a qual a crosta terrestre está sempre deslizando. Toda essa estrutura lembra, pois, um enorme dínamo giratório. E, o que é mais, a camada líquida se movimenta dentro do campo eletrostático do Sol, realimentando-se.

No entanto, esse não é um processo eficiente: perde-se mais potencial elétrico do que se ganha. Assim como numa bateria quase descarregada, a realimentação é difícil e o "dínamo" se exaure rapidamente. Em consequência disso, a força do campo magnético já diminuiu cerca de 60% nos últimos dois mil anos. Nesse passo, não haverá muita energia disponível daqui a duas décadas! Além de tudo, devemos esperar uma inversão dos polos. Não sabemos, entretanto, como será isso. Já os maias e os antigos egípcios estavam muito bem inteirados das terríveis consequências. Tudo em seu modo de vida, da ciência à religião, baseava-se inteiramente nesse conhecimento. Assim, eles o codificaram em seus Números Sagrados e em sua arquitetura.

Tomei a cargo recuperar o conhecimento perdido desses brilhantes cientistas. Praticamente desde o início de minha pesquisa, deparei com números astronômicos e séries matemáticas que se correlacionavam. Símbolos esotéricos complementaram a correlação. Formavam sistemas crípticos inacessíveis a leigos, mas insisti em levar a cabo a tarefa e fui decifrando código após código. Levei dias, semanas, meses e anos seguindo suas pistas sutis e identifiquei-as. Depois de uma investigação irritantemente longa, percebi que esses códigos tinham muito a ver com eventos catastróficos na Terra resultantes de inversões polares. Alguns códigos eram terrivelmente complicados, embora não incompreensíveis. Quando você detecta a cifra, chega aos diferentes níveis de sua linguagem científica. Pode então, ao pé da letra, retirar camada depois de camada até chegar ao resultado final: os números científicos reais que se referem às causas das catástrofes.

Embora eu haja acumulado boa experiência na área, há ainda perguntas a responder. Essas perguntas, cuja solução procuro, estão escondidas no lendário labirinto sepultado sob as areias de Hawara. O labirinto encerra revelações que sem dúvida irão espantar até a mim. Ainda não recebi autorização para escavar o sítio, por isso continuo refletindo sobre as teorias de nossos ancestrais. Examinei cuidadosamente o valioso conhecimento oculto em seus números. No processo, consegui preencher a lacuna e mergulhei na maneira de pensar de nossos antepassados pré-históricos. Desse modo muitas perguntas puderam ser respondidas, como: que conhecimento possuíam eles? Eram mais evoluídos, em algumas áreas importantes, do que nós? O que sabiam exatamente? Devemos levar a sério suas advertências?

## A desconhecida teoria do ciclo das manchas solares dá a resposta

As respostas a essas perguntas são alarmantes e aflitivas. O trabalho de decifração que completei revela uma ciência complexa e engenhosa. Explico-me. Se você, um cientista, obtuve resultados numa área que os moder-

## A solução do enigma do campo magnético

nos astrônomos ignoram, terá descoberto algo terrivelmente importante; foi o que fiz. Recuperei o eco de uma terminologia tecnológica há longo tempo perdida, um edifício majestoso com chaves criptológicas muitíssimo sofisticadas. Vários números, ou chaves, baseavam-se no ciclo de manchas solares, que aquelas velhas civilizações haviam identificado – uma teoria irrefutavelmente correta, mas que nossos físicos não conhecem! Não é de assustar?

A teoria das manchas solares se correlaciona, por seu turno, com as periódicas inversões polares da Terra. Consegui esclarecer o enigma todo e uma estrutura em larga escala apareceu. Seu desenvolvimento é tal que a matriz matemática termina no dia da próxima inversão polar! Assim como fazemos a contagem regressiva para lançar um foguete, eles a fizeram para determinar o Fim dos Tempos. No último dia do calendário, o norte magnético da Terra se tornará o sul. E isso significará a derrocada de todo o mundo civilizado!

Minhas descobertas trazem uma mensagem grave de uma ciência perdida. Dado que seus números de código disfarçam teorias muito complicadas, nem sempre foram fáceis de entender. Depois da decifração, que às vezes ocupa páginas e páginas, eles se encaixaram logicamente e revelaram o todo. Fui desvendando as teorias e descobrindo conexões óbvias. Afora isso, a precessão – ou períodos das eras zodiacais – desempenhou um importante papel. Hoje, todos sabem que a Era de Peixes está terminando e que a de Aquário logo começará. Mas será verdade? Não haverá nenhum percalço? No passado, interrupções de eras aconteceram mais de uma vez, à medida que entravam em outro signo zodiacal! E isso estava diretamente ligado à inversão polar da Terra!

Com base no que os antigos egípcios nos legaram, sabemos que eras longínquas presenciaram o advento de civilizações. A da Atlântida, por exemplo, surgiu no ano 35712 a.C. e conheceu um primeiro período de esplendor, de 864 anos, no signo de Libra. Em seguida, o signo de Virgem passou sem problemas ao longo de 2.592 anos. De acordo com cientistas antigos, isso não iria durar. Com o decorrer do tempo, a Máquina Celeste foi se carregando de tensão como uma mola. As molas só podem ser esticadas até certo ponto, depois começam a resistir, partindo-se ou distendendo-se. Em escala cosmológica, é o que sucederá à máquina celeste. Consequentemente, o primeiro período grandioso da Atlântida terminou no signo de Leão. Haviam se passado apenas 5.904 anos desde seu surgimento. O fim da primeira civilização atlante foi acompanhado por espantosos fenômenos cósmicos e terríveis acontecimentos terrestres: gigantescos maremotos, montanhas que se erguiam e desabavam, vulcões furiosos – em suma, o término desastroso de um ambiente.

Depois, uma nova Terra foi criada. Concluída a inversão, ela começou a girar em sentido contrário e os continentes se apartaram uns dos outros milhares de quilômetros. A visão dos corpos celestes, a partir da Terra, mudou drasticamente. O Sol começou a surgir no horizonte oposto. Antes do desastre, nascia no leste; agora, no oeste. As estrelas pareciam mover-se para trás nesse mecanismo celeste à deriva. Vários mitos foram inspirados por esse fenômeno e constituíram a matéria-prima de minha decifração.

Milhares de anos depois, outra catástrofe ocorreu, em 21312 a.C. Dessa vez, o eixo da Terra se inclinou 72° em menos de meia hora. Não foi uma inversão completa, apenas um rápido deslizamento do eixo, mas que mudou de repente a "era" zodiacal. Os que escaparam a esse trágico acontecimento decidiram erigir um "Círculo de Ouro" para nele preservar todas as observações astronômicas. Também confiaram a seus sacerdotes uma missão: calcular a época do próximo cataclismo com base em dados sólidos. Eles investiram milhares e milhares de anos em intensa pesquisa, até lograr sucesso! Graças às suas descobertas referentes ao comportamento dos campos magnéticos do Sol, conseguiram calcular com um grau impressionante de exatidão a data da catástrofe que no futuro destruiria seu mundo. Você poderá ler a respeito disso em meus livros anteriores. Descoberta ainda mais assombrosa para mim foi que os descendentes *deles*, os maias e os antigos egípcios, fizeram o mesmo para nós. Em 2012 teremos uma nova inversão polar!

## As várias localizações anteriores dos polos

Indícios geológicos mostram que os polos perderam força e mudaram de lugar muitas vezes. Os geólogos sabem que, depois das erupções vulcânicas, a lava permanece magnetizada durante o processo de coagulação. A polaridade da magnetização, no entanto, depende de como o campo magnético da Terra esteja orientado. Em virtude da fraca tendência à magnetização do

# A solução do enigma do campo magnético

campo magnético terrestre, a magnetização da lava permanece constante depois do esfriamento. Por isso, é possível determinar a orientação do campo magnético da Terra a esta altura da história. Amostras de lava que inverteram sua polaridade mostram que, até há pouco, os polos magnéticos ocupavam posições inversas às atuais. Durante cada reversão polar, os fluxos de lava foram muito ativos. Encontramos prova disso no mundo inteiro.

No entanto, essa evidência parece não bastar para convencer a comunidade científica. Ela continua a supor que o campo magnético terrestre mudou várias vezes sem nenhuma razão aparente e que as consequências das inversões futuras não serão tão graves assim. Incrível: seus próprios dados contradizem isso de maneira notória! Repetidas vezes nos deparamos com indícios da extinção total de antigas espécies animais, de inversões polares e de erupções vulcânicas aos milhares. Montes de livros e jornais foram dedicados ao assunto – e ninguém até hoje tirou as conclusões corretas!

A fim de entender as implicações, você precisa observar bem o campo geomagnético da Terra. O campo magnético terrestre lembra um ímã entre dois polos: o polo norte em cima, o polo sul embaixo. No momento da inversão, a Terra se volta para o sentido oposto e sua crosta se desloca, ficando as rochas sujeitas a campos magnéticos com orientações diferentes. Se você traçar linhas a partir desses pontos, localizará as posições dos polos anteriores. A Figura 1 esclarece tal fenômeno, que não é nada difícil de entender.

**Figura 1. O Caminho do Polo.**

A Figura 1 mostra também algumas das várias localizações dos polos determinadas por meio de rochas da era mesozoica europeia. A lista dessas localizações é incompleta porque o processo de localização é lento e difícil. Até agora, foram determinadas centenas de localizações polares. Os geólogos ainda não encontraram uma explicação para o fenômeno. Na prática, ele só pode ser atribuído a uma inversão dos polos, acompanhada pelo deslizamento da crosta terrestre. Imagine um polo em posição fixa e a crosta, de repente, se deslocando por milhares de quilômetros: se o polo estava, digamos, 90° ao norte ou ao sul do equador, a movimentação da crosta o terá deslocado. Agora outro ponto na superfície terrestre se torna o polo, e ele guardará essa marca magnética. Eis a única explicação convincente para os inúmeros deslocamentos dos polos da Terra.

## Histórias sobre a inversão polar

Os três livros sagrados dos mexicanos – o manuscrito *Troano*, o *Popol-Vuh* e o manuscrito *Cakchiquel* – relatam que, durante a mudança das direções da bússola, as montanhas incharam sob pressão da lava derretida, novas cordilheiras e vulcões se ergueram, e vômitos de lava se projetaram de abismos imensos, que se rasgaram no solo.

Na antiga enciclopédia chinesa *Sing-li-ta-tsiuen-chou*, também encontramos uma pista para essa catástrofe. Diz ela: "Numa geral convulsão da natureza, o mar se alça de seu leito, rios mudam de curso, montanhas brotam da terra, pessoas e bens ficam completamente destruídos, e todos os traços do passado se apagam". Os chineses calculam um total de dez mundos que desapareceram desde o começo até a época de Confúcio.

Quando compilamos os relatos históricos num volume único, aprendemos muita coisa sobre um terrível fenômeno da natureza: a inversão faz a Terra gemer, amontoa suas camadas, lança os mares sobre as terras, ergue montanhas, inverte o curso dos rios, fende cordilheiras, altera a direção dos ventos e muito mais. Mas qual é a causa real disso tudo? Que teoria do caos está aí implícita? Que diziam, a respeito, os maias e os antigos egípcios? As tradições poderão nos ajudar a sobreviver?

Segundo uma lenda dos índios hopis, a civilização atual não foi a primeira a surgir. Houve três outros "mundos" antes deste e cada um desapareceu numa catástrofe global. Chamam ao nosso o "Quarto Mundo" e afirmam que ele, como os demais, acabará num dia predeterminado. Os feiticeiros hopis dizem que o fim será anunciado pela aparição de Saquasohuh, o espírito da Estrela Azul. Essa não é a única história a ligar o Fim dos Tempos com fenômenos celestes. De acordo com as interpretações hieroglíficas de Albert Slosman, em 26 de julho de 9792 a.C., um dia antes da catástrofe anterior, o coração de muitos deve ter batido com mais força. Vencidos pelo

## A solução do enigma do campo magnético

medo, viram o Sol cercado e ofuscado por "estrelas novas", que voavam na direção da Terra e incendiavam tudo. No livro de H. H. Bancroft, *The Native Races of the Pacific States of America* (1875), lemos o seguinte a respeito de um homem que, ocupado em pastorear seus lhamas, foi surpreendido por um fenômeno similar.

Certa feita um pastor notou que todos os seus animais fitavam o Sol. Colocou a mão em pala sobre os olhos para observar também e avistou um grande número de estrelas que pareciam rodear o astro, em plena luz do dia. Então um lhama lhe explicou que aquele era o sinal da destruição do mundo por uma onda marinha gigantesca. O pastor conduziu sua família e o rebanho para o alto de uma montanha e, mal haviam chegado lá, as águas do mar engolfaram a terra numa imensa onda destruidora.

Esse é apenas um dos mitos; há outros muitos. Na Atlântida, os homens se viram banhados em uma luz difusa, através da qual já não podiam enxergar o Sol. Isso se deveu, provavelmente, ao fato de viverem então no polo norte e presenciarem o fenômeno em meio à luminescência ou aurora boreal daí resultantes. No mitológico *Popol-Vuh* dos maias, está dito: "Lado a lado com a onda gigantesca, um grande incêndio lavrou nos céus". Essa catástrofe associa o mito guatemalteco à antiga lenda grega de Faetonte: por causa de sua imprudência, o fogo celeste incinerou metade da Terra, que em seguida se abismou sob uma onda marinha. Detalhe curioso, "Faetonte" significa "O Flamejante".

Reza o conto grego que o jovem Faetonte, dizendo-se filho do Sol, tentou conduzir o carro do pai num dia fatídico. Mas não conseguiu lutar contra "os remoinhos dos polos", que com suas "cinzas ligeiras" o aniquilaram. Ovídio escreve (*Metamorfoses*, Livro 11): "A Terra se cobriu de chamas, as partes mais altas primeiro. As verdes plantas se transformaram em brancas cinzas, as árvores perderam suas folhas tenras e as cidades, com suas muralhas, desabaram em ruínas, enquanto o furioso incêndio aniquilava nações inteiras". E adiante: "O Etna vomita labaredas incontroláveis, como também o Parnaso de dois picos; o Cáucaso queima, como queimam os Alpes que perfuram o céu. Faetonte vê a Terra inteira comburida. Já não consegue suportar as cinzas e as fagulhas revoluteantes. Cega-o completamente a fumaça densa e abrasadora. Em meio à mais profunda escuridão, não pode mais orientar-se".

Segundo Platão no diálogo *Timeu*, Sólon relatou a história desse dilúvio global aos sacerdotes locais, quando de sua visita ao Egito. Um dos sacerdotes, bem velho, disse: "Já houve inúmeras destruições da humanidade e outras haverá. Aliás, essa história é contada em teu país [Grécia] tanto quanto no nosso. Narra como Faetonte, filho de Hélios, atrelou os cavalos do pai ao carro solar. Mas, não conseguindo seguir o caminho que o pai seguia sempre, tudo na Terra se queimou e o próprio Faetonte foi liquidado por um raio. Essa história, contada sob a forma de lenda, fala na verdade sobre uma mudança dos corpos celestes que se movem ao redor de nosso planeta e da ruína de todas as coisas terrenas em consequência de um grande incêndio, que se repete depois de longos períodos".

Os sacerdotes egípcios revelaram a Sólon que os escritos científicos de muitas civilizações acabaram destruídos durante essas catástrofes; assim, os gregos não passavam de crianças, pois ignoravam o verdadeiro horror do passado. Sejamos francos: esses testemunhos falam das consequências de uma inversão do campo magnético do Sol. Ou, por outra, esses mitos confirmam a teoria científica sobre os campos magnéticos solares, que os maias já conheciam. Durante uma inversão polar, a força do Sol aumenta exponencialmente, dando ao astro um aspecto ameaçador. Quando o campo magnético (exemplificado pelo cinturão de Van Allen) que protege a Terra da radiação solar enfraquece, nosso planeta é bombardeado por ventos solares tóxicos, radioativos, que provocam mutações, câncer e destruição geral.

## Os "relâmpagos solares" causam a inversão polar

Com base em lendas e na teoria dos ciclos de manchas solares, elaborada pelos maias, podemos compor o quadro responsável pela inversão polar. Sabe-se há muito tempo que, quando um relâmpago atinge um ímã, ocorre imediatamente a inversão dos polos magnéticos. Apliquemos esse princípio a uma escala maior. Nosso planeta é um imenso ímã, com seus próprios polos norte e sul. Um curto-circuito com outro "relâmpago" externo, ou ímã, pode terminar por uma inversão catastrófica dos polos. Isso significa que o polo norte magnético troca de lugar com o polo sul magnético. Mas que tipo de descarga externa pode causar isso? Que força seria suficiente para deter a rotação do planeta e fazê-lo girar ao contrário?

# A solução do enigma do campo magnético

Só um objeto é poderoso o bastante para consegui-lo: o Sol. Você já sabe, com base em meu livro anterior, *The World Cataclysm in 2012*[1], que o campo magnético solar sofre uma mudança drástica a cada 11.500/12.000 anos. Uma vez atingido o ponto de saturação, ele se inverte automaticamente. Explosões caóticas acompanham esse fenômeno e uma formidável nuvem de plasma é arremessada para o espaço. Em seguida, uma onda de choque de partículas atinge nosso planeta, apressando sua inversão polar. Assim como a faísca que matou o mítico Faetonte, esse "raio solar" põe fim à vida na Terra.

Com força nunca vista, o relâmpago solar golpeia nosso planeta e provoca um gigantesco curto-circuito. Eis a horrível verdade por trás de uma desastrosa inversão polar da Terra. Mas como explicaremos isso à luz da ciência? Qual é, exatamente, a causa física que produz a inversão?

Cheguei à teoria verdadeira no livro *Earth under Fire* – mais precisamente, no capítulo intitulado "Tempestades solares e abalos geomagnéticos". O astrônomo Paul La Violette escreve: "Abalos de campo foram provocados experimentalmente lançando-se grandes quantidades de partículas carregadas contra um forte ímã bipolar. Essas partículas são retidas nos campos magnéticos e causam neles um 'fluxo anelar'. A certa altura o fluxo se acelera a tal ponto que o campo do ímã sofre uma inversão completa".

Num cenário equivalente, o campo da Terra pode se inverter da mesma

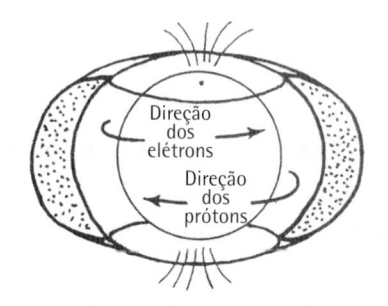

**Figura 2.** Gigantescas tempestades solares produzem correntes elétricas opostas em redor do campo magnético terrestre. Um fluxo de elétrons dirige-se para leste, enquanto um fluxo de prótons toma rumo oeste. Juntos, criam um "fluxo anelar" contrário ao campo magnético da Terra. Quando esse "fluxo anelar" ultrapassa determinada intensidade, força o interior do planeta na direção oposta. Em suma, em vez de girar para leste, ele gira para oeste! Foi isso que causou a ruína de antigas civilizações. Não importa quão tecnologicamente avançada a nossa se torne, ela também perecerá.

---

1. *O Cataclismo Mundial em 2012*, publicado pela Editora Pensamento, São Paulo, 2008.

maneira. Os astrônomos sabem que as partículas das tempestades solares comprimem o campo magnético terrestre. Este resiste e por algum tempo aumenta seu poder. Todavia, quando as partículas solares ficam presas ao campo geomagnético da Terra, produzem o efeito oposto: uma diminuição duradoura da força desse campo.

A fim de ter uma ideia adequada do processo de inversão, você deve examinar bem a Figura 2. Acho que gostará de saber o que vai pôr sua vida de cabeça para baixo ou, mesmo, acabar com ela. Quando as partículas solares eletromagneticamente carregadas atingem nosso planeta, passam a mover-se em espiral ao longo das linhas de magnetismo: do polo norte ao polo sul magnéticos, e vice-versa. Ao encontrar esse eixo norte-sul, desviam-se para o equador. E, ali chegando, juntam-se num "fluxo anelar" ainda mais poderoso.

Essa "corrente circular" gera um campo magnético intenso que se opõe ao campo magnético da Terra. A fim de superá-lo, será necessária uma chama solar cem vezes mais poderosa do que qualquer uma de nosso conhecimento. Durante a inversão do campo magnético do Sol, esse grau de magnitude pode certamente ser alcançado.

Daqui por diante, meu ponto de vista se afasta da opinião de Paul La Violette. Não apenas os polos se inverterão como o planeta começará a girar na direção oposta! Isso só ocorrerá se o "fluxo anelar" impelir o centro da Terra em sentido contrário.

Todos sabem que, se invertermos os polos de um motor elétrico, ele passará a girar no rumo oposto. O mesmo se aplica ao interior da Terra. Ocorrendo um curto-circuito externo, ao núcleo terrestre não resta outra alternativa a não ser tomar a direção contrária!

## Destruição e renovação da vida

A catástrofe não apenas resultará na destruição maciça da vida na Terra como ameaçará a continuidade de sua existência, por mais absurdo que isso possa parecer. Mas vou explicar.

O campo magnético terrestre não é um acidente das ciências naturais. Sua tarefa primordial consiste em proteger-nos da radiação cósmica e solar. Sem esse campo, a vida seria praticamente impossível; sem essa proteção,

## A solução do enigma do campo magnético

ela se extinguiria em pouco tempo. Uma radiação mortal varreria a superfície do planeta, consumindo tudo.

A despeito do fato de que um grande número de pessoas, animais e plantas vá sucumbir, a vida continuará a manter-se porque a bateria da Terra será recarregada pela tempestade solar. Milhares de anos depois da reversão dos polos, o campo magnético terrestre acumulará energia suficiente para manter-se estável, protegendo a flora e a fauna contra a radiação prejudicial. Ao executar esse trabalho, a bateria interna do planeta começará de novo a descarregar-se e outro ciclo catastrófico, seguido de criação e mutação, terá início.

## A atmosfera de Vênus em chamas

Em seu livro *A Cidade de Deus*, Santo Agostinho fala de uma enorme onda marinha que atormentou nosso planeta na época de Foroneu, rei dos pelasgos, em tempos remotos. Durante essa catástrofe, um horrível espetáculo de chamas ocorreu nos céus. Tão forte que influenciou Vênus. Você deduzirá do texto seguinte que Vênus parecia realmente assustador. Isso prova que uma tempestade solar pode de fato alterar de maneira drástica a face de um planeta como aquele. Vênus parecia uma serpente monstruosa: "Ela é emplumada, por isso a chamam de Quetzalcóatl. Surge no momento em que o mundo começa a ressurgir do caos provocado pelo espantoso desastre geral". O manto de plumas do corpo da serpente "representava chamas furiosas". O raciocínio lógico nos ajudará a entender tudo isso. Por ocasião da catástrofe prévia, miríades de partículas eletromagnéticas se projetaram do Sol. Entrementes, nossa atmosfera se enchia de revérberos polares que a punham "em chamas". E, como a da Terra, a atmosfera de Vênus também se incendiava! Apenas, lá o efeito parecia muito mais grandioso: devido à maior proximidade do Sol, as partículas que atingiam Vênus eram mais concentradas que as que atingiam a Terra. Conforme atestam antigas escrituras, um "Segundo Sol" apareceu no céu. E não era tudo. Quando a tempestade solar alcançou Vênus, seu poder não diminuiu muito. Das camadas superiores do planeta, substâncias gasosas se arremessaram para o alto e explodiram como "fogos de artifício infernais no céu": uma magnífica, luminosa cauda de cometa.

Velhos textos mexicanos descrevem esse fenômeno. Primeiro Quetzalcóatl, corpo celeste parecido a uma serpente, atacou o Sol, que se recusou a continuar brilhando e privou o mundo de luz por vários dias. No desastre que avassalou a Terra, incontáveis seres humanos pereceram. Em seu livro *On the Eternity of the World*, escrito no início do primeiro século d.C., Fílon explica assim os incêndios globais anteriores: "A destruição da matéria terrestre foi atribuída a duas causas principais, os horríveis tormentos do fogo e da água. O fogo, mandado pelo céu, provoca na Terra uma tempestade de chamas que se espalha por todo o mundo habitado".

## Marte também foi atingido

Fotografias recentes da superfície de Marte, enviadas pelos satélites *Mariner* e *Viking*, sugerem que o Sol teve papel decisivo na formação desse corpo celeste. Geólogos planetários descobriram que *canyons* profundos, todos num raio de 40° a partir do equador, foram escavados na superfície marciana. Devem ter sido abertos por gigantescas massas de água. E sem dúvida essa água proveio de vários pontos da face do planeta. Também é provável que tenha percorrido grandes distâncias, modificando no trajeto vastas porções de terra.

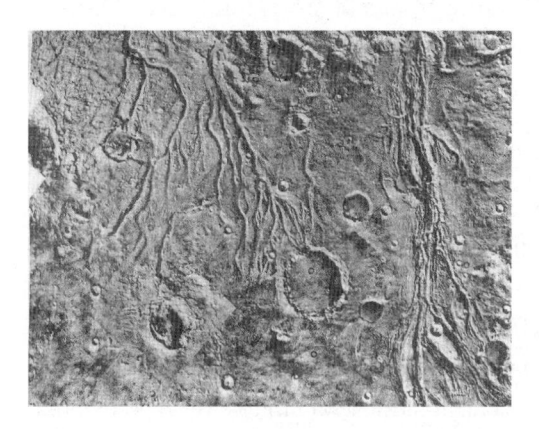

Figura 3. Durante a última inversão do campo magnético solar, Marte foi atingido por uma enorme quantidade de partículas originadas do Sol. O campo magnético de Marte quase não existe, de modo que o planeta se viu alvo de intenso bombardeio e, por isso, se aqueceu. Num curto período, o gelo subterrâneo deve ter se derretido e, sob forte pressão, subiu à superfície. Foi nesse curto período que torrentes cataclísmicas devastaram a superfície marciana.

Os canais marcianos são, comparativamente, maiores que os encontrados em nosso planeta. Segundo os cálculos, foram rasgados por fluxos que transportavam mil metros cúbicos de água por segundo! Isso corresponde a dez mil vezes a capacidade do rio Amazonas! Até hoje os cientistas não acharam explicação para o fenômeno. Não parece que haja água em estado líquido no planeta Marte, pois ela se congelaria a 60°C. Mas talvez se encontre, em forma de gelo permanente, sob a superfície. A esse respeito, você pode consultar o website da NASA e todas as revistas científicas mais importantes.

Podemos reconstituir com facilidade o que aconteceu há doze mil anos, época da última catástrofe. Quando o campo magnético do Sol se inverteu, partículas eletromagnéticas bombardearam a superfície de Marte porque, ao contrário da Terra, ele praticamente não dispõe de um campo geomagnético para protegê-lo. No momento do impacto, a água congelada se derreteu e, sob intensa pressão, subiu à superfície do planeta. O equador foi mais atingido, pois ali as torrentes cataclísmicas ganharam volume. Os mapas traçados com base nas informações do *Viking* mostram isso com bastante clareza. Dez mil metros quadrados de canais aparecem cruzando a face do planeta. Enfim, isso mostra que as cavidades são relativamente recentes, devido ao fato de atravessarem solos antigos, crivados de crateras, enquanto eles próprios não as têm.

## O Sol, as águas e a serpente

Muitas culturas, em várias partes do mundo, possuem lendas sobre um fogo solar surgido nos céus. Os ipurinas do noroeste do Brasil falam de um dilúvio fervente que desceu do Sol e cobriu a Terra. Os aborígines australianos têm um mito parecido: certa vez um velho abriu a porta do Sol e, por ela, uma torrente de fogo caiu sobre o mundo. Em Utah, os índios utes contam que seu deus solar, Tavi, incendiou a Terra em eras remotas. Um dia, aproximou-se tanto dela que chamuscou o lombo de Ta-Wats, o deus-lebre. Ta-Wats, furioso, esperou que o agressor reaparecesse e disparou três flechas contra ele. A terceira feriu Tavi no rosto e o deus se partiu em milhares de fragmentos, que puseram fogo ao mundo. Ta-Wats fugiu ao ver a destruição que provocara, mas a Terra incendiada consumiu-lhe o corpo. Inchados pelo calor, os olhos do deus-lebre vazaram e suas lágrimas, avolumando-se num dilúvio, espraiaram-se por todas as terras e extinguiram o incêndio. Em seguida, o deus solar teve de comparecer perante um conselho de pares que o sentenciaram a percorrer eternamente o mesmo caminho.

Há, na Índia, uma tradição hindu sobre o colapso de mundos anteriores, provocado por uma força universalmente destrutiva. A saga "Markandeya" fala de um incêndio geral, seguido por um maremoto gigantesco: depois de uma seca de vários anos, sete sóis abrasados surgiram no céu e beberam toda a água restante. Então um fogo, tangido pelo vento, assolou o mundo, penetrando até as entranhas da Terra onde destruiu tudo num piscar de olhos; as chamas incineraram o universo inteiro. Nuvens flamejantes, tempestuosas, ocultaram o céu. Cientificamente, essas tradições podem ser explicadas por uma inversão do campo magnético do Sol, que faz o mesmo ao campo geomagnético da Terra. O fenômeno vem acompanhado de auroras boreais, a que se seguem maremotos gigantescos. Cientistas antigos chegaram a incorporar esses acontecimentos dramáticos à sua arquitetura, mas isso nem sempre é fácil de entender.

Mesmo à luz difusa da porta oeste de Angkor Wat é impossível não notar a presença das serpentes nagas: com seus corpos de pedra e cabeças eretas, elas formam uma impressionante balaustrada coleante ao longo do caminho de entrada. Os cantos do teto do templo são decorados com serpentes de sete cabeças. Na mitologia indiana, os nagas são seres sobrenaturais, reis-cobras que governam a Terra, mas pertencem à esfera dos deuses; embora vivam no mundo e se associem aos homens, ninguém duvida de sua verdadeira identidade, feita de forças celestes e cósmicas. A obsessão por serpentes não é coisa apenas de budistas, pode ser encontrada também entre os maias e os antigos egípcios. Em todas essas culturas, a serpente era símbolo de forças cósmicas indescritíveis e metáfora para o renascimento ou a evolução espiritual. Por quê?, foi o que sempre me perguntei.

Descobri a resposta para essas questões candentes em *The Lost Continent of Mu*, de James Churchward. O autor informa que os maias escolheram a serpente porque os movimentos de seu corpo imitavam as ondas do oceano. Além disso, a serpente estava associada ao Criador, o Sol. Os Antigos, contudo, parecem ter diferenciado muito bem a Divindade das forças criadoras da natureza e, por isso, coroaram a serpente que simboliza o Criador supremo.

Em Chichen Itzá, no norte do Yucatán, México, ergue-se o templo de Kukulkan. A geometria do traçado foi estabelecida com a precisão de um relógio suíço, segundo um objetivo ao mesmo tempo claro e esotérico: durante os equinócios de primavera e outono, padrões de luz e sombra criam a ilusão de uma cobra enorme descendo por uma das faces da pirâmide. Eis uma relação direta entre o Sol e o corpo de uma serpente!

Todas as antigas escrituras mostram um vínculo entre as duas entidades. De fato, isso simboliza, pura e simplesmente, a catástrofe: graças a seu formidável poder, o Sol provoca a inversão da Terra e, assim, põe "as águas em movimento". No Egito encontramos Hórus, símbolo solar, que trespassa a cabeça da serpente Apópis (as águas) com uma lança. Na Grécia, Apolo, símbolo local do Sol, combate a serpente Píton, que representa as águas. Na Índia, o deus supremo, Vishnu, dorme ao lado da cobra Anatha, imagem das águas, antes de despertar e criar o universo atual.

Os maias associavam uma serpente cósmica a uma catástrofe remota. No capítulo 5 do *Chilam Balams*, lemos o seguinte: "Isso se passou quando a Terra estava na iminência de acordar. Ninguém sabia o que iria acontecer. Caiu pesada chuva, envolta com cinzas. A Grande Serpente dos céus arremessou rochas e troncos sobre o mundo: despedaçando-se, fez tombar sobre a superfície fragmentos de sua pele e ossos. Então as águas se ergueram num dilúvio pavoroso". Como no famoso conto de fadas, o céu desabou.

2

# POR QUE O NORTE SE TORNOU SUL

Faz anos que comecei a pesquisar as causas das inversões polares. Algumas respostas puseram duramente à prova os poderes de minha imaginação. Mas, com persistência, encontrei indícios em apoio às histórias sobre uma civilização altamente evoluída que passou por três catástrofes. De cada vez, o movimento do eixo terrestre foi violentamente alterado e a Terra inteira se viu sujeita a um gigantesco cataclismo.

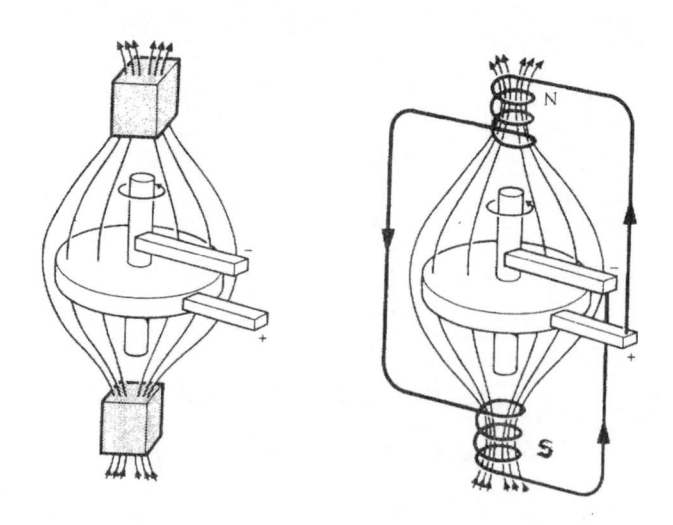

Figura 4.

Com base nisso, podemos estabelecer o seguinte: o gráfico da evolução humana não é uma linha reta. Perto do fim, essa linha sobe em ângulo acentuado e, depois do desastre, desce abruptamente. Sacerdotes e cientistas, cônscios disso, mesclavam seu conhecimento à religião para que todos se inteirassem do problema. Há catorze mil anos, eles decifraram os segredos das inversões polares, que se perderam com o passar do tempo.

Hoje, nada mais resta dessa antiga sabedoria. Não há um único cientista capaz de dizer algo sobre catástrofes ocorridas em eras remotas. Felizmente, muitas pessoas ouvirão minha advertência antes que seja tarde demais. Mas, ainda que ouçam, levarão a sério mensagens de um passado distante? O texto seguinte mostra que, na antiguidade, os homens foram informados do fim iminente pelo *Livro de Enoque*: "Eis que vem a ruína, um dilúvio formidável enviado para destruir todas as coisas vivas". Inúmeros códigos estão ocultos nessa curta sentença e referem-se ao flagelo que nos aguarda: dados científicos foram misturados aos dogmas religiosos.

## Comparação entre o campo magnético da Terra e o de um dínamo

Todos sabem que o dínamo de uma bicicleta cria um campo magnético e, portanto, eletricidade. Enquanto a pessoa pedala, os ímãs internos giram e produzem energia elétrica. O mesmo princípio, embora mais complicado, se aplica à Terra. Assim como o dínamo da bicicleta, o núcleo terrestre gera um campo magnético porque as velocidades desse núcleo e da camada líquida superior são diferentes. No interior do planeta, a energia mecânica se transforma em energia magnética, o que resulta num polo sul e num polo norte.

*Se você quiser mudar os polos de um dínamo, inverta o sentido de sua rotação!*

Ampliando esse princípio, a Terra também precisa mudar de rumo quando o polo norte se torna polo sul! E aí temos uma prova científica para as inversões polares. Ela condiz perfeitamente com o pensamento dos antigos egípcios a respeito do assunto: depois de cada inversão polar, o Sol se ergue no horizonte oposto.

**Figura 5.** Com o fim de uma era do mundo, a Via-Láctea se transforma numa "batedeira". Neste desenho originário da Ásia central, vemos uma tartaruga formando o pedestal da batedeira, que servos fazem girar puxando uma cobra nela enroscada.

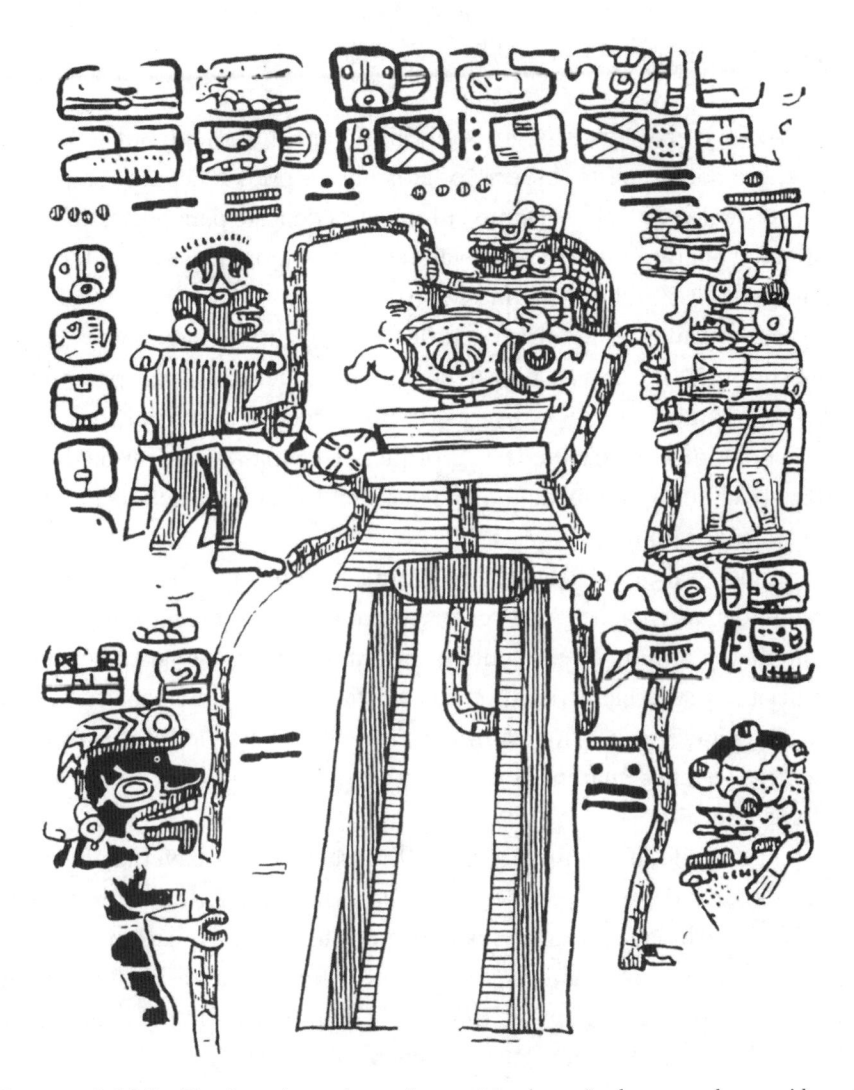

**Figura 6.** O Códice Tro-Cortesianus dos maias mostra a inversão de um modo parecido ao da Figura 5. O desenho é um pouco mais difícil de decifrar, mas podemos ver a tartaruga no meio da cena, sobre a "batedeira", que servos acionam por meio de uma corda. Trata-se de uma metáfora celeste para os terríveis eventos que sacudiram o planeta durante a inversão polar. Quando a Terra muda de rumo, os mares passam a girar incontrolavelmente.

## O oeste se torna leste

Dado que o eixo terrestre gira em sentido anti-horário, o Sol se levanta no leste e se põe no oeste. Esses são fatos óbvios. Mas terá sido sempre assim? Trata-se de uma lei constante? Plutão gira de leste para oeste, de modo que ali o Sol aparece no ocidente. Não teria ocorrido o mesmo na Terra em tempos recuados? É chocante: mas ocorreu!

Se você examinar o modo de codificação dos antigos egípcios, verá que não existe outra explicação plausível. Na época deles, a Terra passou por mudanças súbitas e drásticas. Antes da inversão polar anterior, nosso Sol aparecia no oeste – depois, no leste, porque a Terra passou a girar na direção contrária! Segundo esse princípio, ele nascerá no ocidente depois da próxima inversão dos polos.

Como bem sabe a ciência atual, a Terra não continuará a executar indefinidamente suas rotações sem ser perturbada: encerrará sua tarefa com a precisão de um cronômetro. Primeiro sofrerá uma desaceleração, em seguida começará a se acelerar na direção oposta. As consequências físicas de uma desaceleração repentina são indescritíveis: uma série ininterrupta de terremotos, ciclones, maremotos, derramamentos de lava, etc., varre a civilização da época.

Isso não é tudo, infelizmente. Além da desaceleração, haverá a inversão. Em vez de girar de oeste para leste, a Terra começará a girar de leste para oeste. Nada poderia ser mais assustador porque isso provocará uma catástrofe de proporções alarmantes. Tudo o que aconteceu antes acontecerá de novo. O texto de magia *Papyrus Harris* fala de um desastre colossal provocado pelo fogo e a água, em que "o norte se transforma em sul". Platão escreveu sobre isso no diálogo *Político*: "Em certos períodos, o universo executa o movimento de rotação que tem agora; em outros, caminha na direção contrária ... De todas as mudanças que ocorrem no céu, essa inversão é a maior e mais completa".

Releia a frase, guarde-a na memória e transmita-a a seus filhos. Só assim se preservará essa terrível verdade. É a única maneira de salvar a próxima civilização da ruína total – porque, sem esse conhecimento, dentro de doze mil anos ela será lançada de volta à Idade da Pedra, como logo sucederá com a nossa.

Não foram apenas os antigos egípcios que escreveram sobre uma mudança nas direções da bússola: também os hindus possuem mitos semelhantes. A alteração no sentido da rotação da Terra vem descrita no *Mahabharata* e no *Ramayana*. Esse mito hindu evoca a crença na sucessão das eras. Segundo a história, a Via-Láctea torna-se uma "batedeira" em determinados momentos. Trata-se de uma imagem simbólica da mudança dos polos terrestres e sua inversão de movimento.

Tudo se explica pelo fato de a mecânica celeste virar de cabeça para baixo. O núcleo da Terra começa a girar em sentido contrário. Inevitavelmente, o magma líquido que o rodeia tem de seguir esse impulso. Como o ângulo e a velocidade das várias camadas são alterados, elas deslizam uma sobre a outra provocando uma formidável fricção, que gera calor. Surgem fendas e fissuras, montanhas desmoronam enquanto, em outros lugares, novas cadeias se formam. Ou, como rezam antigas profecias: "O seio da Terra tremerá de medo e as camadas superiores se abismarão".

## Prova científica da inversão

A prova do que já aconteceu pode ser encontrada nas camadas da Terra, em sua crosta rochosa. A litosfera consiste de rochas ígneas como o granito e o basalto, encimadas por rochas sedimentares. Estas são constituídas de rochas ígneas, que formavam a crosta original do planeta. Encontramos regularmente, em vastas áreas, lugares onde rochas ígneas cobrem rochas sedimentares. Cuvier (1769-1832), o fundador da ciência da paleontologia, ficou muito impressionado com a imagem que elas apresentavam, em camadas sucessivas. Concluiu que o fundo do mar havia repetidamente se transformado em terra seca, e vice-versa. Com base em seus estudos, concluiu também que gigantescos cataclismos haviam destruído a vida em extensas regiões do mundo. No *Essay on the Theory of Earth*, Cuvier escreve: "Quando o viajante percorre essas férteis planícies, não tem a mínima ideia de que a natureza também travou suas guerras civis, de que revoluções e catástrofes atormentaram a face do planeta. Mas mudará de opinião se se puser a escavar o solo que agora lhe parece tão pacífico".

O que ele via eram as destruições causadas por incontáveis inversões polares. A súbita desaceleração e aceleração da Terra não significa a ruína total das civilizações? O fim de bilhões de vidas animais? Os *Hinos Órficos* nos recordam isso claramente: "A arcada do céu, o poderoso Olimpo, tremeu horrivelmente... a Terra emitiu gemidos lamentosos, o mar se encapelou em ondas rubras e tumultuosas".

Para quem sobreviver à próxima catástrofe, as consequências da inversão polar serão ainda piores. Os habitantes da Terra passarão por experiência parecida à de antigas culturas, pois todas as estrelas e planetas, e mesmo nosso Sol, surgirão em horizontes diferentes e também o nível dos oceanos subirá. Eis o que se pode esperar de um campo magnético fora de controle.

## Ondas altas como montanhas

Os índios choctaws de Oklahoma narram o seguinte: "No norte, surgiram ondas que pareciam montanhas e iam se aproximando cada vez mais". Os nativos do Oregon, que viviam nas imediações do monte Jefferson (três mil metros de altura), contavam: "Um enorme dilúvio inundou a Terra. Depois, as águas recuaram. Uma segunda vez veio o dilúvio e recuou. Com medo de outra catástrofe ainda pior, os homens construíram a maior canoa que já se vira. Quando as águas irromperam pela terceira vez, os homens e mulheres mais fortes, mais inteligentes, tomaram lugar na canoa, que atulharam de comida para vários dias. Então uma inundação sem precedentes engolfou as terras e os seres vivos". Alguns fatos provam isso. Sedimentos de dilúvios anteriores são encontrados em elevadas altitudes.

Densas camadas de seixos, entremeadas às vezes de argila e lodo, podem ser vistas na Escócia, em encostas de vales e colinas. Em Yorkshire, camadas e demarcadores deslocados foram descobertos em altitudes de 600 m, indicando uma inundação total. Terraços do mesmo tipo existem na América do Norte, nas montanhas Brancas, a 750 m de altura. Esses e outros sedimentos argilosos, estriados, foram depositados ali por fortes ondas marinhas. Em certas partes, algo diferente aconteceu com as camadas de argila. Foram cozidas num piscar de olhos. Vou explicar esse fenômeno.

## Eletrocussão em escala planetária

Há cento e sessenta anos, o físico inglês Michael Faraday descobriu as leis da eletricidade. Construiu o primeiro dínamo funcional e provou que um campo magnético flutuante gera correntes elétricas. Ora, se um dínamo pode gerar eletricidade, não parece lógico que, no instante da reversão do campo magnético da Terra, enormes correntes elétricas sejam produzidas? Que a irrupção de uma corrente de proporções planetárias espalhe bilhões de volts pelo solo e pelo ar? Algo mais poderia ter cozido camadas de barro tão rapidamente que elas se transformaram em rocha numa fração de segundo? Tudo aconteceu tão depressa que o impacto de gotas de chuva pré-histórica ainda é visível nelas, depois de bilhões de anos! Nas superfícies rochosas do Grand Canyon você pode admirar os pequenos orifícios cavados por essas gotas, lado a lado com pegadas de dinossauros. Imagine a força do turbilhão que, avassalando o planeta, cozinhou esse barro num instante!

**Figura 7.** Quando o núcleo da Terra passa a girar em sentido contrário, o campo magnético se modifica.

Foi também essa força que criou a maior parte das rochas formadas pelo calor. Gigantescas correntes abriram caminho pelos sedimentos, mudando-lhes a composição instantaneamente. Sedimentos argilosos metamorfoseiam-se em ardósia entre 100° e 200°C. A temperaturas mais altas, tornam-se líquidos e podem percorrer centenas de quilômetros. Dependendo dos minerais existentes nas camadas de argila, outros tipos de rocha se formam. Com calor suficiente, o calcário se cristaliza em mármore, enquanto o arenito puro se transforma em quartzo. Até o granito é constituído de sedimentos aquecidos e recristalizados. Alguma coisa gerou esse calor. E essa coisa foi a mudança do campo magnético. Assim, no momento da próxima inversão polar, uma quantidade enorme de relâmpagos riscará o céu.

Ao mesmo tempo, isso explica por que os atlantes viram relâmpagos gigantescos ferindo a superfície do oceano pouco antes de a Terra começar a inclinar-se (cf. meu livro *The Orion Prophecy*).[2] Aquele foi o momento em que a rotação interna do planeta mudou, alterando a posição do campo magnético. Em 2012, uma portentosa queima de fogos acompanhará o fim de nossa civilização. Relâmpagos amarelos, vermelhos e azuis ofuscarão nossos olhos, enquanto, lá no alto, o trovão não parará de rugir sobre os espectadores apavorados.

No mundo inteiro, mas especialmente nos polos, uma profusão de relâmpagos cruzará o céu, como prelúdio à ruína completa de nossa civilização técnica. Juntamente com as descargas, uma formidável vibração eletromagnética "queimará" todas as conexões elétricas, as quais, literalmente, se transformarão em cinzas. Pessoalmente, acho que isso é o pior que nos possa acontecer, pois nos remeterá de volta à Idade da Pedra.

Há muito tempo, nossos ancestrais obtiveram dados científicos sobre as catástrofes que ocorrem em consequência de uma inversão do campo magnético. Além disso, sabiam calculá-las com antecedência. Hoje estaríamos construindo arcas se as guerras não houvessem feito desaparecer esse conhecimento. Eles as construíram, porém, e as coisas foram diferentes. Todas as informações a respeito do cataclismo que nos espera se dissolveram na névoa dos tempos.

Quando a Terra inverter sua rota, os mares se erguerão de novo em ondas pavorosas e relâmpagos incinerarão vastas porções do planeta. Espectadores assustados travarão uma batalha perdida contra a violência planetária de uma natureza à deriva – e quase todos pereceremos de maneira horrível.

---

2. *O Código de Órion*, publicado pela Editora Pensamento, São Paulo, 2006.

3

# O NÚCLEO DA TERRA

Uma noite, retomei meus cálculos. Deixara alguns deles de lado, para examiná-los melhor mais tarde. Uma página logo me chamou a atenção. Fazia dois anos que não lhe punha os olhos, embora a houvesse assinalado porque achava possível decifrá-la algum dia. Referia-se a dois cálculos simples que eu fizera com base num artigo científico sobre o núcleo da Terra. Quando os vi de novo, espantei-me. Por que os pusera de parte? Desde que encontrara esses números fundamentais, eles haviam reaparecido várias vezes no curso da decifração do Códice Dresden! Minhas suspeitas, na época, eram verdadeiras! Então decidi reler o artigo: "O núcleo fixo da Terra gira um pouco mais rapidamente que as camadas superiores. A diferença de velocidade é mínima, cerca de 0,8 segundo por dia, mas muito importante para a física e a química do planeta".

Dei um salto ao deparar com o número 0,8. Era aquilo! A fim de decifrar o Códice Dresden, eu precisara usar o número 0,08, afora o 8 de um modo geral. E agora um código similar era mencionado! Agarrei a calculadora. Num dia, a aberração chegava a 0,8 segundo. Multiplicando 0,8 pelos dias de um ano terrestre, segundo os diversos calendários dos maias e antigos egípcios, os seguintes resultados apareceram na tela:

0,8 x 360 = 288
0,8 x 365 = 292
0,8 x 365,25 = 292,2

Contemplei esses resultados com perplexidade. Havia calculado os mesmos números de uma maneira totalmente diferente. Já os encontrara na decodificação do período das órbitas de Vênus e da Terra ao redor do Sol! Para tanto, aceitara literalmente a conclusão dos maias: de que cinco anos venusianos são iguais a oito anos terrestres. Quando igualei os algarismos depois da vírgula, cheguei aos mesmos números que há pouco encontrara! A partir daí, pude decifrar completamente os ciclos do calendário dos maias! Você obterá essa informação em meu livro *O Cataclismo Mundial em 2012*.

Como os maias muitas vezes descrevem diferentes fenômenos com um código só, eu sabia estar na pista de algo novo. Percebendo isso, quase perdi o fôlego. Afinal, quando o núcleo da Terra começar a girar ao contrário em 2012, acionará diretamente o maior desastre da história de nossa civilização. Isso acontecerá em seguida a um gigantesco curto-circuito provocado por uma tempestade solar. De boca aberta, continuei lendo o artigo:

> O núcleo fixo da Terra tem um raio de 1.200 km e "navega" no núcleo externo líquido, viscoso, cujo raio é de 3.500 km. Ambos consistem principalmente de ferro, mas há também outros elementos mais leves como o enxofre e o oxigênio. A temperatura do núcleo é mais alta que a do núcleo externo. Seria, pois, de esperar que também o núcleo fosse líquido, mas não é o caso: o ferro não pode se derreter.

Até aí estava tudo claro e eu não descobrira nada de novo. O texto apenas confirmava o que já sabia. O núcleo denso simplesmente se põe a girar na direção oposta, forçando o planeta inteiro a acompanhá-lo. Só isso. Nem mais, nem menos. Mas, se atentarmos para as consequências, não deixaremos de estremecer da cabeça aos pés: em poucas horas, continentes podem deslocar-se por milhares de quilômetros, algumas montanhas se avolumam, outras desabam, fortes terremotos e erupções vulcânicas assolam a Terra, e por aí além. Intrigado, prossegui na leitura do artigo:

> O núcleo se avolumou desde que a Terra surgiu, há cerca de 4,5 bilhões de anos. Pelo fato de se resfriar muito lentamente, ocorreu a cristalização na camada mais interna do núcleo externo, onde o ferro sólido se formou a partir do "ferro xaroposo". O calor liberado durante o processo é o motor de correntes de convecção no núcleo externo, as quais, por seu turno, geram um campo

O núcleo da terra

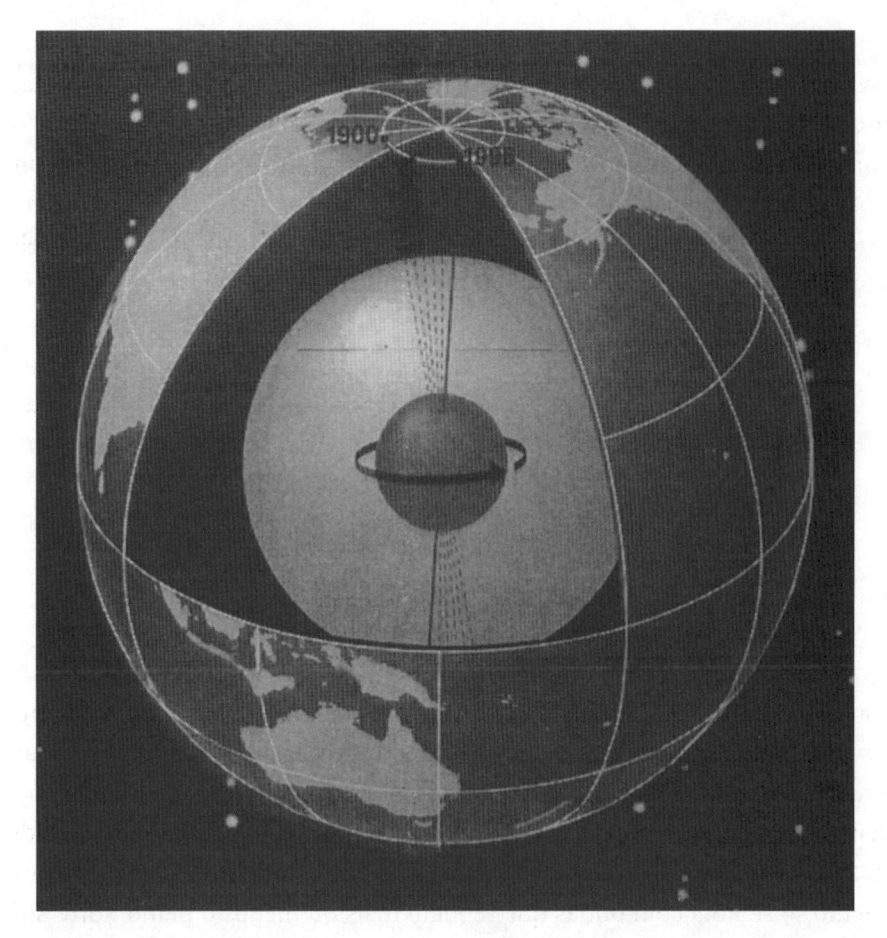

**Figura 8.** Como o núcleo gira mais rápido que o resto do planeta, seu eixo de rotação muda em relação ao eixo norte-sul terrestre, com um desvio de aproximadamente 1,1° por ano em sentido leste. A ilustração mostra esse desvio desde 1900.

magnético autossustentável. O núcleo externo é, pois, uma espécie de dínamo que a si próprio se carrega.

Aqui, precisei parar para refletir um pouco. Se o núcleo se avoluma sempre, isso significa que no passado distante ele era pequeno. Portanto, as inversões polares ocorridas há bilhões de anos devem ter provocado muito pouco dano planetário. Isso, porém, é apenas uma teoria, pois na época era escassa a vida animal e vegetal, não havendo quase nada a destruir. Todavia, em se tratando do futuro, as consequências deverão ser mais catastróficas que outrora: quanto maior for o núcleo fixo, mais grave será a força destrutiva que acompanhará a reversão polar. Pode apostar sua vida nisso. Afinal, a camada xaroposa que de algum modo absorve choques abruptos vai se tornando menos e menos espessa. Ela funciona, pode-se dizer, como um *airbag*. Pode amenizar as consequências de uma colisão. Sem um *airbag*, você pode sofrer ferimentos fatais ao bater a cabeça no volante ou voar pelo parabrisa. Até ali, foram essas as minhas reflexões.

Continuei a ler, impaciente:

> As ondas sísmicas, que só viajam pelo núcleo externo, não são tão rápidas quanto as que percorrem o núcleo. Por esse motivo, as estações de monitoramento de terremotos sempre detectam uma pequena diferença no tempo de chegada de "pares" de ondas originárias do mesmo abalo distante. Essa diferença é fixa para terremotos que ocorrem na Terra quase no mesmo lugar: as ondas, afinal, seguem um curso praticamente idêntico.

Xiaodong Song, do Lamont-Doherty Earth Observatory em Palisades, e Paul Richards, da Columbia University em Nova York, observaram há pouco uma mudança sistemática nesses pares de ondas – ondas longitudinais (acústicas) com frequências de cinco a vinte quilômetros. A diferença no tempo de chegada entre os dois tipos de ondas parece aumentar quando abalos na mesma área ocorrem a intervalos maiores. Entretanto, esse aumento só se nota com ondas que seguem mais ou menos o plano norte-sul. Por exemplo, a diferença em terremotos nas ilhas Sandwich do Sul (Antártida) registradas em College (Alasca) desde o início das mensurações em 1967 cresceu em cerca de 0,4 segundo. Contudo, não há modificação alguma no padrão de ondas que seguem aproximadamente o plano do equador, como os abalos na área de Tonga registrados na Alemanha. A razão mais provável é que "o núcleo se move devido a algum tipo de rotação", concluem os pesquisadores.

## Descobertas chocantes

Repeti essa explicação meio complicada por um motivo especial: estou certo de que os antigos egípcios e os maias sabiam tudo a respeito do assunto. Como? Eis a questão. Tanto uns como os outros edificaram obras-primas arquitetônicas, em que a acústica desempenhava um papel de relevo (Linda Goodman, em seu livro *Star Signs*, capítulo *Forgotten Melodies* [Melodias esquecidas], fala da importância do som na construção da Grande Pirâmide de Gizé). Estariam, desse modo, capacitados a interceptar as ondas sísmicas e reforçar seus edifícios? Quem poderá dizer? Por enquanto, só nos resta teorizar a respeito. Mas, que eles sabiam, sabiam! Antes, porém, de enumerar as conclusões da decodificação que fiz há dois anos, continuo com o texto do artigo:

> As mudanças se explicam melhor pelo fato de o núcleo girar 1,1° a mais por ano do que o manto e a crosta da Terra. Ou seja, o núcleo se adianta 0,8 segundo por dia, o que equivale a uma mudança diária de cerca de setenta metros na junção do núcleo interno e do núcleo externo. O eixo de rotação do núcleo interno forma um ângulo de aproximadamente 11° com o eixo entre os polos geográficos, e o "polo norte" desse núcleo localiza-se hoje a 169° de longitude oeste – a saber, ao norte do mar Siberiano oriental.

Aqui, precisei tomar fôlego. Nessas poucas frases, três códigos básicos foram mencionados. Eu já rastreara um deles; dizia respeito aos algarismos associados a 0,8 segundo. Agora havia mais dois. O primeiro envolvia o eixo rotacional do núcleo interno. Ele forma um ângulo de aproximadamente 11° com o eixo entre os polos geográficos. Aqui, deparei com o número 11. Luzes começaram a faiscar em minha mente e um sininho tocou. Em meu livro anterior, mencionei uma relação entre a precessão (ou mudança) dos períodos zodiacais e o ciclo de manchas solares, que fica ativo por onze anos e é igual a um número básico da precessão (= 11,1111). Ali, o número aparece numa série infinita. Mas, como se viu no texto acima, ele aparece também em achados importantes referentes ao núcleo interno da Terra (1,1° fica sendo 11 quando se remove a vírgula decimal). Em diversos cálculos o número 11 é, portanto, uma unidade de cálculo imprescindível.

Comecei então a pensar no caso. O segundo código estaria implícito no primeiro? ("Diabos, por onde anda minha calculadora?") Meu cérebro trabalhava a toda velocidade. O núcleo interno gira 1,1° a mais que o manto, por ano. Repeti o cálculo da prova que obtivera dois anos antes: um círculo completo tem 360°; se se deslocar 1,1° mais rápido por ano, o núcleo completará o giro no seguinte período de tempo: 360 / 1,1 = 327,272727 anos. Na prática, isso significa que depois de 327 anos o núcleo interno da Terra completa uma rotação a mais que o núcleo externo. Até aqui, sem dúvida os leitores conseguiram acompanhar o raciocínio. Mas, agora, as coisas se complicam.

Há dois anos, quando fiz esse cálculo simples, não encontrei nenhum vínculo entre o ciclo de precessão e o ciclo de manchas solares dos maias. Depois, esqueci por completo esse cálculo. Se isso não tivesse acontecido, reconheceria ali, imediatamente, o importante número de código 32,7272. É idêntico ao mencionado acima, mas com uma unidade dez vezes menor. Graças a esse número, consegui vislumbrar uma relação entre a precessão e o ciclo de manchas solares. Por exemplo, 32,727272 revela importantes similaridades com os giros dos campos magnéticos solares. E ainda há outro ponto de comparação: o campo equatorial do Sol adianta-se a seu campo polar. Depois de um certo período, fica 32,727272° à frente dele.

O núcleo interno da Terra faz o mesmo com sua camada circundante, apenas a relação difere. No capítulo 25 do presente livro, comentarei em maiores detalhes a prova disso, na seção intitulada *Correlações Matemáticas Entre o Ciclo de Manchas Solares e a Mudança do Zodíaco*. Descobri que os atlantes da época também conheciam o fenômeno e a relação com o núcleo da Terra. O capítulo matemático é de essencial importância para se compreender meu ponto de vista.

Isso demonstra mais uma vez, espetacularmente, o avançado conhecimento científico dos atlantes: eles estavam cientes não apenas da teoria do ciclo de manchas solares, sobre a qual nossos astrônomos ainda sabem muito pouco, mas também da teoria sobre o núcleo terrestre, só elaborada em 1996! O motivo de as terem colocado em código é óbvio: quando a polaridade do Sol é alterada, influencia catastroficamente o núcleo interno do planeta! Por isso descreviam o fenômeno com o mesmo número. Não se poderia cogitar de uma expressão mais brilhante!

De imediato comecei a retraçar meus cálculos. Concluíra que, depois de 327,27 anos, o núcleo interno da Terra executa uma rotação a mais que o núcleo externo. A partir daí, poderia fazer outros cálculos? Sem dúvida. Com o passar do tempo, o núcleo interno executou mais rotações que o núcleo externo. Depois de 25.920 anos – um ciclo de precessão completo – ele

## O núcleo da terra

atinge o seguinte número de rotações: 25.920 / 327,2727 = 79,2. Fixe bem esse número por enquanto. Também descobri outra relação estranha: em 72 anos, a Terra sobe 1° no zodíaco, uma unidade essencial da precessão.

Como o núcleo interno da Terra viaja 1,1° a mais por ano do que o núcleo externo, depois de 72 anos adianta-se 79,2° (72 x 1,1) a ele. De novo deparamos com o mesmo número, que pedi a você para guardar por enquanto na memória. Semelhantes combinações não podem ser mera coincidência. Trata-se do mesmo princípio de decodificação que revelei em meu livro anterior: um código confirma o outro. Se prosseguirmos na busca, encontraremos novas revelações dos antigos cientistas. Coincidentemente ou não, o número 792 aparece diversas vezes na decodificação do Códice Dresden.

Mostro em meu livro anterior que esse número, combinado com outros cálculos, revela um vínculo entre a precessão e o ciclo de manchas solares. Há, não tenho dúvida, outras relações mútuas a descobrir. O pensamento científico dos antigos resultou em combinações de código únicas. Para "quebrá-las" precisamos ter à mão todos os fatos. Nem sempre foi fácil decifrar os códigos porque várias teorias ainda não são do conhecimento dos modernos cientistas! Doravante, precisarei ater-me às seguintes conclusões:

- Os atlantes conheciam o movimento do núcleo interno da Terra.
- Sabendo calcular sua magnitude, sabiam também que esse núcleo é grandemente responsável pela inversão do campo magnético. Não ignoravam que, quando o núcleo começa a girar ao contrário, o norte se torna sul.
- Sua obsessão com o "fim dos tempos" deve ter sido profunda – ou jamais teriam atinado com essa teoria.

É uma teoria que nos coloca face a face com sérios desafios. Como você leu em meu último livro, os atlantes determinaram a velocidade do campo polar do Sol. Da Terra, não podemos ver esse campo e, portanto, parece muito difícil descobrir sua velocidade. Mas eles a descobriram! Aqui, vemo-nos às voltas com questões semelhantes: a velocidade do núcleo interno da Terra só pode ser calculada com equipamentos de última geração. Como, então, eles a calcularam? Teriam utilizado outro método? Um método mais simples? Quem seria capaz de responder?!

4

# UM ESPLÊNDIDO CÓDIGO DUPLO!

Se você conseguiu determinar a data da próxima catástrofe, quererá naturalmente transmitir esse conhecimento a seus filhos. Os antigos egípcios possuíam um método fantástico para garantir que esse cálculo fosse passado adiante: associaram-no ao movimento circular retrógrado de Vênus acima da constelação de Órion. Com a ajuda desse código estelar, você pode tranquilamente descobrir o ano da próxima "virada", não importa a era em que esteja vivendo. Depois, por si próprio, constatará que as predições de seus antecessores estavam corretas. Foi assim que realizei minha descoberta e talvez as futuras gerações tenham de fazer o mesmo. Afora o uso de um calendário escalar como o dos maias, o movimento retrógrado pode ser a única maneira de predizer exatamente o ano da próxima catástrofe. Quando guerras ou outros distúrbios fazem desaparecer o sistema de calendário com o qual as pessoas trabalham, não resta outro método seguro para determinar esse ano fatídico.

Antes da catástrofe anterior, que ocorreu há quase doze mil anos, havia uma íntima relação entre o código mencionado e a constelação de Órion: em 9792 a.C., ano da inversão polar prévia, Vênus executou um giro retrógrado acima dessa constelação. Não se sabe se o mesmo ocorrerá nos próximos doze mil anos, pois o código não parece assim tão regular. Além disso, é possível que a constelação de Órion passe em breve por uma grande mudança, conforme veremos mais adiante.

Tentarei agora explicar por que os faraós se preocupavam tanto com Órion. Observe bem a estrela no meio das três que formam o cinturão de

## Um esplêndido código duplo!

Órion. Notará que ela parece envolta em neblina. Vista ao telescópio, lembra uma nuvem brilhante de gás e poeira, através da qual passa a luz de várias estrelas. Sabemos que ela tem o diâmetro de cerca de trinta anos-luz e está situada a uns mil e seiscentos anos-luz da Terra. Em comparação com os valores terrestres, a nuvem é bastante rarefeita, menos densa que o maior dos vácuos capaz de ser criado em nosso planeta. No entanto, devido a seu enorme volume, subsistem suficientes partículas de pó no campo de observação para ocultar algumas estrelas. Além disso, é um viveiro de outros as-

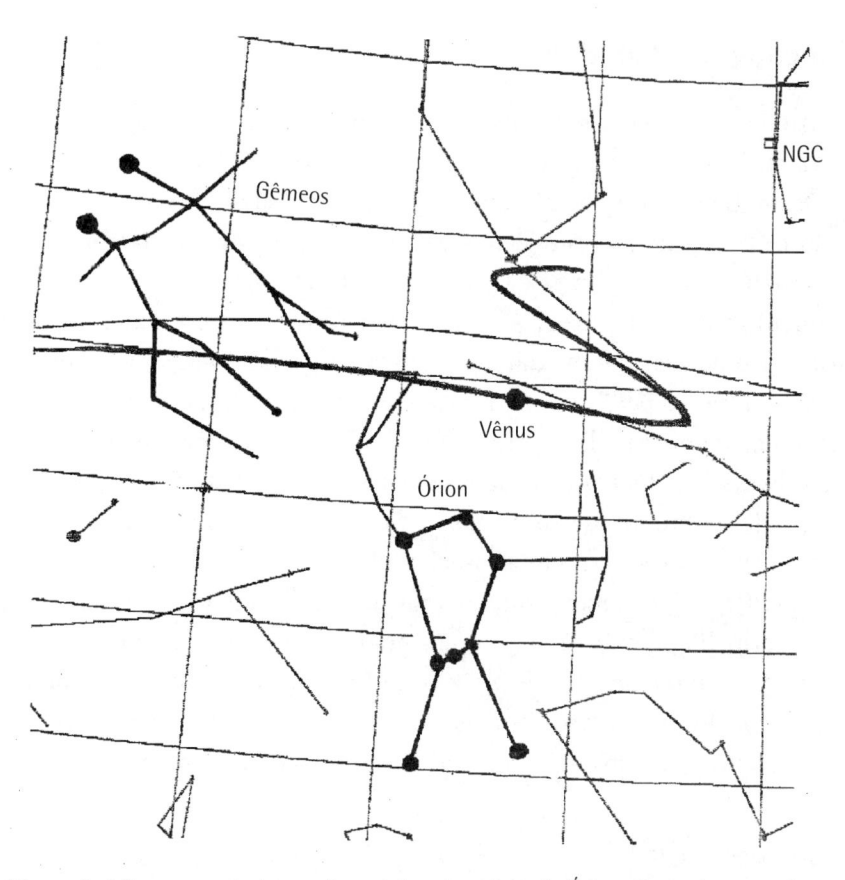

**Figura 9.** Vênus executará um giro retrógrado acima de Órion. Segundo os antigos egípcios, esse movimento em círculo exprimia a inversão do campo magnético da Terra. Vênus descreve um ângulo de 360°. Depois da inversão polar, a Terra fará o mesmo: passará a mover-se em sentido contrário!

tros. No meio da névoa, por exemplo, a formação de estrelas quentes e jovens exige fortes ventos estelares. Quando esses ventos atravessam a névoa circundante, espalham o gás e a poeira, provocando uma densidade local mais alta. O campo gravitacional torna-se mais intenso e dá, por fim, nascença a uma estrela. Os textos das pirâmides revelam que os faraós esperavam, depois da morte, ir para Órion. Quereriam que sua alma partisse para lá porque o lugar é um viveiro de novas estrelas? Seu sonho não seria renascer como um corpo celeste? Ou haveria outra razão mística ou esotérica para desejarem o renascimento?

## Um código esplêndido

Ainda com respeito à próxima mudança nessa constelação, podemos agora falar de Betelgeuse, uma das duas estrelas que formam os "ombros" de Órion. Betelgeuse é a da esquerda; Bellatrix, a da direita. Vi, numa simulação de computador, que Vênus executa seu movimento retrógrado um pouco para a direita acima de Órion. Mas será assim mesmo? Não terá a tela distorcido a imagem? Resolvi, pois, ir até Urania, um observatório e planetário perto de casa. Num "dia de visitas" os técnicos simularam movimentos planetários e pedi que me mostrassem a trajetória de Vênus em 2012. Foi projetada numa tela imensa, onde se podia ver claramente a órbita circular do planeta. Fizeram-se alguns ajustes no ângulo da Terra em relação a Vênus, de tal modo que Betelgeuse e Bellatrix ficaram alinhadas embaixo deste último. O resultado foi sensacional!

Em 2012, Vênus estará diretamente acima de Betelgeuse, uma supergigante vermelha, e iniciará o giro retrógrado. Mas não é tudo. Logo depois, o planeta ficará acima de Bellatrix e em seguida prosseguirá em sua rota! Não se imaginaria um código mais esplêndido! Por essa e outras razões, estou inteiramente convencido de que 2012 é o ano do próximo cataclismo.

## O último código?

Betelgeuse é uma das maiores estrelas que conhecemos. Gigantes e supergigantes vermelhas possuem magnitudes incalculáveis, com diâmetros centenas de vezes maiores que o do nosso Sol. Isso significa que a força

## Um esplêndido código duplo!

gravitacional, em sua superfície, é relativamente fraca e portanto elas liberam muita matéria. Betelgeuse, segundo se presume, possui um vento estelar cerca de um bilhão de vezes mais impetuoso que o do Sol. Ou seja, a cada ano, aproximadamente 1/100.000 de sua massa se projeta no espaço. Isso equivale à massa da Lua perdendo-se a cada dia e meio. Embora a massa de Betelgeuse seja dezesseis vezes maior que a do Sol, se conservar a velocidade atual toda ela se incinerará e se dispersará em aproximadamente um milhão de anos. Já o nosso Sol poderá sobreviver facilmente por cinco bilhões.

Há razões de peso para que Betelgeuse seja uma boa candidata a supernova. Devido a seus fortíssimos ventos estelares, uma "película" de gás a envolve. Segundo as últimas pesquisas, ela contém uma quantidade anormalmente pequena de núcleos de carbono, acompanhada talvez de um elevado teor de núcleos de hidrogênio, que também foram encontrados em fragmentos de supernovas. No momento em que Betelgeuse entrar em colapso (e força alguma da natureza poderá impedi-lo), tudo acontecerá tão depressa que a temperatura e a pressão à sua volta aumentarão consideravelmente. Em resultado, haverá uma formidável explosão nuclear, como a de uma bomba de hiper-hidrogênio. Essa explosão será vista da Terra como uma supernova Tipo II. No tempo astronômico, o fenômeno durará pouco – e "pouco", aqui, significa mil ou mesmo dez mil anos.

Uma vez que Betelgeuse está a aproximadamente quinhentos mil anos-luz de distância, é possível que ela se haja transformado em supernova há quinhentos anos e sua luz só chegue até nós amanhã. Quando explodir, ficará mais brilhante que qualquer outra supernova que tenha fulgurado durante a existência do homem, dada a sua relativa proximidade da Terra. Em seu zênite, Betelgeuse talvez se torne mais luminosa que a Lua cheia. Podemos olhar diretamente para a luz da Lua, mas, quando Betelgeuse se transformar em supernova, toda a luminosidade se concentrará num único ponto. Portanto, não será prudente olhar durante muito tempo para ela. Se ela explodir em 2012, no momento em que o campo magnético da Terra descer a zero, isso poderá produzir quantidade suficiente de radiação cósmica para provocar um número considerável de mutações. Poderá, mesmo, extinguir alguns tipos de organismos. Felizmente, o código de Órion-Vênus será aplicável até o ano 2012; mas, se a estrela se transformar em supernova

45

depois, a geração que nos suceder terá de buscar outro código capaz de estabelecer a data da próxima inversão polar.

## Um código duplo ainda mais esplêndido!

Quando Vênus iniciar seu movimento retrógrado, passará na frente do Sol! Da Terra, vemos regularmente corpos celestes passando na frente um do outro. Uma ou duas vezes por década, o planeta Mercúrio cruza diante do disco solar e às vezes podemos perceber as quatro luas galileanas percorrendo o disco de Júpiter. Nossa Lua frequentemente oculta estrelas brilhantes e até planetas. Outros tipos de trânsito astronômico são bem mais raros. Mais raro ainda é o de Vênus passando na frente do disco solar durante sua conjunção inferior com o Sol.

Em geral, quando Vênus está em conjunção com o Sol, cruza acima ou abaixo dele do ponto de vista da Terra, devido à inclinação de sua órbita em relação à nossa. Quando um trânsito é observado da Terra, porém, outro costuma ser visto oito anos depois porque esse é o tempo de ressonância dos períodos orbitais dela e de Vênus. Contudo, depois dessas sucessivas observações, segue-se um intervalo de mais de um século, o que torna extremamente raros os trânsitos venusianos. O último ocorreu a 8 de junho de 2004 e o penúltimo, em 1882. O próximo será entre 5 e 6 de junho de 2012. Não vá perder esse espetáculo!

## O código de Vênus, de Órion e do Sol

Vênus passará diante do Sol no dia 6 de junho de 2012. Estará no meio do disco exatamente à 1:30 h da manhã.

Permanecerá estacionário acima de Betelgeuse a 15 de maio e, de Bellatrix, a 27 de junho. Portanto, esse planeta alcançará a metade de seu giro no dia 5 de junho às 20:18 h.

Vênus estará diretamente acima de Órion ao passar diante da porção central do Sol! Esse posicionamento parece estranho demais para ser irrelevante. Nota-se, pois, uma conexão entre Vênus, Órion e o Sol.

## Um esplêndido código duplo!

E é por essa razão óbvia que os antigos cientistas consideravam tal código um alerta para o fim dos tempos! Os hieróglifos em meu livro *A Profecia de Órion* agora ficarão mais claros para você:

Eu sou a Poderosa Luz Coruscante

que navega no cinto e permite que das alturas do céu
os atos de todos sejam julgados.

Explicação: o nome Dele é Osíris [Órion]. Descrição:
é Ele a semente de tudo o que compõe o corpo humano.
Segunda Descrição:

Seu nome governa, do alto, as Partes Espirituais do
corpo humano. Terceira Descrição:

O nome do Glorioso brilha eternamente no Infinito. Ele cresce a cada dia

no firmamento.

Explicação: a poderosa luz coruscante revela que o campo magnético do Sol se inverteu. A isso se seguem violentas explosões na superfície, que o fazem parecer "em chamas".

A constelação de Órion é apontada como a maior responsável por esse evento. Ela julga as almas humanas e as preserva. Mais adiante lemos que Órion está diretamente associada ao código pelo qual se calcula a alteração do campo magnético do Sol. E, como você já viu acima, eu o decifrei!

## Paralaxe solar e distância do Sol

Há outro motivo pelo qual os antigos Einsteins achavam Vênus tão importante. As observações do trânsito de Vênus, feitas de vários pontos da Terra, podem ser usadas para determinar a paralaxe equatorial média do Sol, que é um cálculo de sua distância de nosso planeta. Em sua famosa proposta submetida à Royal Society em 1716, Edmond Halley explicava como fazer esse cálculo. Em virtude do efeito de paralaxe e da rotação diurna da Terra, os períodos de trânsito de Vênus, observados de dois locais bastante afastados, diferirão entre si por um pequeno lapso de tempo. Se a diferença for maior ou menor que a obtida teoricamente a partir de um valor presumido da paralaxe solar, então, segundo Halley, esta será maior ou menor na mesma proporção.

Embora de estrutura geométrica pouco acurada, a explicação de Halley visava determinar a duração do trânsito com base num valor presumido da paralaxe solar. O princípio fundamental do cálculo foi insistentemente recomendado por Halley, mas caberia a astrônomos de outra geração precisar a duração do trânsito a partir da teoria.

A distância média da Terra ao Sol, padrão para aferir outras quantidades cósmicas, chama-se muito adequadamente *unidade astronômica*. Dada a forma elíptica da órbita terrestre, a distância em determinado momento pode ser maior ou menor que a unidade astronômica. Em 2004, no dia do trânsito de Vênus, a distância era de 1,01507 UA.

Há mais de quinze mil anos, antigos cientistas conheciam esse valor. Apoiando-se na distância correta até o Sol, conseguiram fazer todos os outros cálculos referentes à órbita da Terra e de outros planetas. Também graças a esse conhecimento, foi possível determinar a velocidade dos campos magnéticos solares. Em suma, eles dominaram o cômputo do fim dos tempos e por isso Vênus tinha tamanha importância a seus olhos! Eis outra conexão com Vênus, Órion e o Sol!

# 5

# O CICLO DE MANCHAS SOLARES DOS MAIAS: TEORIA E REALIDADE

Em meu livro anterior, *O Cataclismo Mundial em 2012*, informei ter decodificado a mais sensacional teoria do caos dos tempos antigos: a do ciclo de manchas solares dos maias e egípcios. Mostrei que, com essa teoria em mãos, eles realmente calcularam a inversão dos polos magnéticos do Sol e muito mais. A teoria lhes possibilitou também determinar a inversão do campo magnético da Terra. Assim, provei que os Einsteins e Newtons do passado distante conseguiram reduzir sistemas complexos a um padrão de comportamento bastante simples. Estabeleceram leis de complexidade universalmente válidas, daí resultando uma hipótese científica que ignorava o comportamento aparentemente caótico do todo: a teoria do ciclo de manchas solares.

Para esses cientistas, semelhante conhecimento era de importância vital porque, graças a ele, tomaram as devidas providências e sobreviveram à inversão polar anterior da Terra. Assim, preservaram sua cultura da megacatástrofe de 9792 a.C. E para nós tal conhecimento é ainda mais importante, pois uma nova mudança polar desastrosa, que arrasará nossa civilização, se aproxima dia a dia. Todos os edifícios da Terra serão destruídos de uma só vez, juntamente com todos os dados eletrônicos, e uma gigantesca onda marinha afogará bilhões de criaturas. Esses são os resultados espantosos de minha pesquisa a respeito dessa teoria. Haverá melhor motivo para desde já iniciarmos os preparativos que garantirão nossa sobrevivência?

Entretanto, muitas perguntas permaneciam sem resposta. A diferença entre a teoria e a observação prática era grande demais. Ocupei-me da descrição um tanto complicada do movimento dos campos magnéticos solares, mas não da impressionante coincidência entre as observações. Nesse meio-tempo, provei sem sombra de dúvida a inversão polar do campo magnético do Sol; mas, por causa de tudo quanto ainda não solucionara, outra pergunta insistente surgiu: como poderia eu, em linguagem matemática, reproduzir o ciclo de manchas solares de onze anos? As Figuras 10 e 11 mostram com muita clareza a diferença e, também, o meu dilema.

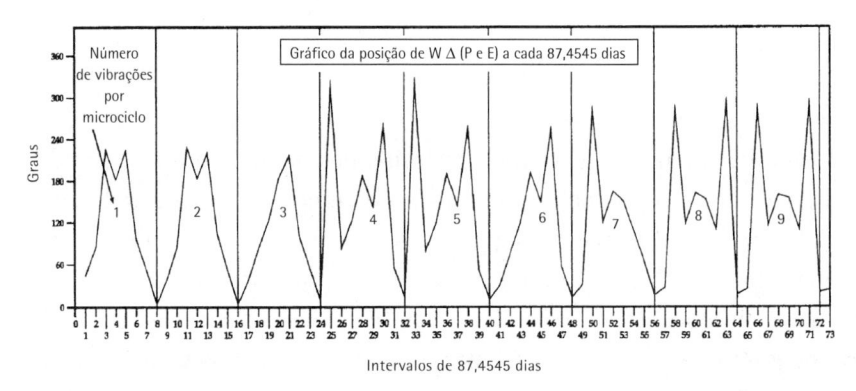

**Figura 10.** O ciclo de manchas solares de onze anos, segundo os maias (os seis primeiros miniciclos reproduzem um ciclo de onze anos).

Essa teoria encerra um padrão matemático óbvio. Com sua ajuda, você mesmo conseguirá decifrar em parte o Códice Dresden dos maias e, ainda, atinar com o "porquê" de seus diferentes ciclos de calendário. Há, contudo, uma grande diferença nas observações, pois essas teorias contêm seis picos em onze anos, enquanto, na realidade, só existe um pico (ver Figura 11).

Ambos os gráficos (Figuras 10 e 11) mostram um ciclo de onze anos. Como é notório, há diferenças substanciais, que justificam minha confusão. Para onde deveria olhar a fim de descobrir as semelhanças? Como conseguiria descrever os campos equatorial e polar de modo a construir um diagrama igual ao observado pelos astrônomos? Encontraria uma linearidade numa pesquisa não linear?

# O ciclo de manchas solares dos maias: teoria e realidade

Era um problema enorme. A princípio, nada consegui fazer com ele. As diferenças pareciam enormes para mim: os gráficos dos ciclos maias revelavam uma complexidade fantástica. Perguntas e mais perguntas cruzavam por minha mente, como: onde estarão as imagens gráficas do ciclo de onze anos, aqui ocultas? Que leis se podem deduzir disso? Por que tamanhas diferenças?

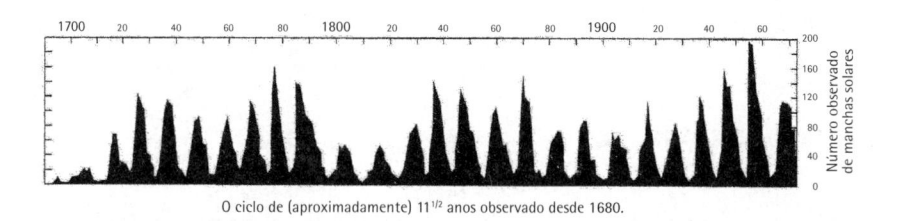

O ciclo de (aproximadamente) $11^{1/2}$ anos observado desde 1680.

**Figura 11.** O ciclo de manchas solares de onze anos, conforme as observações. Depois de séculos de estudos, um padrão regular nesse ciclo foi detectado. Alguns ciclos chegam a durar setenta anos, ao passo que outros não vão além de sete. Mas o ciclo médio é de onze anos.

Perguntas, perguntas e mais perguntas. A coisa não parecia ter fim. E deveria ter, pois, afinal de contas, eu estava às voltas com a sobrevivência da espécie humana. Se conseguisse chegar a uma descrição que se encaixasse no ciclo de manchas solares observado pelos astrônomos, então o cálculo do "fim dos tempos" dos maias estaria irrefutavelmente certo.

Até aquele momento, o ciclo de manchas solares não revelara nenhum de seus segredos, a despeito de todos os esforços de astrônomos e cientistas do mundo inteiro. Muitas conjecturas foram adiantadas, mas ainda não havia uma teoria sequer que mesmo de longe desse conta dos padrões dos ciclos de onze anos: o ímpeto inicial dos melhores astrônomos, físicos e matemáticos não levara a nada. Em outras palavras, a ciência do século XXI ainda não obtivera resposta para essa questão intrigante; eu, porém, tinha de obtê-la com urgência. Mas onde? Que dados eram relevantes para a teoria? O Graal científico referente ao comportamento do Sol estaria longe ou perto? Poderia eu encontrar a resposta para a pergunta fundamental, ou seja, como começa e acaba o ciclo de manchas solares? E qual seria o padrão subjacente responsável por tudo?

Eu tinha muitas perguntas, um verdadeiro caos de ideias a revolutear em minha cabeça. Num estado desses não poderia, é claro, fazer progressos. Assim, decidi rever a pesquisa. Aos poucos, algo foi despertando em mim. Quando decodifiquei o período orbital da Terra à volta do Sol, tal como os maias o conheciam, entrevi um padrão matemático complicado, mas lógico. Perguntei-me se agora as coisas não seriam parecidas. Talvez a solução estivesse mais perto do que eu pensava. Haveria uma conexão com o ano solar?

## Ajustes e aproximações

De acordo com os fatos conhecidos, os maias adotavam um ano solar de 365 dias. No entanto, conforme minha decifração mostrava sem sombra de dúvida, eles sabiam que o ano tem exatamente 365,242199074074074 dias. A diferença de 0,242199074074 teria algo a ver com o problema? Para os maias, esse número era importante e decisivo. Talvez ele me fizesse chegar mais perto da solução do enigma.

Comecei a pensar rápido. Como explicar a diferença? Segundo a teoria aproximativa dos maias, o campo equatorial do Sol se movia numa velocidade média de 26 dias. O campo polar era bem mais lento e precisaria de pelo menos 37 dias para mover-se. Eu sabia, por informação do professor Callebaut (consultor de meu último livro), que a velocidade média do campo equatorial, realmente observada durante os últimos 75 anos, atinge 25,75 dias, diferindo em 0,242 dia da aproximação maia – em outras palavras, é a diferença entre o verdadeiro ano solar e o calendário maia de 365 dias. Poderia isso responder a todas as minhas perguntas? Estaria a solução tão perto?

Para testar a ideia, só uma coisa eu podia fazer: contas. Com minha calculadora de bolso, comecei a averiguar a conexão matemática entre os campos magnéticos. Quinze minutos depois, transferi todos os resultados para o computador e, cheio de expectativa, pressionei a tecla *"enter"*. Iniciou-se sem demora o processamento de milhares de cálculos, que eu programara para produzir um gráfico. E o que vi me chocou, pois na tela apareceu a Figura 12!

O ciclo de manchas solares dos maias: teoria e realidade

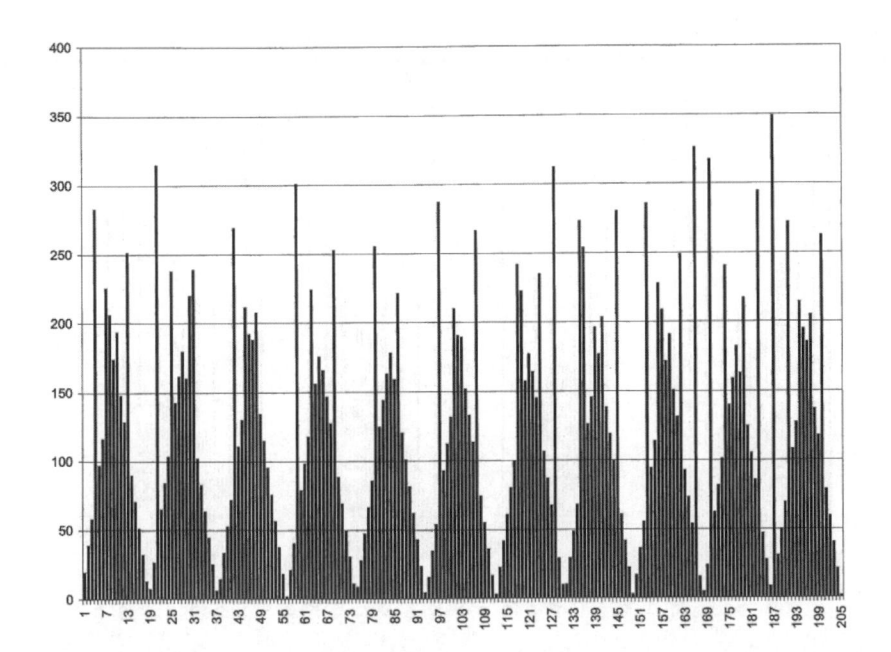

Figura 12. O ciclo de quatro anos. A ilustração é completamente diferente da teoria maia dos ciclos de manchas solares, embora a base matemática seja a mesma. O resultado é obtido adaptando-se a velocidade do campo equatorial do Sol, com base na aproximação maia de 26, ao valor real. Assim, com a velocidade de 25,75 dias para o campo equatorial do Sol e 37 dias para o campo polar, o resultado é um ciclo de manchas solares de aproximadamente 4 anos (4,31 anos). Convém lembrar ainda que o ano solar é substituído por um período orbital de 360 dias (ver Parte V, "Prova matemática").

Se você examinar com cuidado esse gráfico, notará uma impressionante semelhança com a flutuação do ciclo de manchas solares, embora o período orbital seja bem mais curto: 4 anos e não 11. Sim, eu estava indo na direção certa, mas ainda não chegara ao ciclo de onze anos observado pelos astrônomos. Por alguns instantes ainda me debati com uma profusão de ideias malucas. Mas não hesitei em calá-las porque, incontestavelmente, encontrara algo bem próximo do ciclo! Tinha de continuar pesquisando até poder definir a realidade, sem me deixar intimidar por pequenos obstáculos no caminho.

Depois de todas as minhas descobertas anteriores, aquela não devia ser mais que uma formalidade. Formalidade cansativa, é certo, pois para minha

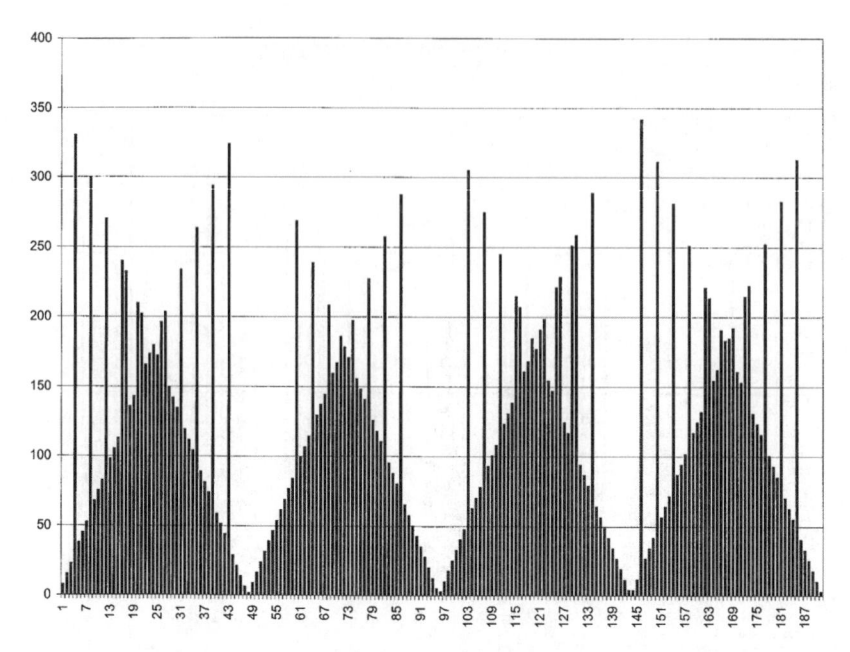

Figura 13. O ciclo de onze anos. Na ilustração anterior, você viu que a teoria do ciclo de manchas solares muda drasticamente quando ajustamos a velocidade do campo equatorial ao valor correto. Se fizermos o mesmo com a velocidade do campo polar, o ciclo salta de 4,31 para 11,01 dias! Uma desaceleração de 37 para 37,176 dias na velocidade de rotação basta para efetuar essa mudança.

grande surpresa o ciclo de onze anos parecia sujeito a rigorosas leis matemáticas. Ao que tudo indicava, uma pequenina diferença na velocidade do campo polar ou do campo equatorial podia interferir na periodicidade do ciclo de manchas solares! Dois exemplos esclarecerão isso sem demora. Com uma velocidade similar de 25,75 dias para o campo equatorial e uma velocidade ajustada de 37,176 dias para o campo polar, o gráfico mudava espetacularmente, chegando a um ciclo de onze anos. Isso significa, de fato, que uma desaceleração de apenas 0,476% no campo polar mais que dobra o período do ciclo de manchas solares! Por essa eu não esperava!

Fiz uma pausa a fim de refletir melhor no assunto. Estaria eu, no tocante ao motivo de haver tamanha diferença entre os vários códigos, em presença de algo inteiramente novo? Talvez. Há, por exemplo, ciclos que duram apenas sete anos, ao passo que outros chegam a dezessete. Ninguém sabe o motivo. Segundo meus achados teóricos, uma ligeira mudança na velocidade

O ciclo de manchas solares dos maias: teoria e realidade

de rotação do campo polar já justifica diferenças tão grandes! Isso gera modificações capazes de alterar nitidamente os ciclos. Entretanto, quando a velocidade média persiste por séculos, os resultados são quase sempre ciclos de mais ou menos onze anos. Pode-se, pois, afirmar que essa teoria é assombrosamente correta.

Conclusões:

1) Uma mudança insignificante na velocidade do campo polar ou equatorial pode ampliar ou encurtar o ciclo de manchas solares.
2) Em termos matemáticos, há sem dúvida uma estreita correlação entre os campos equatorial e polar.

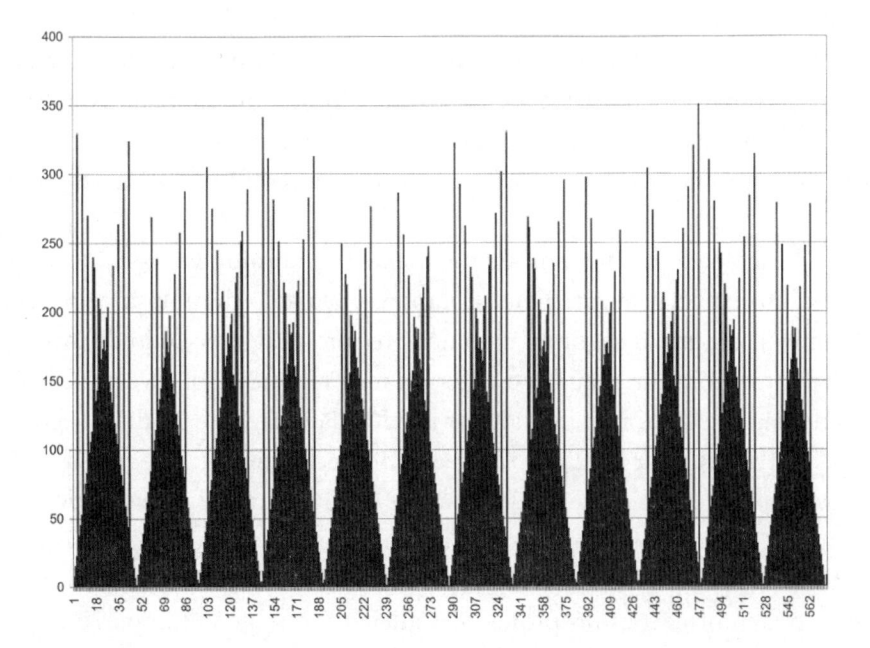

Figura 14.

O gráfico na Figura 14 ilustra um ciclo longo de 11 anos. Coincide de perto com o que observamos!

## O período entre as inversões polares

O ciclo de manchas solares dura mais quando o campo polar gira com velocidade menor – isso você já sabe. Outro fator é que, conforme já se determinou, uma "pequena" inversão polar do campo magnético do Sol ocorre no ponto mais elevado do ciclo. Se prolongarmos o período do ciclo de manchas solares, prolongaremos automaticamente a inversão polar do campo magnético do Sol! Conseguiria eu, só com isso, resolver outro problema? A hipótese não estaria mostrando também que o período entre as inversões polares da Terra pode às vezes diferir acentuadamente?

Aprofundemo-nos um pouco mais neste ponto. Como mostram os números dos maias e antigos egípcios, existe uma diferença de cerca de 284 anos entre os períodos das inversões polares. Mais especificamente, o período entre os dois cataclismos anteriores na Atlântida (em 21312 a.C. e 9792 a.C.) atingem um total de 11.520 anos. O período de tempo entre a inversão polar no ano 9792 a.C., que destruíram por completo Aha-Men-Ptah (nome mais tarde pronunciado foneticamente "Atlântida"), e o que nos aguarda em 2012 chega a 11.804 anos – uma diferença de 284 anos. Por quê?

Com os dados acima em mente, comecei a aprofundar essa ideia, que entretanto parecia um problema complexo. Quando diminuí a velocidade de ambos os campos segundo um fator proporcional, o período da inversão polar aumentou. Em meu livro anterior, mostrei que o Sol inverte seus polos depois de 3.848 anos. Ao alterar a velocidade de 26 e 37 dias, segundo um fator igual para 26,25 e 37,36 dias respectivamente, cheguei a 3.885 anos, uma extensão de cerca de 37 anos. Como a grande inversão polar só ocorre depois de três ciclos, isso resulta na seguinte diferença: 3 x 37 = 111 anos, mas apenas com uma velocidade orbital média de 26,25 dias. Sabemos, por informações do professor Callebaut, que nos últimos 75 anos a velocidade orbital média tem sido de 25,75 dias. A quanto chegaram as mudanças nos 3.700 anos anteriores, não sabemos.

No ciclo de manchas solares, o campo equatorial começa a mover-se mais rápido quando um ponto de inversão fica mais próximo. Como, agora, estamos à espera de uma nova inversão polar, a velocidade média das últimas décadas pode ser maior que há milhares de anos. Sobre isso, porém, não temos nenhuma certeza. Só obteremos uma resposta quando escavarmos o Labirinto onde os antigos egípcios preservavam suas observações astronômicas. Ali poderemos confirmar todos os cálculos que apontam para o ano 2012. Essa escavação precisa ser iniciada urgentemente.

O que encontraremos ali não terá paralelo. Esse complexo arquitetônico é inacreditavelmente vasto. Para construí-lo, devem ter sido feitos esforços físicos fenomenais, gigantescos. Mal se pode entender isso, mas a verdade é que aquele povo estava absolutamente decidido a preservar suas descobertas e sua história escrita. Daí dependia a continuidade de sua descendência!

Segundo Platão, os atlantes registraram tudo em placas de ouro. O egiptólogo Albert Slosman confirma-o em seus livros e declara também que os antigos egípcios faziam o mesmo. Segundo suas traduções, o Labirinto contém o "Círculo Áureo", um recinto lendário mencionado no Livro dos Mortos daquele povo. Construíram o cômodo de granito e revestiram-no de ouro. Dentro, há documentos sobre a história de Aha-Men-Ptah e do Egito, além do saber astronômico que acumularam; portanto, é imperativo que cheguemos lá. O acervo científico guardado no Labirinto é superior ao nosso. Todos os físicos e matemáticos ficarão boquiabertos ante as "pérolas do conhecimento dos astros" que lá estão à nossa espera.

## O momento crítico

O cálculo da velocidade de 26 dias para o campo equatorial e de 37 para o campo polar do Sol resulta, notoriamente, num momento crítico depois de 3.848 anos. Todavia, com uma pequena mudança na velocidade dos campos equatorial ou polar, obtemos outros valores. O único problema é que não se pode determinar com facilidade o momento crítico. Eis por que os maias aplicavam essa teoria: ela proporcionava aos futuros pesquisadores um meio de encontrar a data correta de uma inversão polar, que na prática não difere muito do valor real. Além disso, você pode calcular as bases científicas para a astrologia com a ajuda da velocidade dos campos equatorial e polar, e o período do ano solar; a polaridade das partículas que atingem a Terra muda a cada mês. Na sequência, você chegará automaticamente à teoria do ciclo de manchas solares.

Voltando ao meu problema: havia ainda uma diferença por explicar de quase duzentos anos no período entre as inversões polares. Por isso, comecei a fazer ligeiras mudanças na velocidade dos campos equatorial e polar do Sol. Mas, como já mencionei, eu estava às voltas com um problema muito sério: meu momento crítico tão óbvio desaparecera! O que quer que tentasse, examinasse e comparasse, o ponto zero não aparecia mais! Por fim, depois de semanas, desisti e passei a outras questões prementes. Espero, no futuro, voltar ao problema com uma perspectiva nova e resolvê-lo de vez. Convido os matemáticos interessados a colaborar.

No entanto, o que descobri foi que a diferença na velocidade rotacional, de 0,4% em ambos os campos com relação aos valores de 26 e 37, basta para resultar numa diferença final de 300 anos depois de 11.700 anos! Afora meus achados anteriores, eu encontrara, portanto, duas maneiras diversas pelas quais o período entre as inversões polares pode mudar – resultado dos mais satisfatórios. A seção teórica no final do livro mostra com suficiente clareza os cálculos que fiz para chegar a esses resultados.

## Por que essa diferença no tempo de inversão polar?

É lógico que, depois de cada inversão polar, o Sol não tenha mais a mesma quantidade de energia à sua disposição. Como cada ciclo termina de maneira violenta, é igualmente lógico que isso provoque mudanças em sua estrutura interna. Mesmo uma alteração mínima é suficiente para influenciar a velocidade dos campos magnéticos, o que resulta num período maior ou menor entre as inversões polares. Ocorre o mesmo com o ciclo de manchas solares. Quando mudamos a velocidade do campo em uma fração que seja, o ciclo pode facilmente durar 50% menos ou mais!

O ciclo superlongo também está, é claro, sujeito a isso. Os maias e os antigos egípcios sabiam-no com certeza. Por isso eram capazes de calcular com antecedência as mudanças nos períodos entre as inversões polares. Infelizmente, até agora não consegui desvendar sua teoria.

Restam ainda muitas perguntas por responder. Exemplos: como podiam os maias e os antigos egípcios determinar o momento crítico com tamanho rigor? A reversão total depende do ciclo de onze anos? Como calcular com antecedência ciclos longos e curtos? Essas e outras perguntas cruciais certamente exigem resposta. Trabalhar tais problemas será tarefa de toda uma vida para as futuras gerações. Só graças a um estudo bem-estruturado do comportamento do Sol evitaremos as catástrofes em massa que nos aguardam.

## Destruição planetária e mudança de 72°

Durante a longa história da Terra, bilhões e bilhões de animais sem dúvida pereceram em consequência das inversões polares; mas nunca bilhões de pessoas. Alguns pouco se importam se a humanidade, maior poluidora de nosso planeta, for dizimada; para outros, essa ideia é insuportável. O número de pessoas que morrerão será exponencialmente maior que o das vítimas de todas as guerras travadas até hoje – um número imenso, uma catástrofe humana sem paralelo. Prever as consequências nos ajudará a organizar nossos pensamentos e objetivos para os próximos milênios, pois a Terra ficará completamente destruída e contaminada por substâncias químicas e nucleares. E nem sequer sabemos muito bem o que nos espera! Informações cruciais foram perdidas no curso das idades e essa situação ora nos coloca à beira de um abismo: o provável fim de todas as coisas.

O certo é que um desastre com vítimas em tão grande escala não precisará acontecer de novo. Mas, para isso, os sobreviventes do próximo terão de organizar um rigoroso programa de reconstrução das ciências. Assim, os segredos das inversões polares poderão ser revelados com antecedência e os homens farão seus preparativos. Conseguirão também explicar por que houve uma mudança no passado, coisa que até agora me escapa.

Refiro-me à alteração de 72° no ano 21312 a.C., que não foi uma inversão polar, mas uma modificação rápida no zodíaco. Além disso, houve um período relativamente curto entre esse cataclismo e a inversão polar anterior. Foi de apenas 8.496 anos, quando a média entre inversões polares chega a 11.500. Talvez a causa disso seja alguma irregularidade no ciclo de manchas solares. Em meu último livro, mostrei que depois de 3.848 anos ocorre uma inversão polar parcial no Sol e, depois de três vezes esse período, uma inversão total.

Notei ainda que, depois da passagem de metade dos 3.848 anos (1.924 anos), ocorria uma pequena irregularidade na teoria. É possível que esse intervalo seja o tempo mínimo para ocorrer uma catástrofe na Terra. Depois da inversão polar no final de 2012, ficaremos seguros por pelo menos alguns milhares de anos, antes do próximo desastre. Então, novas calamidades talvez aflijam a Terra depois dos seguintes números de anos: 3.848, 5.772, 7.696 e 9.620. Pode haver, é claro, diferenças de alguns séculos, antes ou depois desses períodos.

Talvez se dê que eu não haja notado alguma outra aberração na velocidade do eixo terrestre. Mas, seja ela qual for, deixo a tarefa a cargo de futuros cientistas. Começando pelos meus dados, que são na verdade uma redescoberta da sabedoria antiga, eles provavelmente conseguirão determinar as datas dos próximos cataclismos. Felizmente, poderão também tomar as devidas precauções e, assim, ter tempo de fugir ao desastre. Melhor soar o alarme duas vezes do que ser varrido por um maremoto.

Como vimos, muitos mitos antigos falam numa sucessão de catástrofes. Os *Anais de Cuauhtitlán* mexicanos mencionam sete mundos, que chamam de *Chicon-Tonatiuh* ou "Sete Sóis". O texto afirma que, de cada vez, um Sol chamejante destruiu a Terra inteira. Há muito tempo, os cientistas identificaram o pano de fundo desses desastres. As ciências dos maias e antigos egípcios estavam saturadas de conhecimentos sobre as inversões polares. E sua religião também se baseava neles. Sabiam quão frágil é a vida na Terra.

No ano 2012 teremos a prova de seu avançado saber científico: em poucas horas todo o nosso conhecimento será varrido juntamente com o mundo material. Espero sobreviver em companhia de pessoas bastante motivadas porque então teremos de garantir que o saber redescoberto seja universalmente disseminado.

O certo é que todos passarão a respeitar mais a natureza e o meio ambiente. Os dados sobre inversões de campos magnéticos permitirão às gerações futuras evoluir segundo uma atitude mental bem diversa. As pessoas promoverão o desenvolvimento de um modo mais ecológico do que nós por saber que, depois delas, outras gerações virão. Nós, porém, estaremos às voltas com uma bagunça interminável. Milhares ou centenas de milhares de anos passarão antes que ela seja eliminada. A única vantagem será que esse desastre ecológico flagrante obrigará as gerações futuras a refletir mais e por mais tempo, a fim de não agir como estamos agindo agora. Talvez isso nos seja de algum conforto...

O ciclo de manchas solares dos maias: teoria e realidade

## Certeza absoluta quanto à data

Segundo nossas observações, uma "pequena" inversão do campo magnético do Sol ocorre em data difícil de determinar. Os astrônomos podem estar errados em nada menos de um ano! Mas, no caso de 2012, a ciência atual nada fica devendo à antiga: ambas preveem que o campo magnético mudará então. Nossos modernos astrônomos contam com uma inversão de pequeno porte porque houve outra em 2001 e o próximo ciclo de onze anos termina em 2012. Os maias e antigos egípcios, porém, postulavam uma inversão "das grandes". Calcularam-na há milhares de anos. A única diferença é que os astrônomos modernos esperam que ela aconteça no início de 2012, enquanto os maias a previam para o final daquele ano.

Dado que nossos cientistas podem facilmente estar errados em um ano, aposto tudo em que a inversão ocorrerá na data prevista pelos maias, ou seja, final de 2012. De fato, ainda em 2006, alguns astrônomos mudaram de ideia e agora esperam um "grande" ciclo de manchas solares para 2012! Em meu website, você poderá acompanhar futuras atualizações.

Pelos meus livros anteriores, o leitor já sabe que os maias conseguiram determinar com exatidão as datas das catástrofes prévias – dois mil anos antes de ocorrerem! Mitos do Peru, Equador, Venezuela e Brasil confirmam-no. Falam de tempos idos, quando homens brancos, cabeludos e barbudos apareceram para adverti-los sobre o desastre iminente. Isso é recordado também em Mianmá. Em *Asiatic Researches; Burma* (vol. VI, p. 172), lemos: "Mil anos antes da destruição do mundo, um certo *Nat* de feições tristes veio anunciar o que iria acontecer".

Pouca gente levou a sério o aviso e construiu barcos para sobreviver ao dilúvio. Alguns deles devem ter sido enormes. A arca de Noé era apenas um de pelo menos dez navios, atulhado de animais, plantas, frutas, arquivos, livros, projetos de máquinas e registros de descobertas científicas. Todas essas tradições mostram-nos que o Grande Dilúvio foi mesmo um fenômeno global. Os sobreviventes desembarcaram não apenas na Europa, mas também nas montanhas da Ásia, América do Sul e África, enquanto os corpos de milhões de bichos e seres humanos apodreciam em meio a um fedor nauseabundo.

Esses mitos provam, à saciedade, que no passado remoto as pessoas foram capazes de calcular a catástrofe com bastante antecedência. Mais uma razão para afirmar, com absoluta certeza, que o cálculo científico dos maias e antigos egípcios está correto. Só o que nos resta fazer é dar o alarme pelo mundo afora e urgir os preparativos para o gigantesco cataclismo iminente.

PARTE II

# A DESTRUIÇÃO DEPOIS DA CATÁSTROFE

6

# UMA ADVERTÊNCIA RELIGIOSA PARA O APOCALIPSE PRÓXIMO?

Eu não quis publicar este capítulo em meu livro anterior porque ainda tinha dúvidas. Temia perder a credibilidade. Em *O Cataclismo Mundial em 2012*, fui quebrando uma mensagem codificada depois da outra e decifrei o Códice Dresden. Mais tarde, consegui perceber um momento crucial no ciclo de manchas solares. Em outras palavras, tudo se baseava em cálculos científicos exatos. Com a ajuda daquelas decodificações, provei que a história da Atlântida é verdadeira. Só esse fato já seria incrível para bom número de pessoas; e tudo se complicaria ainda mais caso eu começasse a falar de religião.

Minha consciência, porém, estava inquieta. Entendam-me: sou cético, mas não posso ignorar certos fatos notórios. Durante minha pesquisa, deparei com a explicação do número 666, que aparece há séculos no ensino do catolicismo e está ligado a um apocalipse. No Livro da Revelação bíblico (também conhecido como Apocalipse de João) o autor diz que, no fim dos tempos, terremotos e catástrofes naturais assolarão nosso planeta, o Sol ficará negro, a Lua se tingirá de sangue e as estrelas cairão sobre a Terra. Em meio a granizo, fogo e sangue, as montanhas desaparecerão no mar. Céu, Sol e Lua se cobrirão de trevas e um número incalculável de pessoas perecerá no desastre. Por trás desse número está toda uma ciência, que emprega uma terminologia técnica baseada nos campos magnéticos do Sol. Seus ciclos só podem ser determinados depois de uma observação milenar do firmamento, durante a qual você, pesquisador, chegará a uma ampla teoria universal sobre o fim do ciclo e a morte da civilização. As duas coisas estão correlacionadas. Não se pode ignorar isso. Algo assim não é mera coincidência.

O número 666 simboliza a ruína esperada; um final terrível, o pior na história da humanidade. Bilhões de pessoas sucumbirão e o Juiz Supremo julgará suas almas. Conquistarão a imortalidade ou serão condenados para sempre? Os antigos egípcios, tanto quanto os maias, hindus, etc., fizeram-se essa pergunta crucial. Religiões inteiras baseavam-se na tentativa de encorajar as pessoas a obter a vida eterna, assim como o ensinamento católico pretendia libertar o espírito das pesadas cadeias do materialismo. Nessas religiões a mesma ordem de pensamentos aparece: a renúncia às coisas materiais e a prática de boas obras para chegar à bem-aventurança nos céus. Será isso coincidência? Não creio, sobretudo porque encontrei outras conexões. Por exemplo, um vínculo entre o mito de Osíris e o Novo Testamento cristão é que, como Jesus, o deus egípcio ressuscitou para dar a seus seguidores as últimas instruções. Os antigos egípcios ligavam a isso a ciência da imortalidade. Quando você lê atentamente o Livro dos Mortos, nota que ele resplandece com a fé espiritual daquele povo no além e num ser superior. Já me perguntei várias vezes: o deus dos antigos egípcios é o mesmo Deus Pai?

Além disso, parece haver uma ligação entre a profecia bíblica sobre o dilúvio e a história da Atlântida. Em outras palavras, minha pesquisa abriu caminhos novos para interpretar segredos milenares. E também estabeleceu um liame com a última predição de Fátima.

*Fátima, 13 de maio de 1917.* Lúcia dos Santos, seu primo Francisco Marto e a irmãzinha deste, Jacinta, estavam cuidando das ovelhas na árida Cova da Iria, situada a 2,5 km da igreja da cidade. Lúcia tinha 10 anos, Francisco 9 e Jacinta 7. Brincavam com seixos quando, após o ângelus, um raio ofuscante cruzou o céu sem nuvens. Correram para casa a fim de abrigar-se da tempestade próxima. Ao passarem perto de um carvalho, outro raio faiscou e eles viram, dentro da árvore, uma senhora com uma aura ainda mais brilhante que o Sol. Vestia um traje muito alvo e trazia entre os dedos um rosário branco. Falou-lhes: "Não temam. Venho do céu. Depois lhes direi quem sou e o que desejo. Compareçam a este lugar pelos próximos seis

## Uma advertência religiosa para o apocalipse próximo?

meses a cada décimo terceiro dia, na mesma hora". No dia 13 de junho, tudo se repetiu: o raio e, no carvalho, a senhora mais brilhante que o Sol. Dessa vez Lúcia se preparara para o encontro, pois queria saber o que acontecera a seus amigos recentemente falecidos: "Maria das Neves também está no céu?"

"Certamente", respondeu a senhora.

"E Amélia?"

"Não", foi a resposta. "Amélia ficará no purgatório até o fim dos tempos. Mas, num futuro não muito distante, eu levarei Francisco e Jacinta para o paraíso. Você, Lúcia, deverá viver muito, para me fazer conhecida e amada na Terra. Aprenda a ler e reze diariamente um terço pela paz no mundo." E, assim como da primeira vez, a senhora se alçou nos ares e desapareceu na direção do leste.

A notícia dessa aparição se espalhou ainda mais rápido que a da primeira e o pároco de Fátima interrogou demoradamente as crianças a fim de assegurar que não se tratava de artes do demônio. Lúcia não quis mais levar o rebanho para a Cova da Iria; porém, no dia 13 de julho, sentiu um desejo incontrolável de ir até lá. Dessa vez a senhora lhe disse: "Continue a vir aqui no dia 13 de cada mês. Não deixe de rezar o terço diariamente pelos pobres pecadores, pela paz no mundo e pela conversão da Rússia". E acrescentou misteriosamente: "No fim, meu Imaculado Coração triunfará".

Em seguida, deu às crianças uma rápida visão do inferno: elas contemplaram um vasto oceano de fogo, pululante de demônios e almas de pecadores que gritavam de dor e gemiam de tristeza. Amedrontada e com mostras de reverência, Lúcia perguntou à senhora quem era ela e pediu-lhe um milagre, pois ninguém acreditava em suas palavras. A senhora prometeu-lhe que, em outubro, se daria a conhecer e realizaria o milagre, para que todos finalmente acreditassem.

Entrementes, Portugal inteiro se alvoroçava. Todo dia 13, mais e mais pessoas vinham de todas as partes do país à Cova da Iria, para rezar e na esperança de ter uma visão da senhora. Muitas achavam que ela era a manifestação de Nossa Senhora, a Virgem, a mãe de Jesus. Outras mantinham a cabeça fria e resmungavam que aquela tolice tinha de acabar logo; e nesse grupo estava o prefeito. A 13 de agosto, ele apanhou as crianças em casa, numa carroça, a fim de levá-las conforme declarou à Cova da Iria, para presenciarem a manifestação. Mas, na verdade, levou-as em segredo para a cadeia, onde as manteve por três dias.

No local das aparições, cerca de vinte mil devotos estavam reunidos. Uma trovoada lhes recompensou a espera e uma leve nuvem pairou sobre o carvalho, onde permaneceu por um momento e depois subiu ao céu, como sempre na direção do oriente. Lúcia, Francisco e Jacinta não compareceram. Mas, como diz o ditado, "Se Maomé não vai à montanha, a montanha vem a Maomé", e ele se aplica muito bem à história de Fátima. Quando as crianças foram libertadas, a senhora lhes apareceu a quinhentos metros de sua casa. De novo prometeu que operaria um milagre em outubro, desde que elas continuassem orando, fazendo sacrifícios e submetendo-se a penitências. Elas sabiam rezar, mas ignoravam tudo de penitências e sacrifícios. Ainda assim Francisco (que, como seu ilustre homônimo, Francisco de Assis, podia falar com os pássaros), resolveu dar seu almoço às ovelhas, todos os dias.

A 13 de setembro a multidão viu uma bola de fogo descer do céu. O Sol pareceu despencar sobre a Terra. "Ei-la! Ei-la!", gritou Lúcia, no auge da exaltação. Ninguém, contudo, conseguia ver a mulher. Lúcia pediu-lhe que curasse os enfermos presentes, mas Nossa Senhora (ela nem sempre é muito gentil) replicou com frieza: "Curarei alguns. Outros, não".

No dia 13 de outubro, a mãe de Lúcia estava aterrada. Permaneceu em casa com o marido e os outros seis filhos, temendo que o povo linchasse Lúcia e o resto da família caso o milagre anunciado não se produzisse. Embora estivesse chovendo e trovejando sem parar, cerca de setenta mil pessoas reuniram-se na Cova da Iria. E de novo, à tardinha, a senhora se manifestou. Agora trajava um vestido branco e um manto azul, como Nossa Senhora das Dores, e anunciou às crianças: "Sou Nossa Senhora do Rosário. Construam aqui uma capela e rezem um terço todos os dias. Se o fizerem, a guerra acabará logo e os soldados voltarão a seus lares". Em seguida, desapareceu. Lúcia, Francisco e Jacinta avistaram, num átimo, São José com o Menino Jesus nos braços, abençoando o mundo.

Isso os setenta mil presentes não viram. Mas foram como que tocados pela mão de Deus ao presenciar o milagre há tanto prometido. As nuvens e a chuva desapareceram num passe de mágica, o Sol resplandeceu com todas as cores do arco-íris, mas era como a Lua: as pessoas podiam contemplá-lo

## Uma advertência religiosa para o apocalipse próximo?

sem se sentir ofuscadas. Depois começou a girar, voltar e dançar pelo céu, até que de repente ameaçou cair e espatifar-se na Terra. Todos ficaram interditos, de respiração suspensa, temendo que o fim dos tempos houvesse chegado; mas então o astro reassumiu seu posto no firmamento. Devido à longa espera sob a chuva, os espectadores estavam encharcados; todavia, depois da dança do Sol, suas roupas secaram completamente. Quando voltou a chover de leve, as gotas não eram água e sim botões de rosa que perfumavam o ar com seu doce aroma, mas desapareciam se alguém tentava apanhá-los ou tocá-los.

Eis como o milagre do Sol foi registrado por Avelino de Almeida, editor-chefe de *O Século*, periódico anticlerical das maçonarias de Lisboa, situada 120 km ao sul. Na ocasião, a descrença e a desconfiança de Avelino se esfumaram, como sucedeu aos demais espectadores. Até os soldados que deviam manter a ordem na multidão desceram dos cavalos e caíram de joelhos, dando graças à Virgem.

## As cartas de Lúcia

Depois das manifestações, Lúcia teve muitas oportunidades de divulgar as mensagens que recebera, exceto o misterioso Último Segredo. Este era tão confuso e agourento que a Virgem lhe prometera voltar e esclarecer a Revelação. Isso ocorreu na manhã do dia 23 de novembro de 1929. Desta feita Lúcia anotou escrupulosamente as palavras e juntou-as às outras cartas que escrevera sobre as demais revelações.

Na primeira carta, Lúcia forneceu uma descrição pormenorizada dos famosos milagres ocorridos ao tempo das aparições em Fátima. Informou também que a Virgem previu o advento do comunismo ateu. Na segunda carta, Nossa Senhora profetizou os horrores da Segunda Guerra Mundial, o Holocausto, o fascismo fanático e a fome no mundo. A carta seguinte continha uma promessa sob condição: se um número suficiente de pessoas orasse pela conversão da Rússia, o comunismo entraria em colapso, seguindo-se um período de paz relativa. O papa João Paulo II levou a bom termo esse compromisso: a Rússia capitulou e a ameaça de uma guerra atômica com aquela superpotência desapareceu. Quanto à última revelação, a própria

Virgem pediu que fosse anunciada depois da morte de Lúcia ou, o mais tardar, em 1960, independentemente do que sucedesse antes. Mas, em 1960, o papa João XXII julgou que "os tempos e o mundo ainda não estão preparados para ouvir o último segredo de Fátima".

Em 1929, o papa Pio XI leu a carta. Ficou tão inquieto que decidiu manter o documento em sigilo durante todo o seu pontificado. Seu sucessor, Pio XII, recusou-se a tomar ciência do horrível conteúdo da carta. Mas em 1942 dedicou o mundo inteiro e, em 1952, a Rússia ao Imaculado Coração.

Depois de ler a carta em 1967, o papa Paulo VI empreendeu uma peregrinação controvertida a Fátima. Controvertida porque na época Portugal ainda vivia sob um regime fascista. Lá, teve uma visão do Armagedon. "Foi como se as massas se juntassem para o Dia do Juízo Final", confessou ele, cheio de temor.

Em 1991, o papa João Paulo II fez algo de que não se tinha notícia nos anais do catolicismo. Dedicou toda a sua congregação mundial a Nossa Senhora de Fátima. Pediu que os católicos orassem pelos fatos secretos contidos na carta. Deixou claro que, caso eles não ouvissem seu apelo, uma terrível predição se tornaria realidade: "Arrependei-vos e emendai-vos, pois o fim do mundo está próximo!" Enquanto essas palavras eram ditas, uma silenciosa anciã de 84 anos – Lúcia – mantinha-se de pé ao lado do papa.

Finalmente, em maio de 2000, a Igreja anunciou de modo um tanto inesperado o pretenso conteúdo da carta. Não dizia respeito ao Armagedon – mas mal posso acreditar nessa explicação. Você encontrará mais informações a respeito em *The Third Secret*, de Steve Berry. Muitas perguntas ficaram por responder.

Toda vez que eu suspeitava de algo durante minha pesquisa, a suspeita era mais tarde confirmada. Seguindo minha intuição, consegui resolver inúmeras questões ligadas ao futuro desastre. A meu ver, as autoridades supremas da Igreja sabem de algo que não querem revelar. Acho, porém, que o farão antes da data fatal. Em que me baseio para dizer isso? No ano de 1917, enquanto a multidão pasmava para o céu, o Sol percorreu o horizonte em ziguezague. Durante a próxima inversão polar em 2012, a crosta terrestre se deslocará por milhares de quilômetros e o Sol se moverá pelo céu num movimento irregular de "dança". Isso não pode ser coincidência. Noé foi avisado da chegada do dilúvio. Por que não haverá agora outro aviso? Sem

## Uma advertência religiosa para o apocalipse próximo?

dúvida, reconheço que uma revelação dessas causaria pânico no mundo inteiro. Todo o nosso sistema econômico e espiritual ficaria arruinado em poucos meses. Mas, de qualquer maneira, a economia sofrerá um colapso e entrará em depressão dentro de alguns anos. Então, uma mensagem sobre o "final dos tempos" já não fará grande diferença.

# 7

# A DESTRUIÇÃO

Os descendentes daqueles que sobreviveram à catástrofe anterior, os maias e antigos egípcios, transmitiram-nos uma grave advertência: sem nenhuma dúvida, o mundo acabará em 2012. O hemisfério norte será o mais afetado. Para que o soubéssemos, legaram-nos edifícios, mitos sobre dilúvios, códigos estelares, a teoria do ciclo de manchas solares e um calendário regressivo. Dados bastante sérios. O mesmo cataclismo que destruiu sua pátria logo destruirá a nossa. Com um conhecimento científico incrivelmente exato, calcularam como e quando ocorrerá o desastre. Eles trabalhavam num nível astronômico dos mais elevados, que ainda não atingimos, por mais incrível que pareça. Podemos extrair enormes quantidades de informação de seus cálculos e do estudo de seu zodíaco astronômico – entre outras coisas, que vários cataclismos devastaram a Terra periodicamente. Por longos períodos, nada acontece; mas de súbito uma explosão de violência desenfreada ocorre no Sol, enviando uma nuvem incandescente de plasma em direção ao nosso planeta. Nada nem ninguém podem detê-la. Nós teremos de enfrentar esse acontecimento, que resultará em destruição maciça.

A fim de dar uma imagem da inversão polar, os antigos egípcios nos legaram sua história astronômica. Contam exatamente o que aconteceu durante as catástrofes anteriores: num só dia a marcha das eras se alterou. Sem aviso, a Terra modificou sua precessão em três ocasiões e a direção de seu movimento, em duas. Do ponto de vista astronômico, a mensagem codifi-

## A destruição

cada daquele povo é uma obra-prima: simples e, ao mesmo tempo, terrivelmente acurada. Em *Hamlet's Mill*, Giorgio de Santillana e Herta von Dechend ponderam que o zodíaco foi inventado para descrever as catástrofes sobrevindas depois de demorados lapsos de tempo e fornecem inúmeras provas disso. Pela obra de Albert Slosman, sabemos que tal foi mesmo o caso. Ele decifrou a passagem do zodíaco durante os últimos quarenta mil anos, mostrando com clareza que o eixo da Terra começou a girar no sentido oposto em determinadas ocasiões! Mais: que a civilização de Aha-Men-Ptah conseguiu prever o último cataclismo com dois mil anos de antecedência! Não bastasse isso, descobri que seus descendentes calcularam o próximo desvio do eixo terrestre para 2012!

Eis-nos, pois, diante do maior desafio da história humana: nossa sobrevivência depois do desastre que se avizinha. Essa gigantesca convulsão geológica destruirá totalmente nossa civilização. Quanto a isso, não há dúvida. Você poderá reagir com ceticismo, pânico ou descrença. Ou arregaçar as mangas e fazer os preparativos necessários para sobreviver. Mas quero dizer arregaçar *bem* as mangas porque, a falar com franqueza, o que nos espera é péssimo... ou coisa pior. Tenho tido muitos pesadelos, mas isso não deterá a catástrofe. Três dias depois da inversão polar em 2012, veremos e viveremos a seguinte situação:

1. A inversão polar do campo magnético do Sol lançará ao espaço uma densa nuvem de partículas eletromagnéticas. Em resultado, todos os satélites artificiais em redor da Terra serão completamente destruídos. Logo depois, os polos se romperão e o campo magnético terrestre ficará sobrecarregado num curto lapso de tempo. Em poucos instantes os equipamentos eletrônicos deixarão de funcionar por causa de curtos-circuitos internos devidos à carga eletromagnética. Em consequência, 99,9999999999999% do nosso conhecimento se perderão em questão de horas. Resultado: nossa civilização, dependente do computador, desaparecerá por completo.
2. Violentos terremotos e erupções vulcânicas destruirão todos os edifícios e instalações, deixando-os em ruínas. Nada restará dos prédios altos e arranha-céus – tudo será nivelado. Em seguida, o deslizamento da crosta terrestre e a onda gigantesca sepultarão o

73

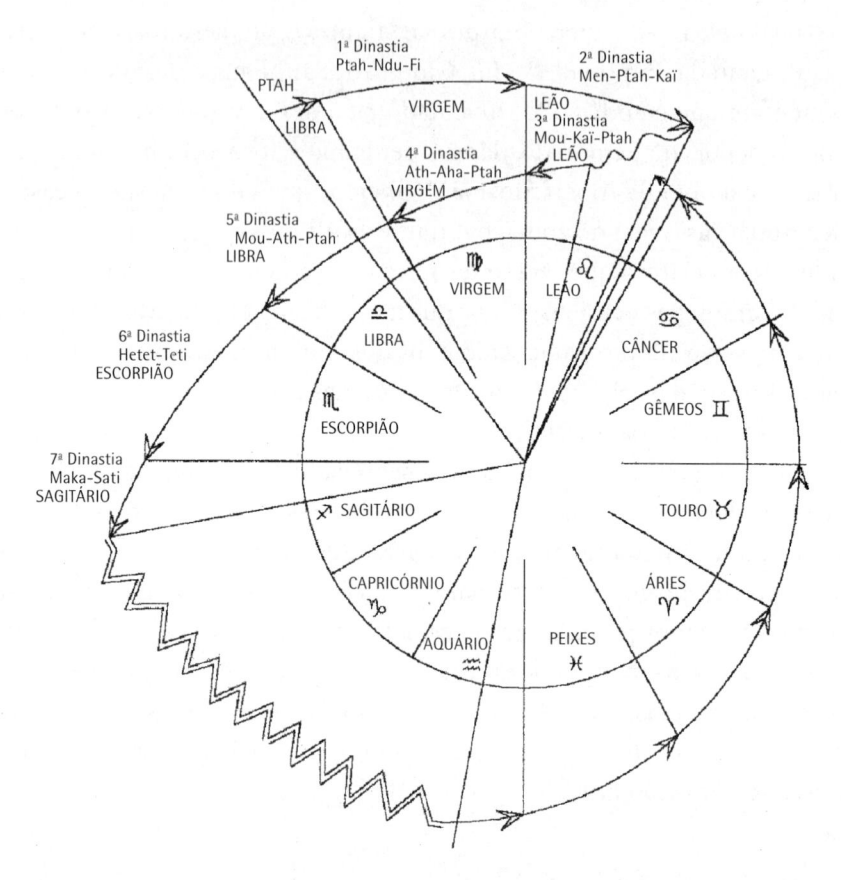

Figura 15. O zodíaco astronômico dos antigos egípcios descreve as eras passadas em que houve catástrofes ou inversões polares na Terra. No final de 2012, teremos outro desastre. Só nos resta imaginar para qual era seremos arremessados.

conhecimento humano sob os escombros, principalmente os livros, já agora inúteis.
3. Todas as regiões do globo sofrerão mudanças climáticas. Num piscar de olhos a Europa e os Estados Unidos entrarão numa nova era glacial, onde a vida mal será possível. Como não sabemos até onde irá o deslizamento da crosta e quais regiões serão afetadas, não sabemos também onde a civilização recomeçará. Lugares possíveis são Índia, América do Sul, África e as montanhas altas da Tailândia. Retomarei este assunto mais adiante.

A destruição

4. Devido à onda gigantesca e às tremendas borrascas que avassalarão a face do globo, todos os estoques de comida se perderão. Todas as árvores serão arrancadas pelas raízes; todas as terras de cultura ficarão alagadas com água salgada e poluída. Anos e anos se passarão até que alimento suficiente seja colhido a fim de alimentar quem porventura sobreviver.
5. Todas as instalações petrolíferas do mundo serão arrasadas. Os poços vazarão pelas áreas vizinhas ou serão atulhados em consequência dos terremotos. Sem dúvida, ninguém conseguirá reconstruir essas instalações. Estarão perdidas para sempre.
6. Todos os suprimentos de energia se esgotarão de uma vez. Os tanques de combustível se racharão, espalhando as substâncias pelo meio ambiente e contaminando os oceanos. As ondas as arremessarão à costa e elas subirão quase dois quilômetros, envenenando mesmo as plantações mais altas.

Realmente, não convém subestimar esse problema. Anos a fio, o resíduo negro e o gás liberado contaminarão gravemente o solo, tornando-o estéril para cereais, legumes e árvores. Compare isso a um vazamento de petróleo para ter uma ideia do dano que nos espera. Em muitos casos recentes, dezenas de milhares de toneladas de óleo se derramaram no oceano. Essa quantidade basta para contaminar centenas de quilômetros de costa. Grande número de animais aquáticos e pássaros perecem porque ficam enlameados com esse líquido pegajoso. Conhecemos muito bem o cenário. Mas você percebe que em 2012 quase todos os nossos estoques de petróleo serão destruídos? Não, acho que não. Alguns números talvez deixem as coisas mais claras. A cada dia, cerca de oitenta milhões de barris de petróleo são extraídos. Só isso poderia provocar milhares de vazamentos de grande porte. Sabendo-se que os estoques mundiais são suficientes para três meses de consumo, conclui-se logo que umas cem mil supercatástrofes ecológicas poderão assolar a Terra! É mais que o suficiente para contaminar centenas de milhares de quilômetros de costa. Em outras palavras, onde quer que você esteja no planeta, ficará à mercê dessa gosma diante da qual desaparecerá toda capacidade produtiva da Terra. Sem dúvida, a maior parte das pessoas e

animais que sobreviverem sucumbirá a essa supercontaminação. Não sei de motivo melhor para reduzir os estoques a zero antes do desastre!
7. Portos e navios também serão completamente destruídos na catástrofe. O transporte em larga escala de mantimentos e *containers* será impossível.
8. Automóveis e caminhões serão amassados pelas forças da natureza. Com um pouco de presteza alguns poderão ser recuperados, mas é bom lembrar que a água salgada provoca rápida oxidação e corrosão. Afora tudo isso, há o sério problema do esgotamento de todos os recursos energéticos. As fábricas que produzem pneus e outros itens essenciais já não existirão, de sorte que nenhum veículo recuperado durará muito.
9. Hospitais, consultórios odontológicos e outros serviços de saúde ficarão reduzidos a escombros. Os conhecimentos e os anos de prática médica se irão para sempre. O mínimo ferimento será fatal.
10. Por causa do deslizamento da crosta e dos monstruosos terremotos, as centenas de usinas nucleares espalhadas pelo mundo inteiro cairão em ruínas. Meu maior medo é que o volume de radioatividade liberada na atmosfera baste para contaminar de todo o ambiente da vida. Aqui, o problema é o mesmo dos estoques de petróleo: níveis gigantescos de poluição em escala mundial. A isso ninguém sobreviverá. Precisamos levar o assunto em consideração porque quanto mais longe ficarmos do lixo radioativo, nem que seja só durante as primeiras décadas, mais chances teremos de escapar.
11. Produtos tóxicos das indústrias químicas, prejudiciais à vida, se espalharão pelo meio ambiente. Em alguns lugares, serão necessários milhares, talvez dezenas de milhares de anos para que a natureza reabsorva tudo. Os produtos que ficarem sepultados nos polos poderão lá permanecer, intactos, até a próxima inversão. Depois de doze mil anos, aflorarão à superfície. Esses poluentes constituem grave perigo para as gerações futuras.
12. As redes elétricas e telefônicas serão estraçalhadas, tornando-se completamente inúteis. Todas as usinas geradoras ficarão reduzidas a es-

A destruição

combros. Pior: devido às correntes induzidas geradas pela inversão polar, os aparelhos elétricos e eletrônicos não mais funcionarão!
13. Os aviões já terão se espatifado antes mesmo da inversão polar, em consequência das tempestades magnéticas oriundas do Sol. Elas danificarão os equipamentos eletrônicos e de navegação. Os aviões ficarão fora de controle.

Esses são apenas alguns aspectos do flagelo que nos aguarda. A lista é longa demais para que a completemos: encheria livros e mais livros. Em suma, estamos falando de destruição total, mais terrível que uma guerra nuclear e milhares de vezes pior que o choque de um asteroide com a Terra! Se você quiser se preparar para essa supercatástrofe, aconselho-o a ver todos os filmes sobre guerras atômicas, terremotos, erupções vulcânicas e colisões de asteroides. Se resolver completar a lista das consequências mostradas nos filmes, nem chegará perto da destruição que se avizinha! A história da família suíça Robinson, lançada por um naufrágio a uma ilha tropical, é mera utopia em comparação com o mundo arrasado e poluído do futuro próximo.

A ruína de nossa civilização será completa. No espaço de um dia, volveremos à Idade da Pedra. Não estou exagerando, pois de fato nosso mundo ficará totalmente desorganizado, restando muito pouco alimento e recursos naturais utilizáveis. Nenhum conforto, nem calor, nem eletricidade. Aos olhos de muitas pessoas, essa será uma razão suficiente para não fazer nada em prol da sobrevivência e aceitar seu destino sem resistir; elas preferirão morrer a continuar travando uma luta aparentemente sem fim. De certa forma, não discordo. E, conforme ponderei em meus livros anteriores, apenas uma fração minúscula da população da Terra escapará ao desastre. A maior parte terá pouca chance. Não haverá, pura e simplesmente, lugares seguros e navios para todos. Mesmo com um programa de construção naval em larga escala, conseguiremos salvar no máximo umas duzentas mil pessoas. E não estou levando em conta a penúria de estoques de alimentos depois do cataclismo. Haverá também inúmeros imprevistos como os possíveis efeitos da poluição química, do lixo radioativo, etc. Muitos perceberão isso e se resignarão à própria sorte. Outros, voluntariamente, sacrificarão sua sobrevivência para garantir a da humanidade.

# Como sobreviver a 2012

Minha ânsia de sobreviver é terrivelmente forte. Em criança, tinha o sentimento íntimo de que, ao crescer, faria algo "grande". Por isso fiquei tão obcecado pelo assunto. Sei que, provavelmente, sou a única pessoa em todo o mundo a possuir um plano de resgate bem-definido. Ninguém acreditará nisso até ser tarde demais, e então a existência da humanidade estará em grave perigo. Eis o que, por princípio, não posso aceitar. Com 47 anos, sem filhos, minha vontade de sobreviver não deveria ser tão forte. No entanto, sinto-a até os ossos. Posso, por exemplo, convencer meus parentes. Os filhos deles correm um perigo mortal. Para muitos, ter filhos constitui a razão mais importante de sua existência – não valeria a pena, pois, tentar salvá-los? Claro que sim. Daí meu apelo a todos os pais e pessoas responsáveis, já cientes da ameaça: comecem a se preparar. Tomem as devidas providências, armazenem quantidade suficiente de alimentos, materiais e livros importantes.

Mesmo assim ainda teremos pela frente uma tarefa considerável: nós, os poucos sobreviventes, precisaremos reiniciar a civilização. Vamos enfrentar um número incalculável de problemas. Para superá-los, teremos de nos concentrar nos produtos e serviços mais necessários. Quais? Pensei nisso durante muito tempo e elaborei a lista que você poderá consultar no fim do livro. Contém coisas muito simples, como manuais elementares de eletricidade, ciências e matemática. Nada muito complicado. E não poderia ser diferente, pois quase nada terá ficado de pé. Começando com conhecimentos e materiais básicos, reiniciaremos o desenvolvimento.

Sem essas coisas simples, melhor seria desistir. Entretanto, se soubermos gerar eletricidade, conseguiremos reconstruir uma civilização que valha a pena. Nada funciona sem eletricidade. Por isso considero da máxima importância dispor de uma biblioteca. "Conhecimento é poder". Sempre foi assim e sempre será. Nós, os sobreviventes, poderemos deixar nossa marca no mundo novo graças àquilo que conhecermos, controlando e governando a Terra de um modo natural. Só assim levaremos a cabo nossa tarefa mais importante. Não será fácil, disso você pode ter certeza. Só pessoas bem motivadas e proficientes estarão à altura da missão. Se você se considera apto, aconselho-o a iniciar desde já o trabalho e estudar as últimas páginas deste livro. Escolha aquilo que mais lhe convém. Seus filhos estão contando com sua ajuda ativa!

# 8

# FURACÕES E CICLONES

No final de 2012, deveremos estar aguardando os acontecimentos no alto das montanhas ou em navios. Não haverá outra escapatória. Em qualquer lugar, ficaremos à mercê do lado violento da natureza e da inversão do campo magnético da Terra. Fenômenos impiedosos como terremotos e erupções vulcânicas cairão sobre nós. Grande será o medo porque nada poderemos fazer para detê-los. Além dos terremotos, ventos cem vezes mais fortes que furacões testarão nossos nervos. A fonte serão as mudanças na velocidade da rotação diária do eixo terrestre. Primeiro, sentiremos os efeitos da desaceleração do planeta; depois, virá a aceleração no rumo contrário. Isso, mal se pode imaginar: falamos de um acontecimento de proporções gigantescas, sem paralelo.

Devido a essas súbitas e violentas mudanças no comportamento da Terra, camadas de ar se juntarão a partir das regiões equatoriais e, fluindo pelo centro, rumarão de súbito para os polos. Temos aí apenas manifestações físicas de uma colisão de correntes de ar rápidas e lentas. É no equador que a Terra gira mais depressa. Quanto maior a altitude, menor a velocidade de revolução. Quando o planeta começar a se inclinar, as camadas aéreas rápidas cobrarão ímpeto. Colidindo com as mais lentas, travarão uma luta ciclópica para impor-se em escala planetária e provocarão eventos meteorológicos que nem sequer podemos imaginar. Nem com seus melhores modelos os meteorologistas conseguirão antecipar o fenômeno e muito menos descrevê-lo. Entretanto, o que dizem já basta para assustar. Alguns relatórios mostram isso com muita clareza.

## Furacões mortíferos assolam o Meio-Oeste

No dia 2 de abril de 1974, uma terça-feira, meteorologistas por todo o Meio-Oeste acompanhavam o gráfico de um padrão climático perigoso. Uma massa de ar quente avançava, em rota de colisão, rumo a uma frente fria em rápido deslocamento. As consequências foram desastrosas. Ruth Venutti, de 18 anos, estava de pé junto ao prédio do colégio em Xenia, cidadezinha situada 25 km a leste de Dayton, Ohio. Súbito, notou um estranho fenômeno: a sudoeste, uma forma enorme, horizontal, rodopiante e afunilada avolumava-se. Correu imediatamente para dentro da escola e tocou o sino: "Furacão!" – mas já era tarde. Quando o redemoinho atingiu o edifício, alunos e professores foram prensados contra as paredes do corredor. Tijolos caíam, pedaços de madeira voavam para todos os lados e milhões de cacos de vidro se espalhavam pelo chão, enquanto um rugido inaudito e aterrorizante lhes atormentava os ouvidos.

Sem piedade o monstruoso funil, que chegava ao céu, atravessou Xenia demolindo casas, despedaçando pessoas, arrancando árvores como se fossem arbustos e transformando os troncos em mísseis destruidores. A fera insaciável arrebatou a tela do cinema do *drive-in* e, em seguida, concentrou toda a sua força num trem de carga. Os vagões traseiros foram erguidos como palitos de fósforo e lançados contra a cidadezinha. O furacão durou apenas três minutos; mas, para quem esteve em seu olho, isso pareceu uma eternidade.

## Ciclone de Natal na Austrália

Nesse mesmo ano Darwin, capital do longínquo Território Norte, Austrália, foi atingida por um ciclone (em outras partes chamado furacão ou tufão). No dia 25 de dezembro, à 1 h da manhã, dirigir se tornou uma tarefa impossível. Às 2:30 h, as primeiras rajadas de um vento impetuoso tiraram a estação de rádio do ar. Pouco depois das 3 h, o anemômetro do aeroporto registrou rajadas com velocidade de 210 km por hora – e essa velocidade não parava de aumentar. Por volta das 4 h, o vento recuou... e o olho do ciclone passou por cima da cidade. A pressão do ar literalmente desapareceu do barômetro. Súbito, o vento recomeçou a soprar com toda a força, agora

## Furacões e ciclones

na direção oposta. Quase todos os habitantes ficaram desabrigados naquela noite de Natal, arrastando-se "para fora de suas casas destruídas como ratos saindo das tocas". Noventa por cento da cidade portuária ficaram reduzidos a escombros. Árvores desenraizadas e sucatas de veículos espalhavam-se em meio a fragmentos de paredes e tetos. Aves e insetos foram soprados para longe e as poucas árvores que ficaram de pé já não tinham folhas. Um piloto, sobrevoando as ruínas, comunicou pelo rádio: "Quem viu as imagens de Hiroshima depois da bomba atômica sabe como está Darwin".

Em 2012, quando furacões ainda mais mortíferos nos atacarem, sorriremos ao lembrar de tempestadezinhas como as descritas acima, pois as que nos aguardam serão muitas e muitas vezes piores. Depois que milhares de furacões e ciclones completarem sua obra de destruição, tudo ficará nivelado. Começarão como uma brisa ligeira, simples prelúdio ao horror que virá. Em seguida irão aumentando mais e mais, à medida que a Terra for diminuindo sua velocidade. Você mesmo pode fazer o cálculo. No equador, a circunferência do planeta é de aproximadamente 40.000 km, com uma velocidade rotacional obtida por 40.000/24 h = 1.666 km/h. Se considerarmos o relato da inversão polar anterior, o giro levará quase um dia. Isso significa, mais especificamente, que a velocidade rotacional da Terra no equador, de 1.666 km/h, ficará reduzida a zero. Depois, ocorrerá uma aceleração proporcional na direção oposta, até chegar à mesma velocidade. O movimento do ar, provocado pelo giro da Terra, continuará. O leitor ainda se surpreende com o fato de um vento de mais de 250 km/h poder assolar o planeta?

No instante em que a Terra se puser a girar na direção contrária e sua crosta se deslocar, o Deus Vento realmente nos atacará. No equador, as camadas aéreas serão comprimidas e formarão o corpo central da furiosa divindade. Uma espécie de efeito túnel se manifestará no mundo inteiro e, por ele, os ventos irromperão. De polo a polo, tremendos furacões com velocidade de nada menos que 300 km/h se formarão, acossando mares e terras sem descanso. As florestas da América do Sul e da África serão simplesmente arrancadas e arremessadas a quilômetros de distância. Esses ventos monstruosos alcançarão o Himalaia com uma velocidade incrível e pulverizarão as rochas das vertentes erodidas. O ar ficará denso com a mistura de poeira e detritos. Respirar não será fácil e a temperatura, devido ao fator resfriamento, baixará a zero ou até menos. Isso dependerá da região.

Por exemplo, se você estiver nos Alpes, com temperatura de -15°C e ventos de apenas 40 km/h, isso corresponderá a um fator resfriamento de -27°C e a ventos de 200 km/h – ou seja, o frio será ainda maior!

    Se você não tiver roupas bem quentes, congelará em pouco tempo. Além disso, precisará de um abrigo, pois o frio será tão intenso que não conseguirá sobreviver nem mesmo com agasalhos térmicos. Não poderá ficar em barracas: elas serão arrebatadas pelo vento, se não estiverem em locais estrategicamente protegidos. Mas quem sabe quais áreas permanecerão seguras quando o comportamento da Terra se modificar? Preocupações e mais preocupações. Até as regiões mais quentes ficarão sujeitas aos mesmos problemas. Você terá de refletir sobre isso – e outras coisas – se quiser escapar ao desastre no alto das montanhas. Mesmo nas zonas tropicais e subtropicais não fará muito calor no verão. Em muitos lugares poderá até nevar. Temperaturas de uns poucos graus, combinadas com ventos de 200 km/h, significam um fator resfriamento bem abaixo do ponto de congelamento. O risco de a pele de seu rosto, mãos e pés trincar por causa do frio aumentará drasticamente. Ideia nada animadora: então, prepare-se.

    Felizmente, esse cenário gelado talvez seja passageiro. Motivo: devido às erupções vulcânicas e à atividade maior do Sol, a temperatura subirá bastante num curto espaço de tempo. Mesmo em altitudes elevadas, ela aumentará um pouco, embora não se saiba quanto isso irá durar. Logo depois das erupções, a Terra ficará envolvida numa nuvem impenetrável de cinzas, que obstruirá a radiação solar. Então, a temperatura baixará de novo. Por semanas ou anos o clima permanecerá instável e teremos de nos precaver contra as flutuações extremas.

    A inversão polar trará um ciclo tumultuoso de condições climáticas excepcionais, que surpreenderão os cientistas. Eles se verão às voltas não apenas com ventos de uma potência jamais observada, mas também com tempestades elétricas que riscarão ameaçadoramente os céus. Um pouco antes e um pouco depois da inversão polar, relâmpagos contínuos iluminarão de forma dramática o fim de uma era. Só depois de horas e horas dessa violência irrefreável os ventos começarão a amainar e uma chuva de objetos despencará sobre a Terra: durante vários minutos, carros, barcos, lavadoras, tetos, animais e seres humanos se espatifarão contra o solo. Restos patéticos de um mundo perdido, arruinado.

## Furacões e ciclones

Figura 16.

Essa descrição de nosso futuro próximo é idêntica à do fim da era anterior. A súbita intumescência das camadas do planeta e a elevação por inércia da temperatura, quando a Terra inverteu seu giro, provocaram violentos furacões e terremotos. Num texto budista, o *Visoeddhi-Magga*, lemos: "O vento vira o solo de cabeça para baixo... Vastas áreas se fendem e se elevam, mundos colidem com mundos e todas as cidades desabam". Os maoris contam a mesma história: "O pai dos ventos e das tormentas arranca florestas imensas e sopra as águas para o alto das montanhas... e a Terra geme horrivelmente". Pelas *Chronicles of Japan from the Earliest Times* [*Crônicas do Japão Antigo*], ficamos sabendo que a Deusa do Sol enfurnou-se por longo tempo numa caverna celeste, com medo do Deus da Tempestade: "O mundo inteiro se cobriu de trevas e o Deus da Tempestade suscitou imensa destruição. Os outros deuses fizeram um alarido terrível para chamar de volta o Sol, e a Terra inteira tremeu".

## Conclusão

Não será fácil nos prepararmos para enfrentar os furacões que logo soprarão e não poderemos fugir deles. Suas consequências, no mar, serão mais desastrosas, mas nem nas montanhas conseguiremos escapar-lhes. Portanto, temos de guardar nosso material muito bem, de preferência em cavernas. Quanto a permanecermos nós próprios nesses abrigos, isso dependerá da força dos terremotos. Se forem muito fortes, correremos o risco de ficar soterrados sob os desabamentos. Uma boa proteção seria algum tipo de esqueleto metálico. Poderíamos também cavar grandes abrigos subterrâneos; desse modo, conservaríamos ao mesmo tempo nosso material. Mas, antes da data fatídica, convirá discutirmos detalhadamente tudo isso para encontrar os melhores meios de proteção contra as forças descontroladas da natureza. Vai nos custar sangue, suor e lágrimas, mas se não fizermos nossa parte não haverá uma próxima civilização. É motivo suficiente para aplicarmos todos os nossos esforços e habilidades na tarefa da sobrevivência.

9

# TEMPESTADES SOLARES E RADIAÇÃO CÓSMICA

Durante os últimos dois mil anos, o campo magnético da Terra vem se enfraquecendo gradualmente. Fato mais alarmante ainda: Gaulthier Hulot, do Instituto de Geofísica de Paris, descobriu em 2002 que a força desse campo vem declinando de maneira assustadoramente rápida nos polos. A descoberta suscitou de imediato, no mundo inteiro, especulações sobre a próxima inversão polar. De repente, a ciência moderna fez as pazes com as predições dos sábios de um passado distante. Isso não pode ser coincidência! Há milênios, sacerdotes calcularam que o campo magnético terrestre iria entrar em colapso no final de 2012, coroando assim a catástrofe. Hoje, decorridos tantos éons, um francês aparece com a mesma ideia! A diferença é que os cientistas modernos ainda não se deram conta do que sucederá então: acham que os equipamentos eletrônicos terão alguns problemas, que a migração de certas espécies animais será perturbada e que talvez a radiação provoque algumas doenças. Não esperam muito mais que isso. Em suma, eles afirmam exatamente o contrário do que os maias e antigos egípcios predisseram.

Nos capítulos anteriores e nos outros livros de minha autoria, especifiquei claramente os efeitos desastrosos da inversão polar. E insisti numa questão: as emissões radioativas. Perguntei-me, inquieto, que efeitos elas provocarão na Terra. Pessoas e animais conseguirão escapar-lhes? E de que meios cogitaremos para nos proteger do flagelo?

Com base em meus conhecimentos de astronomia, posso dar algumas respostas precisas. Sabe-se que partículas oriundas das estrelas e do Sol colidem com o campo magnético da Terra. Altamente carregadas de energia, elas quase não sofrem influência do campo magnético: atravessam-no, não importando se sua carga seja neutra, positiva ou negativa. Todavia, na atmosfera, colidem com moléculas de oxigênio e nitrogênio, que as tornam menos danosas. A radiação cósmica de baixa energia é normalmente canalizada para os polos. Quando o campo magnético é pressurizado e desaparece, deixa de existir esse túnel e as partículas caem ao acaso sobre a Terra. O efeito disso é pequeno e não chega a ameaçar as plantas, animais e seres humanos. Assim, a princípio, pensei que não tínhamos muito a temer da radiação maléfica. Resolvi, porém, estudar o assunto mais detalhadamente e logo notei que havia subestimado as consequências do fenômeno. A primeira dedução foi fácil de fazer e me deixou preocupado.

## Radiação ultravioleta

Todos sabem que podemos sofrer graves queimaduras em montanhas muito altas e que, ali, precisamos nos proteger muito bem da radiação solar. Quanto mais subimos, mais intensa se torna a radiação. Sobre isso não há dúvida. Basta perguntar aos alpinistas, que usam protetores solares de fator vinte ou mais. Perto da data fatal, muitos dos que estiverem decididos a sobreviver se encontrarão em altitudes de pelo menos três mil metros. Em circunstâncias normais, não haveria problema; mas, no auge da catástrofe, a intensidade dos raios solares aumentará tremendamente. Uma luminosidade cáustica será lançada contra a Terra. O grau da radiação ultravioleta, responsável pelo adelgaçamento da camada de ozônio, subirá de maneira assustadora. Podem-se adivinhar as consequências: sua pele, se não estiver protegida, ficará crestada e preta como carvão nesse inferno radioativo.

Contra isso, só existe uma arma: roupas protetoras capazes de barrar ao máximo a radiação ultravioleta. É a única maneira de evitar queimaduras fatais e constitui uma parte essencial do plano. As pessoas que tentarem se salvar em navios serão menos afetadas pela radiação, pois a atmosfera absorve-a em grande quantidade. Mas, embora menos expostas que os sobreviventes nas montanhas, mesmo assim terão de tomar certos cuidados.

A exposição direta à radiação solar por pouco tempo é inócua; por mais que isso, não. Quanto aos sobreviventes nas montanhas, terão de redobrar os cuidados e proteger-se ao máximo das emissões radioativas. Na maioria dos casos, usar óculos escuros, roupas grossas e chapéu será suficiente.

Bem, eu estava raciocinando acertadamente, mas de súbito outras ideias me ocorreram. Quais medidas, além dessas, seriam importantes? Que novas surpresas o Sol nos reservava? Surpresas piores, talvez?

## O Sol como holocausto nuclear

No instante em que o campo magnético do Sol entrar em colapso, trilhões de partículas de alta energia serão emitidas em nossa direção – por horas indescritivelmente longas. Esse será o prenúncio do fim do mundo civilizado. Assim como há quase dois mil anos, a Terra passará por uma conflagração total. Os índios tacculi da Colúmbia Britânica relatam: "O mundo era quase inteiramente habitado quando um incêndio gigantesco, que durou vários dias, assolou-o e destruiu todas as formas de vida, poupando apenas duas criaturas. Um homem e uma mulher se esconderam numa caverna profunda, bem no coração de uma montanha, e deles descende toda a humanidade atual".

Os índios ojibwa da América do Norte contam sobre um menino que pôs fogo no Sol. As chamas queimaram seu casaco de penas e o menino, para vingar-se, pediu à irmãzinha que fizesse uma laçada com suas tranças. Posicionou de tal modo a armadilha que o Sol foi

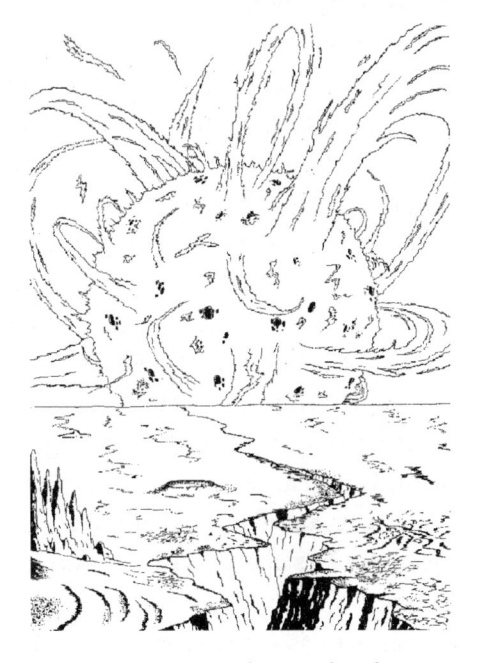

**Figura 17.** Imensas explosões solares lançarão trilhões de partículas carregadas no espaço, das quais só uma pequena parte alcançará a Terra. Mas isso bastará para submetê-la a um intenso bombardeio radioativo, que gerará por seu turno emissões de radiação secundária.

capturado quando seus primeiros raios atingiram a Terra. Uma grande comoção brotou logo entre os animais que governavam o mundo. Já não tinham luz. Reuniram-se, pois, em conselho para discutir o problema e escolher alguém para cortar o laço. Era missão perigosa, pois os raios do Sol poderiam chamuscar quem se aproximasse. Por fim o arganaz, que era na época o maior dos bichos, se apresentou para a tarefa. De pé, mais parecia uma montanha. Ao chegar perto do local onde o Sol fora aprisionado, suas costas começaram a queimar e a deitar fumaça. O arganaz conseguiu roer a corda com seus dentes afiados, mas acabou reduzido a um montículo de cinzas.

Esses mitos se relacionam ao imenso calor então emitido pelo Sol. Vale notar que o mencionado incêndio ocorreu quando o astro se desviou de seu curso. Daqui a alguns milhares de anos, nossos descendentes contarão histórias similares sobre como enfrentamos as consequências do novo incêndio mundial provocado pelo Sol no fim de 2012. Profundamente abalados, no dia 20 de dezembro daquele ano veremos a Terra tornar-se o centro de uma nuvem inflamada de radioatividade mortal. Nosso planeta não suportará isso.

Navios e equipamentos de comunicação serão incinerados; os animais já não conseguirão se orientar por si mesmos. As partículas solares, intensamente carregadas, colidirão com os átomos e moléculas de nossa atmosfera e provocarão auroras boreais esplêndidas. Incrédulos, tomados de medo e surpresa, muitos se porão a admirar esse espetáculo. Nas horas seguintes, partículas solares de alta energia bombardearão a atmosfera. Em resultado de tamanha violência, partículas menores serão produzidas, capazes de perfurar mais facilmente as camadas atmosféricas. Por muito tempo atormentarão a Terra com sua carga radioativa mortífera. Todos os seres humanos, animais e plantas ficarão expostos a uma radiação intensa. Os casos de câncer aumentarão vertiginosamente, como também as aberrações de nascença e os abortos. Várias espécies vegetais e animais desaparecerão para sempre. Mas, coisa estranha, haverá um efeito positivo: graças à mutação, novas plantas e novos animais serão criados. Depois de algumas inversões polares, ocorrerão surtos de vida renovada. Mas, para as espécies existentes, tudo será inquietude e aflição.

Os maias sabiam disso. Em seu livro *The Mayan Prophecies* [*As Profecias Maias*], Maurice Cotterell explica como chegou a semelhante conclusão. Com a ajuda de imagens decodificadas, afirma que crianças defeituosas nascerão depois do surgimento do novo Sol: para os maias e para nós, uma perspectiva dolorosa e perturbadora. Depois de pensar muito a respeito, concluí que o perigo maior estará nos raios X e radiação gama.

## Raios X e radiação gama

No momento em que o campo magnético do Sol se inverter, enormes quantidades de raios X, ultravioleta e gama serão arremessadas ao espaço. Nessa radiação, a energia por partícula (ou fóton) contida nos raios é imensamente mais forte que a dos fótons presentes na radiação solar visível. Eis os fatores pelos quais sua energia excede a da luz visível do Sol: UV – 100 vezes maior; raios X fracos – 1.000 vezes maior; raios X fortes – 10.000 vezes maior e radiação gama – 1.000.000 de vezes maior. Fótons de carga energética tão elevada pulverizarão as moléculas e átomos de nossa atmosfera. *Em pouco mais de oito minutos depois de saírem do Sol, eles alcançarão a Terra!*

Para os astronautas em órbita, isso será mortal. Os passageiros de avião que estiverem voando acima de doze quilômetros de altitude terão de se haver com uma exposição igual à de mil ou mais radiografias! Mas pouco depois os próprios aviões deixarão de funcionar e cairão. Temos aí um volume realmente enorme de radiação prejudicial. Todavia, descendo pela atmosfera, essa radiação irá sendo aos poucos neutralizada. Nas montanhas muito altas, as pessoas ficarão expostas a um volume ainda considerável, mas já não mortal. Infelizmente, tudo mudará quando o campo magnético desaparecer. Então, as camadas superiores da atmosfera terrestre se aquecerão tremendamente e a permeabilidade para todos os tipos de emissões radioativas aumentará. Mais raios X serão gerados na ionosfera, devido a colisões com prótons solares, e provocarão um verdadeiro inferno, várias vezes mais intenso que a radiação ultravioleta.

Os raios X e a radiação gama é que causarão os maiores estragos. Nas montanhas elevadas e no mar, precisaremos de muita proteção! Sabe-se que o chumbo é bom para isso, mas hoje dispomos de outras alternativas. Perto de 2012, elas seguramente já estarão à venda, de modo que podemos listá-las em nosso website. Finas camadas superpostas desses materiais modernos bastarão para evitar inúmeros danos. Teremos de nos proteger pelo maior tempo possível, rezando para que a provação acabe logo.

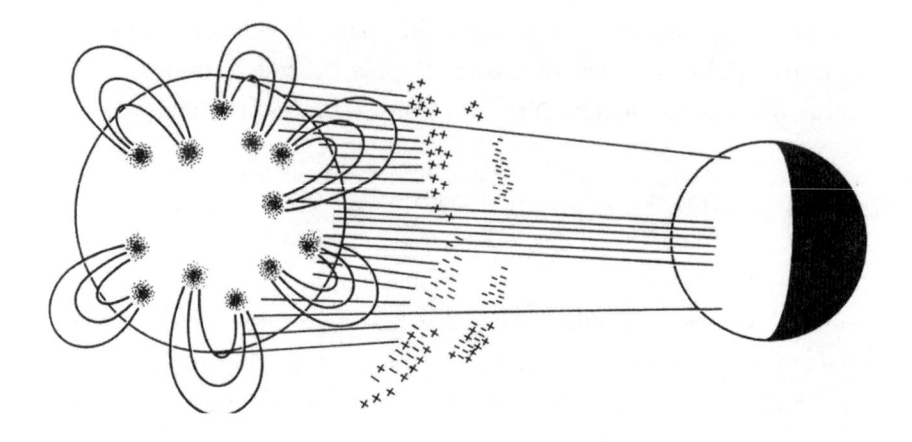

**Figura 18.** No instante em que o campo magnético do Sol se inverter, fortes raios X, ultravioleta e gama voarão para a Terra. Ao mesmo tempo, uma gigantesca nuvem de partículas eletricamente carregadas flutuará no espaço. Uma pequena quantidade delas é suficiente para provocar um desastre de proporções inimagináveis em nosso planeta: a camada de ozônio desaparecerá, o campo magnético entrará em colapso e os polos se inverterão. Enquanto isso, ficaremos expostos a um intenso bombardeio de emissões radioativas vindas do Sol! Teremos de nos abrigar sob camadas e camadas de material protetor!

## O problema das crianças

Esse não se pode subestimar. Depois do acidente na usina atômica de Chernobyl, continuam nascendo bebês mortos ou com graves defeitos físicos. Em seguida à inversão do Sol e ao consequente colapso do campo magnético da Terra, teremos de nos haver com fenômeno semelhante. Antes prevenir que curar. Na verdade, para isso só existem duas soluções: ou nos protegemos contra a radiação ou geramos filhos antes da catástrofe. Em vista do pouco tempo que nos resta até a inversão do campo, convém refletir nisso desde logo. Todos temos de escolher. De um modo ou de outro, precisamos ponderar seriamente o assunto. A defesa contra o dilúvio radioativo será nossa prioridade, uma vez que depois poucos problemas novos surgirão. Sem dúvida, não há certeza alguma quanto a isso, mas a decisão de nos protegermos fará toda a diferença. Nesse ponto, todos devemos cooperar.

# 10

# REGIÕES VULCÂNICAS

Os vulcões costumam provocar destruição em larga escala pelo mundo afora. Todos sabem que não convém morar perto deles, pois podem entrar em erupção a qualquer momento. No fim do calendário maia, em 2012, esse problema se agravará. No prazo de umas poucas horas, milhares de vulcões despertarão e espalharão seu vômito mortífero sobre os continentes. Gigantescos lagos de fogo engolfarão a humanidade. Um olhar ao passado nos mostrará quão destrutivos eles podem ser.

## Gases vulcânicos letais envenenam a Islândia

A pior calamidade que já assolou a Islândia anunciou-se a 1º de junho de 1783, com uma série de terremotos. No dia 8 do mesmo mês, cerca de 9 h da manhã, a fenda Lakagigar, situada no sudeste da ilha, explodiu numa violência inaudita. Torrentes enormes de lava saltaram para o céu e uma densa chuva de cinzas caiu sobre a terra, cobrindo uma vasta área. Essa massa incandescente fluiu sem parar durante seis semanas, inundando prados e plantações. O fenômeno só cessou por completo em fevereiro de 1784. Uma camada de lava com 25 m de espessura cobriu uma área de 565 km$^2$. Mas, como a torrente avançasse devagar, quase não houve vítimas.

Ainda assim, nos oito meses depois do início da erupção, a fenda expeliu imensas quantidades de enxofre, dióxido de carbono e flúor. Uma estranha névoa azulada apareceu sobre toda a Islândia e se disseminou pelo interior da Europa. Daí passou à América do Norte e oeste da Ásia. Na Europa, provocou um cheiro horrível e as pessoas se queixaram de irritação aguda nos olhos. Na Inglaterra, alguém comunicou que objetos de cobre apresentavam manchas logo depois de ser polidos. No ano seguinte houve quebra de safra na Escócia. Entretanto, a névoa foi sem dúvida mais prejudicial para a própria Islândia. A grama deixou de crescer, as colheitas ficaram prejudicadas, as árvores secaram e o gado morreu em massa. Três quartos dos cavalos e ovelhas foram dizimados pelo gás venenoso e a fome. O seguinte testemunho ocular diz muito: "Os cavalos eram só pele e ossos. Em alguns casos, o couro de seus lombos começou a apodrecer. Perderam quase todo o pelo da crina e da cauda".

Eis uma notícia alarmante. Mas ela só reflete a ponta do *iceberg* que nos espera. Há notícias piores.

## Trinta mil vítimas em Saint-Pierre

Em 1902, a ilha caribenha da Martinica parecia muito tranquila e romântica. A 25 de abril, o monte Pelée começou a projetar enormes quantidades de pedras e cinzas, alarmando Saint-Pierre, a cidade mais densamente povoada da ilha. Nas duas semanas que se seguiram, isso aconteceu diversas vezes. Mas no dia 8 de maio, terça-feira, o fenômeno se agravou quando o vulcão se pôs a rugir e a expelir densas nuvens de fumaça. Os moradores de fora da cidade correram quase todos para as colinas a fim de contemplar os impressionantes fogos de artifício que saíam da montanha. Às 7:52 h uma forte explosão iluminou o cenário. Com incrível velocidade, uma gigantesca coluna negra de fumaça se alteou, ocultou o céu e absorveu toda a luz. Então, subitamente, o lado sul da montanha se rachou de alto a baixo. Da fenda brotou um vapor espesso e negro como a fumarada de um canhão. Ao mesmo tempo, uma segunda nuvem, formando enormes espirais, ergueu-se e espalhou uma camada de trevas sobre um raio de oito quilômetros. Rapidamente a nuvem horizontal desceu assolando a encosta da montanha.

Rolou silenciosamente na direção da cidade, mais desabando que deslizando. Na frente, as nuvens de cinzas pareciam saltar, enquanto explosões semelhantes a trovões e lampejos semelhantes a raios brotavam do interior e às vezes emitiam um brilho esbranquiçado. A nuvem alcançou o limite norte

Regiões vulcânicas

**Figura 19.** Depois de quase doze mil anos, vulcões despertarão pelo mundo afora. Bilhões de animais e seres humanos morrerão nesse inferno. Será a maior catástrofe da história da humanidade.

da cidade em menos de um minuto. Em seguida, desdobrou-se como uma mortalha e foi destruindo tudo. O que ele tocava se consumia em chamas.

Entrementes, trinta mil pessoas jaziam mortas em resultado da combinação de vapor superaquecido (com uma temperatura estimada de uns mil graus centígrados) e gases venenosos. As roupas foram arrancadas dos cadáveres expostos ao relento, como se um furacão os houvesse atingido. Sofreram horríveis queimaduras. Algumas vítimas pareciam descontraídas, tendo aparentemente sufocado de súbito, sem aviso, em meio à violência dos acontecimentos. Outras, aterradas, haviam tentado abrir caminho para algum lugar seguro.

Se uma erupção relativamente fraca pôde causar tantas mortes, como serão as coisas em 2012? Milhares de vulcões explodirão ao mesmo tempo, provocando um morticínio sem precedentes. Histórias do passado distante podem dar uma ideia do que acontecerá.

Em *Secret Cities of Old South America*, Harold T. Wilkins reproduz as lendas das tribos indígenas brasileiras. Contam que o Sol de repente se tornou mais brilhante, como se estivesse descendo do céu, e uma onda gigantesca avançou sobre a terra. Quem não se afogou nas águas revoltas sucumbiu às erupções vulcânicas nos Andes. Fogo, magma, lama, fuligem, gases e pedras se projetaram para o céu, a fim de liquidar os poucos sobreviventes. Enquanto as nuvens obscureciam o mundo e incendiavam florestas, homens e animais estertoravam por falta de oxigênio. Muitos tombaram asfixiados, outros foram envolvidos pelas chamas. Poucos conseguiram sobreviver. O incêndio universal não poupava nada, continuou consumindo plantas, animais e seres humanos até que chuvas torrenciais, acompanhadas de trovões e relâmpagos violentos, iniciaram sua obra de resfriamento. A água caiu sobre as montanhas recém-formadas, onde se transformou em vapor e começou a purificar o ar, afastando para longe os gases letais. Em seguida, aos tropeços, algumas pessoas retomaram suas vidas.

Esse é apenas um dos muitos mitos sobre o último cataclismo. É possível, pelo exame de relatórios de pesquisas científicas, descobrir quanta verdade existe neles. Estas palavras do professor Frank C. Hibben em *The Lost Americans* sem dúvida impressionarão o leitor:

> Uma das teorias mais interessantes sobre o fim do Pleistoceno é a que explica essa antiga tragédia por erupções vulcânicas globais, que sacudiram o planeta com violência catastrófica. Teoria bizarra, fantástica mesmo, encontra não obstante considerável evidência, sobretudo no Alasca e na Sibéria. Imiscuídos nas profundezas da camada de sedimentos e às vezes em meio às pilhas de ossos e presas, descobrem-se mantos de cinzas vulcânicas. Não resta dúvida de que, coincidindo com o fim dos animais do Pleistoceno, houve (pelo menos no Alasca) erupções vulcânicas de tremenda magnitude. É razoável supor que animais cuja carne ainda está preservada devam ter sido mortos e sepultados rapidamente, do contrário não deixariam restos. Cadáveres abandonados na superfície logo se desintegram e seus ossos se espalham. Uma erupção vulcânica explicaria a extinção conjunta dos animais do Alasca de um modo capaz de

satisfazer às evidências lá colhidas. As manadas, em suas trilhas, foram mortas diretamente por calor ou sufocação, ou indiretamente, por gases mortíferos. Nuvens tóxicas saídas de vulcões podem muito bem provocar verdadeiras hecatombes ... Tempestades costumam também acompanhar perturbações vulcânicas de proporções como as indicadas acima. Desníveis de temperatura, juntamente com quilômetros cúbicos de cinzas e fragmentos de pedra-pomes arremessados ao ar por erupções desse tipo, podem sem dúvida provocar rajadas de violência inconcebível. Se essa for mesmo a explicação para o fim da vida animal então existente, o Pleistoceno terá terminado em grande estilo.

O texto é bastante claro. Atividade vulcânica global causou terrível abalo durante a inversão polar anterior. Em 2012, os vulcões se comportarão da mesma maneira e retomarão sua tarefa de destruidores em massa da vida. Mas isso não é tudo. Como expelem quantidades colossais de gases, partículas e fragmentos, podem toldar a atmosfera do planeta inteiro. Na *Conquista de Mexico*, lemos o seguinte: "Depois da destruição do quarto Sol, o mundo mergulhou nas trevas por vinte e cinco anos". A humanidade teve de suportar isso não apenas no México – também outras regiões da Terra experimentaram o *blackout*. O *Papiro Ermitage* egípcio relata: "As pessoas não avistam o Sol. Ninguém pode viver quando as nuvens o velam".

Explosões vulcânicas provocarão, pois, o aniquilamento da maior parte da humanidade de duas maneiras: por eliminação direta e por inanição lenta, em consequência da falta de comida. Os anais chineses de *Wang-sje-sjing* rezam: "A treva matou o crescimento de todas as coisas". Em suma, a falta de luz solar liquida os sobreviventes devido à penúria de cereais, frutas e legumes.

## Resfriamento global

Esses velhos mitos são confirmados pela obra de W. J. Humphreys. Em seu livro *The Physics of the Air* (1907), ele explica que substâncias vulcânicas podem provocar uma queda significativa de temperatura no mundo inteiro. A seu ver, isso se deve ao fato de as partículas refletirem a luz do Sol ao invés de preservar a radiação térmica da Terra. Portanto, o tamanho e a forma das partículas são de capital importância. Muitas conseguem, de fato, refletir a luz solar e por isso não impedem a radiação térmica de dissipar-se. Outras provocam o efeito contrário. Humphreys explica que é necessário determinar o tamanho médio das partículas flutuantes. E, depois de fazer cálculos matemáticos usando diferentes fatores, conclui: "A poeira vulcânica é cerca de trinta vezes mais eficaz para impedir a entrada da radiação solar do que para impedir a saída da radiação terrestre ..." E especifica ainda: "... a quantidade total de poeira necessária para reduzir a intensidade da radiação solar em vinte por cento é incrivelmente pequena – 0,006 quilômetro cúbico ..."

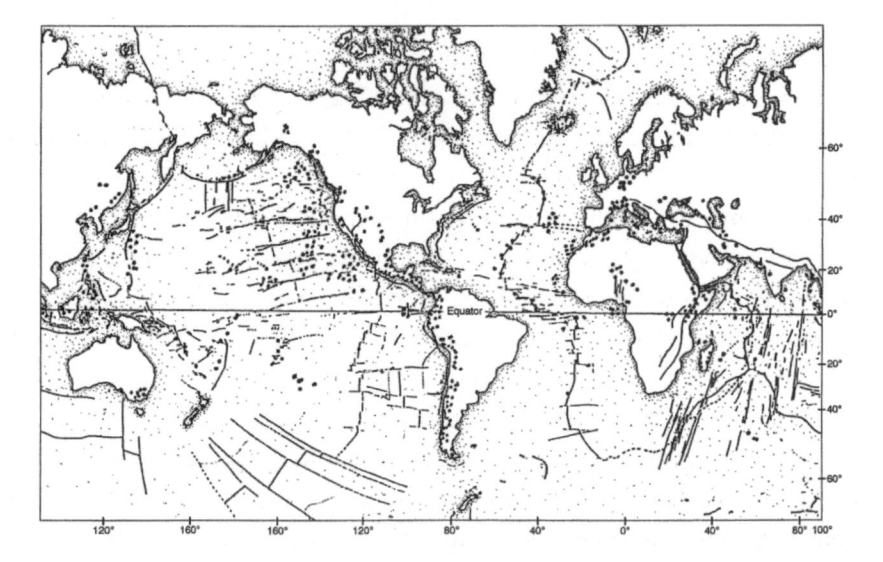

**Figura 20.** Os pontos negros indicam os lugares onde havia vulcões ativos há doze mil anos. Em 2012, convirá evitar essas áreas. Deveremos permanecer de 500 a 1.000 km de distância delas, pelo menos, a fim de evitar ao máximo as emissões de fragmentos, lava e gases letais. Esse assunto é de capital importância e constitui, assim, o núcleo de nossa estratégia de sobrevivência.

Depois de uma erupção vulcânica, em apenas dois dias a poeira se espalha pela atmosfera superior. Pouco depois, a quantidade acima mencionada reduz em vinte por cento a luz solar disponível. O volume de poeira expelido pelo Katmai (Alasca) em 1912 foi suficiente para resfriar a Terra inteira durante três anos. Para um efeito duradouro de resfriamento, várias erupções são necessárias porque a poeira pousa no solo depois de três anos a contar da explosão.

## Regiões vulcânicas

Se uma erupção em pequena escala exerce tamanha influência, que acontecerá quando um número imenso de vulcões for ativado em consequência do deslizamento da crosta terrestre? Não apenas a temperatura baixará drasticamente como as erupções incessantes a manterão assim por muito tempo. Não bastasse isso, a alternância entre erupções violentas e períodos de calma provocará acentuadas flutuações climáticas: ao calor intenso sucederá o frio extremo, e vice-versa.

A poeira vulcânica não é o único subproduto das erupções. Grandes volumes de dióxido de carbono também são emitidos. Tazieff observou, durante uma erupção na África, que além de oitenta milhões de toneladas de lava eram liberados cerca de vinte bilhões de metros cúbicos de gás – nem todo ele dióxido de carbono, felizmente. Essas emissões alteram bastante a temperatura da Terra. Sendo transparentes, não ocultam a luz do Sol, mas refletem a radiação térmica do solo. Um pequeno volume é suficiente para deter eficazmente a perda de calor da superfície. Dada a pequena quantidade existente na atmosfera, erupções globais podem elevar rapidamente os níveis, provocando assim o aquecimento.

Nesse aspecto, o dióxido de carbono difere da poeira vulcânica. Como é um gás, não pousa, permanecendo na atmosfera até que, decorrido algum tempo, as plantas o absorvam. Outra possibilidade é sua reação, por meio de processos químicos, com as rochas expostas. Portanto o dióxido de carbono, em comparação com a poeira vulcânica, é um fator de longo prazo com efeito oposto.

Depois do deslizamento da crosta terrestre e as sucessivas erupções vulcânicas em 2012, o volume de dióxido de carbono aumentará consideravelmente, ultrapassando mesmo o limite normal. Se você estiver perto de um vulcão, sufocará. Mas esse não é o efeito principal. Uma vez que vastas porções de plantas e florestas serão destruídas, o dióxido de carbono continuará presente na atmosfera por longo tempo. Quando as cinzas vulcânicas começarem a cair, a elevada concentração de gás na atmosfera provocará um aumento considerável da temperatura mundial. A taxa de crescimento das plantas e árvores crescerá rapidamente e o excesso de gás logo desaparecerá do ar, juntamente com as acentuadas flutuações do clima. Em vários lugares, processos geológicos serão acelerados.

## Histórias do passado e do futuro

Com base na inversão polar anterior, sabemos ter havido muita atividade vulcânica em regiões que hoje podem ser consideradas relativamente calmas. Ao contrário, há doze mil anos o Japão era um lugar tranquilo. Talvez isso se devesse ao fato de o país ter-se deslocado ligeiramente na ocasião: sofreu uma mudança de cerca de dez graus com relação ao equador. É significativo que a América do Sul, deslizando extensamente pelo equador em direção ao polo sul, seja hoje sismicamente ativa. A Índia também se deslocou para o polo e tem seus vulcões, ao passo que a Europa quase não se moveu e é atualmente um lugar calmo. Além disso, notamos que na África há poucos terremotos e erupções vulcânicas, pois também ela quase não se deslocou durante a última inversão. Isso, porém, não impede que durante o próximo cataclismo vá ser atormentada por formidáveis abalos, embora de menor magnitude e força que na América do Sul. Em seu livro *Mysteries of Ancient South America*, Harold T. Wilkins escreve sobre os acontecimentos que ocorreram há doze mil anos na África do Sul.

Na época, os ancestrais dos bosquímanos do deserto de Kalahari foram arremessados ao chão por terremotos como jamais haviam visto. Cheios de temor e fascínio, eles seguiram os ecos do rumor do desastre por entre rochas e montanhas. Dia e noite a terra tremeu. Na costa, ondas gigantescas rolavam, mais altas que os mais altos picos. Com força insopitável, arremeteram contra as praias e invadiram os campos. Devem ter sido tsunamis, que são produzidos quando ocorrem choques violentos no fundo do oceano, em consequência por exemplo de erupções vulcânicas, terremotos ou desabamentos subaquáticos. No mar aberto, isso causa uma intumescência de cinquenta centímetros a vários metros, acompanhada da queda do nível do oceano por centenas de quilômetros. Aproximando-se de praias baixas, as ondas diminuem de comprimento e aumentam de altura. Hoje, os tsunamis podem atingir mais de sessenta metros. Quando da catástrofe de 9.792 a.C., devem ter chegado a centenas!

Áreas inteiras que jamais tinham visto o mar foram alagadas, enquanto as ondas atacavam os flancos das montanhas e até faziam refluir as poderosas correntes dos rios mais largos. A noite terminou em meio ao terror. Uma chuva de fogo caiu do céu, envolta com um bombardeio de pedras. Os sobre-

## Regiões vulcânicas

viventes, envolvidos por uma névoa que enegrecia tudo, viam a abóbada celeste "ruir". A luz do Sol se fora como uma vela que se apaga. Por vários dias ninguém soube dizer se era dia ou se era noite. Nenhum raio de luz conseguia penetrar a fumaça negra, exceto uma luminosidade difusa vinda de algo que eles nunca tinham visto antes. Então uma imensa nuvem de poeira avermelhada encheu os ares, cingida por uma fina camada de cinzas brancas. Seguidas explosões abalaram a terra. A água se transformou em vapor incandescente, que invadiu o ar já aquecido pelo incêndio universal.

Bem longe no oceano, uma ilha-continente afundou e uma raça altamente civilizada – cujos pioneiros haviam feito contato com os bosquímanos – desapareceu no abismo. O mar engoliu templos, palácios e torres elevadas.

Eis a lenda que os bosquímanos da África do Sul contam ainda hoje! No final de 2012, alguns de nós sem dúvida reconsideraremos essa história porque os eventos nela descritos logo se repetirão e teremos de enfrentar os mesmos horrores. Mais adiante explicarei os motivos. Que a catástrofe de 2012 será de imensas proporções, ficará claro pelo que se segue.

## Maremoto ameaça a Costa Leste dos Estados Unidos

Já foi previsto que uma onda de 1 km de altura por 30 km de largura, com velocidade de 700 km/h, rolará sobre a Costa Leste americana e tragará cidades como Nova York e Miami. Isso acontecerá quando o cone do Cumbra Vieja, vulcão de uma das ilhas Canárias, desabar depois de uma erupção. Segundo o professor Bill McGuire, a questão não é se isso vai acontecer, mas quando. Durante uma erupção do Cumbra Vieja na ilha de La Palma, em 1949, uma parede do cone desabou sobre uma superfície de dois quilômetros. O mesmo pode acontecer de novo. Um paredão enorme, arrastando uma avalanche de terra, cairá no mar e provocará um tsunami, um maremoto de vastas proporções. Se uma única erupção pode ter semelhantes consequências, que nos espera em 2012, quando vulcões explodirem pela Terra inteira? O leitor não deve se esquecer de que a maioria deles está localizada no fundo dos oceanos.

# 11

# ERAS GLACIAIS

Há doze mil anos, vastas áreas da Europa e América do Norte estavam cobertas de geleiras. Mesmo em regiões de clima atualmente temperado havia montanhas de gelo. Nessa época, nos pontos onde o Hudson e o Elba agora fluem, o panorama era de desertos extremamente frios. Lembrava a imensa crosta branca que cobre a Groenlândia. Se você consultar os livros de geologia, verá coisas ainda mais estranhas. Eles afirmam categoricamente que as eras glaciais são fenômenos cíclicos. Voltam com a precisão de um relógio, transformando regiões inteiras da Europa e da América do Norte em massas de gelo tão grandes quanto as que existem nos polos. Depois, misteriosamente, o gelo recua e um período quente se segue, como o atual. E mais uma vez o gelo toma conta de tudo!

Os geólogos sabem disso. E mais: não escondem que o fenômeno pode ocorrer de novo a qualquer momento. Pela maioria, acatam essa tese e sustentam que uma mudança súbita no clima é capaz de nos apanhar de surpresa num piscar de olhos. O dr. Louis Thompson, da Iowa State University, e o professor John E. Sanders, da Columbia University, concordam plenamente com a seguinte declaração: "A próxima era glacial pode começar amanhã mesmo! Não se trata de saber se vai acontecer ou não, mas quando. Um belo dia você acordará – ou não – debaixo de dez andares de neve".

Os flocos de neve são consequência de uma desproporção na corrente de energia que se desloca de um lugar para outro. Numa era glacial, essa corrente evolui para uma série de padrões complicados que sepultam vastas regiões do planeta sob uma paisagem gelada. Mas como acontece isso?

Durante anos, essa questão intrigou os climatologistas. No livro *Not by Fire but by Ice*, de Robert W. Felix, você saberá mais sobre os fatos mencionados acima. É livro de cabeceira para quem se preocupa com o fim próximo de nossa civilização.

Os cientistas sabem há muito tempo que as eras glaciais são criadas por uma extensa vaporização seguida de um processo de congelamento muito rápido. Só não sabem como isso de fato acontece. Há livros e livros sobre o assunto, aventando possibilidades – uma busca conjunta das leis que regem essa complexidade está a caminho. Entretanto, a despeito de inúmeras tentativas, os cientistas continuam no escuro. Acham que talvez tudo se deva a uma causa cosmológica, mas não têm certeza. E o problema se agrava face às leis da termodinâmica, segundo as quais, quando se deseja um aumento de gelo, é necessário antes provocar um elevado grau de aquecimento para obter vapor suficiente no ar. Só então o frio consegue transformá-lo em cristais, após o que bilhões de toneladas de neve caem sobre a terra. Mas qual a causa do aquecimento e do resfriamento em grande escala? É o que ainda se perguntam os cientistas. Só alguns aceitam a hipótese da inversão polar. Contudo, desse ponto de vista é que estamos elaborando nossas provas.

## O deslocamento da crosta terrestre fornece a resposta

Você conseguirá explicar facilmente os vários fenômenos responsáveis pelas eras glaciais se partir da hipótese do deslocamento da crosta terrestre. Eu a aceito plenamente e ainda a enriqueço com argumentos incontestáveis. Por isso sei também, com absoluta certeza, que imensas geleiras cobrirão de novo a América do Norte e a Europa depois da inversão polar de 2012. Explicarei o caso em minúcia.

Se você acompanhar meu raciocínio, concluirá que uma era glacial é perfeitamente explicável por um deslocamento da crosta terrestre: em razão desse fenômeno, ocorre uma súbita alternância de calor e frio em vastas porções do planeta. As camadas de gelo das regiões polares descem para zonas mais ensolaradas. E é nestas que sua existência termina de maneira catastrófica. Começam a derreter a olhos vistos, não apenas porque se transportaram a um clima mais quente, mas sobretudo em virtude da enorme massa de calor liberado durante a inversão polar. Os clarões solares e as erupções vulcânicas, que exibem um considerável nível de atividade nos polos, produzem o equivalente a bilhões de geradores de vapor. Para coroar tudo, o deslocamento e o fracionamento das camadas atmosféricas provocam um elevado grau de calor por fricção. Em resultado, as camadas de gelo começam a assobiar como panelas de pressão: estão sendo transformadas em vapor.

Em outras palavras, uma inversão polar gera níveis cada vez maiores de vaporização. Como se se tratasse de um espetáculo extraterrestre, você verá grandes quantidades de vapor erguer-se da terra durante as horas e dias que se seguirem ao cataclismo. Nuvens colossais se formarão no céu. A atmosfera ficará saturada muito rapidamente e fortes chuvas cairão, resfriando a terra. Desertos como o Saara se tornarão férteis de novo. A América do Norte estará então no círculo polar; e para a Europa, a cálida Corrente do Golfo cessará de fluir. As consequências disso serão graves, para não dizer trágicas: toda a água se cristalizará em neve.

## Eras glaciais e cristais de neve

Os cientistas são capazes de explicar e descrever essas estruturas cristalizadas. Mas é lícito perguntarmos a um físico: "Por que todos os flocos de neve são diferentes?" Quando a água se congela, formam-se moléculas cristalizadas básicas que projetam apêndices; estes tornam sua superfície instável em certos lugares, o que provoca o surgimento de apêndices novos. Sabe-se que a formação dos apêndices tem de adequar-se a uma estrutura complexa e sinuosa. O processo fica instável quando o cristal de um núcleo formador se enrijece por fora, como um floco de neve que captura moléculas de água ao atravessar o ar úmido. Cada seção com superfície projetada vai atraindo novas moléculas de água, criando assim ramos novos.

Depois da inversão polar de 2012, bilhões de flocos de neve cobrirão a América do Norte e a Europa. Com isso, todas as principais condições para uma nova era glacial estarão satisfeitas e, numa velocidade impressionante, as terras situadas ao norte desaparecerão sob bilhões de toneladas de gelo. Eis o terrível segredo das eras glaciais que afligem nossas regiões com absoluta regularidade. Não será, pois, sensato recomeçar a civilização nesses lugares. Se o fizermos, reproduziremos o mito da vez anterior, acontecimento

# Eras glaciais

**Figura 21.** Toda substância prefere superfícies planas, como a parede de uma bolha de sabão. No caso da neve, parece que o efeito da tensão superficial é extremamente sensível à estrutura molecular de uma substância em processo de coagulação. Quando a neve se cristaliza, cria uma protuberância que vai aumentando e projetando ramos laterais. A matemática para explicar isso provém, não dos meteorologistas, mas dos físicos teóricos. Quando um floco de neve, em processo de aumento, cai na direção da terra, as escolhas feitas a qualquer instante pelos ramos protuberantes dependem em muito de fatores como temperatura e grau de umidade. O floco de neve final reflete a história de todas as mudanças climáticas por que passou.

que os índios toba do Gran Chaco chamam de "o grande frio". Em *The Mythology of South America*, de John Bierhorst, 1990, lemos: "As pessoas sentiam frio e choravam. À meia-noite, estavam todas mortas..."

Assim como em outras histórias, o grande frio vem acompanhado de trevas. Nas palavras de um velho índio toba, "O desastre nos foi mandado de propósito, porque a Terra tem de mudar quando está cheia de gente. Para salvar o mundo, a população precisa ser dizimada ..." Esse mito de catástrofe fala de um tempo em que nossos ancestrais quase foram extintos. Uma série horrível de acidentes naturais explica tudo. A inversão polar anterior, como a anterior era glacial, encaixa-se perfeitamente nessa descrição. Ambos os períodos deveram-se a perturbações geológicas e climáticas. Para nossos ancestrais, o período depois da inversão, quando o gelo estava derretendo, foi sem dúvida terrível. Nessa era tumultuosa, devem ter morrido em massa. Muitos mitos de catástrofe falam de um frio espantoso e de céus sombrios, afora uma chuva negra de brasas.

Eras glaciais provocadas por inversões polares são de fato trágicas e exterminam seres vivos em grande escala. As regiões ao norte do Alasca e da Sibéria foram as que mais sofreram com as últimas mudanças mortíferas. Indícios arqueológicos mostram que, antes da inversão polar anterior, havia cerca de trinta e três espécies de animais naquelas áreas. Nada menos que vinte e oito delas estavam habituadas ao clima temperado. Quanto mais avançamos para o norte, menos resquícios de carcaças encontramos. Esses bichos só podem ter vivido ali se não houvesse gelo eterno e a única conclusão é que, quando sucumbiram, seu ambiente se congelara de maneira súbita.

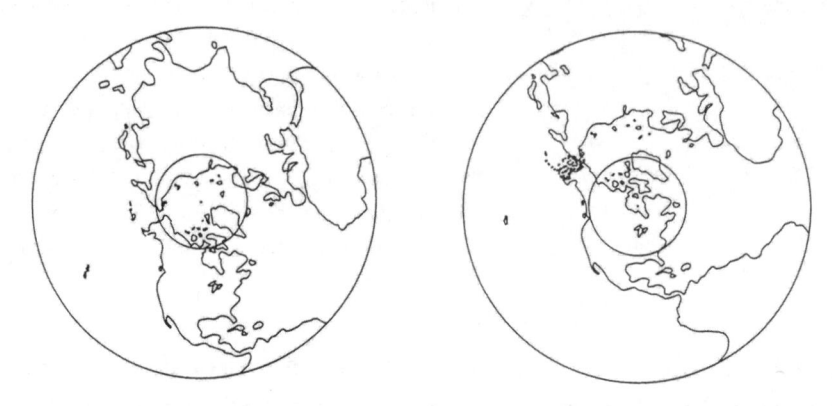

**Figura 22.** A Terra depois de 2012. Devido ao deslocamento da crosta, depois de 2012 grande parte dos Estados Unidos terá se deslocado para dentro do círculo polar ártico e a Corrente do Golfo terá deixado de aquecer as costas da Europa. Num curto espaço de tempo, bilhões de toneladas de gelo cobrirão esses continentes. O mapa da esquerda mostra a situação atual; o da direita, a que devemos esperar.

Num eco longínquo do mito mencionado acima, um país que antes gozava um verão de sete meses tornou-se uma terra de neve e gelo. Hedenstrom e Sannikov, que descobriram as Novas Ilhas Siberianas em 1806, tiveram ali uma experiência sensacional. De uma distância de 15 km, contemplaram os remanescentes de uma imensa floresta, onde "alguns troncos ainda estavam de pé, outros caídos no chão gelado". Eis como Hedenstrom descreve o cenário: "Belas colinas cobertas de matas estendem-se pela costa sul da Nova Sibéria. Têm 60 m de altitude e consistem de camadas horizontais de arenito que se alternam com mantos betuminosos de troncos de árvores. Subindo essas colinas, podemos ver por toda parte carvão fossilizado".

Eles foram outras tantas testemunhas dos resultados de um terrível desastre. Num dia e numa noite, o eixo terrestre se inclinou, a rotação do planeta tomou a direção oposta e o deslizamento da crosta empurrou regiões inteiras para zonas climáticas diferentes. O mesmo destino nos aguarda no futuro próximo. Depois da catástrofe ao final de 2012, o mundo novo estará irreconhecível. No hemisfério norte, lembrará o panorama que mencionamos. Para muitos, essa é uma perspectiva assustadora; mas, infelizmente, é bem real, na mesma medida em que nosso mundo difere do anterior. Há doze mil anos, cidades densamente povoadas como Amsterdã, Oslo, Berlim, Moscou, Londres, Nova York, Montreal e Boston – que hoje perfazem quase a totalidade da América do Norte e da Europa – não poderiam decerto existir, pois estariam cobertas por bilhões de toneladas de gelo. Depois da catástrofe em 2012, esse cenário se reproduzirá quase detalhe por detalhe! Gigantescas geleiras voltarão a atulhar os Estados Unidos e a Europa.

## Uma perspectiva terrível e particularmente mortífera

Essa ameaça nos obrigará a migrar para outras regiões. Assim como os atlantes tiveram outrora de sair de seu país por causa de uma súbita era glacial, assim os habitantes do hemisfério norte se verão às voltas com forças naturais implacáveis. É preciso entender bem isso. Lutar contra elas está fora de cogitação. O conselho é fugir, como fizeram Noé e outros em seus navios. Ou, no dia fatal, ir para locais mais altos, onde o clima não sofrerá mudanças drásticas – isto é, se você puder. Conforme discutiremos mais adiante, nem todas as áreas do mundo serão afetadas igualmente, de modo que você precisará escolher bem seu destino. De nada valerá correr para os Alpes, por exemplo: ali, no prazo de um dia, você morrerá congelado numa temperatura de 40° abaixo de zero. Com efeito, os Alpes ficarão excessivamente frios depois da inversão polar. Sua chance será a mesma do cervo cuja garganta já está nas fauces do leão, antes da mordida fatal.

Vários exemplos ilustram isso. Segundo achados recentes de animais mortos há doze mil anos, eles desapareceram tão depressa que não tiveram tempo de digerir a última refeição – grama, jacintos silvestres e ranúnculos foram encontrados, reconhecíveis e intactos, no estômago de mamutes. Milhões de animais, cujos restos se encontram hoje no Alasca e na Sibéria, pereceram subitamente por causa do frio intenso e é óbvio que não podiam ter vivido num ambiente desses. Encontrados por toda a Sibéria, sua carne está bem preservada e pode até ser comida. Se você não quiser que sua carcaça se transforme em presa para lobos esfomeados, daqui a milhares de anos, faça suas malas. Não há outra saída.

## Um plano contra o frio extremo, os gases letais e o calor excessivo

Os capítulos anteriores mostraram claramente que teremos de nos haver tanto com os vulcões quanto com as geleiras. Assim, para sobreviver, deveremos nos preparar para ambos os desafios. Nosso equipamento de sobrevivência consistirá não apenas de máscaras contra os gases, mas também de roupas contra o frio. Felizmente, só precisaremos delas até certo ponto. Os possíveis locais de sobrevivência serão cuidadosamente selecionados e espero ficar bem longe da atividade vulcânica. No aguardo dos acontecimentos, permaneceremos no alto das montanhas, onde é sempre frio; portanto, temos de levar em conta as temperaturas muito baixas. Serão necessárias roupas de alpinista, bem como barracas, aquecedores e outros aparelhos. Ficaremos, sem dúvida, expostos aos gases venenosos, mas nas alturas a concentração deles não será mortal. É de crer que, assim, possamos evitar o excesso de calor proveniente das erupções vulcânicas.

Depois do deslocamento da crosta terrestre, vamos nos encontrar numa área subtropical ou tropical. A princípio, contudo, não perceberemos bem esse clima porque tudo ficará escuro durante anos, depois da catástrofe. Nuvens de partículas gasosas, cinzas e poeira na atmosfera taparão a luz do Sol por muito tempo, naquilo que chamamos de "inverno nuclear". A temperatura baixará no mundo inteiro e a vida se tornará incrivelmente difícil. Graças aos conhecimentos que acumulamos, sem dúvida enfrentaremos bem esses problemas. Talvez precisemos desenvolver a técnica do vidro – pois todo o vidro que existe hoje será estilhaçado e convirá nos provermos de grandes rolos de plástico transparente. Eles nos ajudarão a enfrentar os primeiros anos difíceis. É verdade que a Terra ficará envolta em poeira por décadas – temos um tempo ruim pela frente. Mesmo nas zonas subtropicais, o frio, o granizo e o gelo poderão ser a realidade cotidiana – até no verão. Mas, se nos prepararmos para todas essas dificuldades, teremos dado um passo à frente.

# PARTE III

# A RECONSTRUÇÃO

12

# UM LUGAR GEOGRAFICAMENTE ADEQUADO

Antes de criar uma nova civilização, precisaremos de um lugar geograficamente adequado. Como se sabe, os países enriquecem produzindo suas mercadorias específicas e trocando-as pelos produtos específicos de outros. Por isso, é importante possuir portos e rios, locais onde a população costuma se concentrar. Em si, uma maior concentração gera mais especialização, que faz a economia expandir-se. Empresas especializadas no mesmo item podem trocar novas técnicas de produção com mais facilidade, criando um ciclo que reforce o sistema todo.

Os custos do transporte terrestre são elevados e é, portanto, mais difícil comercializar e especializar-se. O clima também não pode ser muito quente porque embota o talento criativo. No equador o problema se agrava em virtude de doenças como a malária, que baixam a produtividade. Por esse motivo é que, em nossa história, a Europa e os Estados Unidos se tornaram as áreas industrializadas mais importantes do globo.

A escolha do lugar adequado é da máxima importância para começarmos uma civilização nova. Extensão, clima, localização e acessibilidade constituem fatores-chave. No início, convém empreender a tarefa em áreas tropicais ou subtropicais, onde há mais comida. Um estoque suficiente de alimentos é essencial, sobretudo no começo. Depois, dependendo do progresso da agricultura e das ciências, pode-se optar por uma outra área. Temos de levar em conta também a construção de portos. Sem eles, não haverá uma civilização com desenvolvimento rápido. Decerto, vários problemas surgirão. E o principal será o nível da água.

## A queda do nível da água

Há doze mil anos, o nível dos oceanos era cerca de 120 m mais baixo que atualmente. Grandes extensões da América do Norte e Europa setentrional estavam cobertas por centenas de metros de gelo. Em seguida à inversão polar anterior, essas áreas se deslocaram para climas mais temperados e a calota de gelo se derreteu. Isso resultou numa elevação considerável do nível do mar. No final de 2012, a situação se inverterá. A América e a Europa mergulharão de novo sob bilhões de toneladas de gelo; e, de novo, a água refluirá dos oceanos. Numa velocidade espantosa, portos construídos às pressas ficarão secos. Em muitos casos, outros terão de ser feitos talvez a milhares de quilômetros da antiga costa. Não é uma ideia lá muito agradável para quem acaba de montar sua infraestrutura. Portanto, convém esperar até que a situação se estabilize um pouco. Mas essa é uma decisão a ser tomada pelas próximas gerações.

Não é difícil imaginar como será o mundo futuro. Será uma cópia do que existiu antes do último dilúvio:

- Haverá de novo um istmo entre o sul da Inglaterra e o norte da França. Em certos pontos o canal da Mancha terá apenas uns quarenta metros de profundidade e logo irá secar. Se surgirão geleiras nesses lugares, isso dependerá da magnitude do deslocamento da crosta terrestre.
- O istmo entre o Alasca e a Sibéria também reaparecerá. Partindo da Europa, futuras expedições conquistarão a América de novo. Será de bom aviso, porém, usar roupas quentes, ainda que na época aquelas regiões gozem de um clima temperado. A América continental, por seu turno, gemerá sob uma espessa camada de gelo.
- Muitas ilhas terão seu território aumentado; outras aflorarão em águas rasas. Malta e a Sicília se juntarão; Córsega e Sardenha formarão uma só massa. Marinheiros e cartógrafos precisarão ajustar frequentemente seus mapas face às circunstâncias mutáveis, para evitar naufrágios.

## Um lugar geograficamente adequado

- Hoje, os recifes das Grandes Bahamas são cobertos por águas rasas. Há doze mil anos, formavam um enorme planalto cerca de 120 m acima do nível do mar.
- Austrália e Nova Guiné voltarão a ser ligadas como antes, formando assim um vasto continente. Os colonizadores ficarão espantados diante da imensidão do território.
- O Japão, que atualmente consiste de três ilhas principais, se transformará numa massa contínua ligada à extensa costa chinesa.
- O estreito de Ormuz é uma rota marítima das mais movimentadas. A cada ano, um número considerável de petroleiros passa por ele. Depois da inversão polar, secará rapidamente, pondo à mostra restos de tubulações e plataformas de prospecção – panorama bem diverso do que se observava nos primeiros anos do século XXI, quando quase se ia à guerra para garantir o fornecimento de petróleo.
- Boa notícia para os turistas: a superfície das ilhas Maldivas praticamente dobrará. Todavia, na nova realidade, será difícil alcançar aquela região. A viagem de volta em barcos a vela, depois do cataclismo, poderá durar dois anos. Não fosse assim, o lugar ficaria cheio de gente.
- O Sri Lanka estará de novo ligado ao continente indiano. As costas da Índia, como as da China, aumentarão.
- Malásia, Bornéu e Sumatra se juntarão e se conectarão às costas do Vietnã, Tailândia e Camboja. Dado que as áreas intermediárias serão muito rasas, isso poderá acontecer bem depressa.
- As zonas costeiras do Brasil e especialmente da Argentina se dilatarão bastante.

Em suma, os países menos industrializados do mundo se tornarão propícios à colonização. Exemplos: o Saara e várias áreas costeiras que reaparecerão e serão de novo acessíveis. Muitas terras aflorarão pelo mundo inteiro, equivalentes aos territórios dos Estados Unidos, América do Sul e Europa juntos. Isso será o bastante para manter bom número de colonizadores atarefados durante milhares de anos. Mas, melhor ainda, muitas áreas costeiras novas oferecerão um clima agradável. Como as antigas fontes poluidoras terão, na sua maioria, desaparecido, a humanidade renascida sem dúvida florescerá.

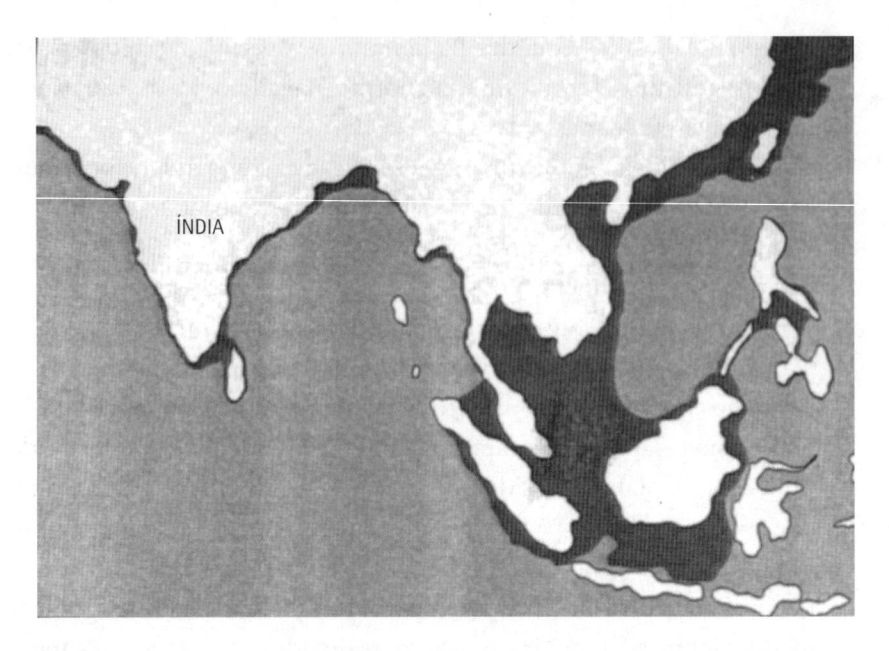

**Figura 23.** Pelos séculos (ou milênios) que se seguirem à catástrofe, enormes quantidades de gelo cobrirão o Canadá, os Estados Unidos e a Europa setentrional. Em consequência, o nível do oceano baixará gradualmente e vastas extensões de terra aflorarão. As áreas escuras ilustram esse cenário entre a Tailândia e Bornéu.

## Um continente novo e habitável

Uma outra massa de terra que virá à tona e não deve ser esquecida é Aha-Men-Ptah, a lendária Atlântida hoje sepultada sob o polo sul. Depois do derretimento da calota de gelo ela será, sem dúvida, o lugar mais indicado para retomarmos a civilização. Confesso que esse continente [a Antártica] é o meu preferido. Lá não haverá poluição de espécie alguma e, em termos ecológicos, poderá ser o melhor lugar do mundo para um povo civilizado! Nada de usinas nucleares com vazamentos, nada de fábricas derramando produtos químicos e petroquímicos. Tudo o que florescer será puro, intocado. Se conseguirmos permanecer lá por mais de dez mil anos, boa parte do lixo nuclear e químico do resto do mundo terá desaparecido e nós poderemos buscar novas terras habitáveis. Mas não nos apressemos.

Conforme eu já disse, recomendo enfaticamente a imigração para Aha-Men-Ptah o mais cedo possível. Desse lugar, uma civilização muito evoluída governou outrora o mundo inteiro, o que não é pouco. Seus habitantes cruzavam os mares, desenhavam mapas de todas as terras e tinham inúmeras colônias. Nossos descendentes sem dúvida poderão fazer o mesmo e até melhor. Com o conhecimento que lhes estamos transmitindo, conquistarão o mundo de novo e inaugurarão uma política de âmbito global.

Aha-Men-Ptah atende a todas as exigências resumidas no início deste capítulo. Mais: é uma terra sem conexão com outros continentes. Assim, não será invadida por povos menos civilizados. Além disso, poderá ter um líder que a governe como nos velhos tempos. Sugiro um novo tipo de faraó. A história desses reis não demonstra que sua civilização persistiu por trinta mil anos ininterruptos? Isso não prova que uma sucessão de faraós é capaz de garantir a continuidade de uma cultura? Claro que sim. Nenhum outro modelo de civilização lhe é comparável. E ainda nos será possível reconhecer erros passados para não repeti-los. A civilização atlante ruiu em consequência de conflitos internos. Sacerdotes e cientistas, além do mais, eram exageradamente zelosos pelos seus segredos e não disseminaram os conhecimentos que adquiriram. Isso impediu novas invenções, ao mesmo tempo que debilitava a economia e as forças armadas. Se formos capazes de evitar semelhantes problemas, a civilização florescerá de novo e nossos descendentes governarão a terra para sempre. Só uma boa mistura de democracia e aristocracia o permitirá.

**Figura 24.** Antártida ou antiga Aha-Men-Ptah. Dependendo da magnitude do deslocamento da crosta terrestre, parte da velha Atlântida aflorará, depois de jazer sob o polo sul por quase doze mil anos. Logo que estiver suficientemente livre dos gelos e as árvores começarem a crescer de novo, ela poderá ser colonizada. O círculo polar mostra o local onde precisaremos tomar cuidado com a temperatura muito baixa. As áreas externas terão temperaturas como as que hoje encontramos na Suécia e Alemanha; nelas, será possível fundar uma nova civilização sem grandes problemas.

A perfeita localização desse continente já nos provê do capital inicial e dos recursos naturais necessários para levar adiante nosso plano. Como ele está situado no meio do oceano, induzirá automaticamente os habitantes à expansão. A fim de visitar outras regiões, teremos de construir navios e portos que, conforme mostrado, são as melhores ferramentas para desenvolver uma economia ainda rudimentar. Quanto a isso não há dúvida. Só deveremos ter cuidado para não pôr o carro adiante dos bois. O nível do oceano demorará um pouco para descer. No começo, teremos de nos contentar com cidades e portos pequenos. Quando o nível da água estiver mais estabilizado, iniciaremos obras maiores de infraestrutura. Com isso, implantaremos uma civilização florescente no mundo inteiro.

## Conclusão

Prego o retorno à nossa fonte, liderados por alguém que possa inspirar o povo como nos velhos tempos. Ali, onde uma civilização superior existiu outrora, respiraremos uma vida nova. Prosperidade, saúde e hábitos naturais predominarão por um tempo imensurável. Poderemos edificar um novo paraíso na Terra. E não creio que isso seja apenas um sonho.

Não me refiro, volto a insistir, a algo nunca visto: ascensão e queda de civilizações irão prosseguir indefinidamente. Isso pode acontecer num século ou menos, quando vastas porções de gelo se derreterem dando lugar ao ressurgimento de plantas e árvores. Na verdade, depois de algum tempo, a calota de gelo que cobrir aquela área se transformará em florestas. Dados colhidos na Terra Nova parecem apoiar essa teoria. As informações baseadas na datação pelo carbono mostram que as primeiras matas começaram a crescer no local há 11.800 anos, ou seja, logo depois da inversão polar anterior. Uma vez que esse padrão parece repetir-se, aconselho os nossos descendentes a preparar-se para colonizar de novo o lendário continente. Se tudo correr de acordo com o nosso plano, é provável que, depois de mil anos, ocorra um verdadeiro renascimento de nossa civilização perdida. Isso caberá a quem vier depois de nós!

# 13

# A RECONSTRUÇÃO

A reconstrução será um formidável desafio. Só venceremos se estivermos preparados para o pior. Por exemplo, na qualidade de sobrevivente, você precisará de todo o conhecimento que possuir ou então terá de buscá-lo nos livros, pois quase todas as ciências irão recomeçar do zero. Computadores, máquinas e equipamentos elétricos estarão completamente destruídos. Boa parte do saber se perderá, pois os técnicos que o detiverem morrerão. Quanto a você, permanecerá no centro desse mundo arruinado; e, como um dos poucos sobreviventes, terá de passar adiante o conhecimento que ainda restar. Sua principal tarefa consistirá em transmitir o que aconteceu e alertar que acontecerá de novo. Espera-o uma missão muito mais difícil do que você imagina.

Precisaremos transmitir apenas os conhecimentos mais relevantes:

- Informações sobre as usinas nucleares destruídas. É altamente recomendável que reiniciemos a civilização bem longe dos lugares onde se encontrarem essas ruínas. Poderemos escolher, por exemplo, a África ou a Antártida. Depois de milhares de anos, as zonas poluídas por radioatividade poderão ser de novo habitadas. Deve-se levar isso em conta principalmente na Índia, pois lá existem inúmeras usinas nucleares, como também no Japão. A técnica de medir o grau de radioatividade não deve de modo algum ser perdida.
- O vínculo entre população mundial e poluição. Logo depois da catástrofe, dar-se-á prioridade ao repovoamento parcial. Será necessá-

rio algum controle sobre isso porque a Terra só consegue abrigar certo número de pessoas. Por milênios, ainda teremos de nos haver com as consequências da superpopulação atual. No auge da civilização seguinte, a população do mundo inteiro deverá ser de, no máximo, cem milhões de pessoas – que, assim, gozarão de um elevado padrão de vida.

Antes da catástrofe que também cairá sobre a futura civilização, esta deverá reduzir-se a uns cem mil habitantes apenas – os quais procurarão, por seu turno, dar continuidade ao que construíram. A fim de manter a população mundial dentro dos limites, pode-se empregar o método descoberto por cientistas australianos: algumas gotas de suco de limão. Essa parece ser a maneira mais segura e barata de evitar a gravidez. Segundo a pesquisa de laboratório do fisiologista Roger Short, um cotonete embebido em um mililitro de suco de limão e introduzido na vagina parece matar os espermatozoides imediatamente.

- O tamanho das cidades. Todas as cidades terão de permanecer pequenas. Nelas, bosques e parques ocuparão o centro. A vida em ambientes naturais estimula a saúde mental e física. Arranha-céus e outros mostrengos de nossa atual sociedade de consumo deverão ser evitados.
- A conexão entre substâncias químicas e destruição da natureza. Quase todas as substâncias químicas, como pesticidas e herbicidas, devem ser postas de lado para nosso bem. No lugar delas, promover-se-á a agricultura biológica. Assim, doenças serão evitadas e teremos certeza de que a nova geração disporá de alimentos saudáveis.
- As desvantagens de criar um número excessivo de empresas produtoras de alimentos. Comida industrializada é uma ameaça à nossa saúde e à nossa política ecológica. Devemos nos opor à fabricação de itens como doces, chocolate, açúcar branco, sopas instantâneas, etc. O consumo de alimentos naturais como sopas caseiras, legumes e frutas frescas tem de ser incentivado ao máximo. Cerca de três mil doenças podem ser evitadas pela adoção de uma dieta vegetariana. Ninguém ignora a importância da saúde. Esse modo de vida terá um lugar de destaque no Novo Mundo. A verdadeira medicina "preventi-

va" será ensinada nas escolas, para que os médicos passem a tratar apenas de ferimentos.
- Meditação e jejum em vez de internação hospitalar. O jejum é a única maneira eficaz de curar moléstias infecciosas como pneumonia, gripe, etc. As doenças venéreas também podem ser completamente eliminadas com jejuns de dezesseis dias. Durante o período do jejum, você pode tomar até um litro e meio de água pura diariamente; nada mais é necessário. Como isso é difícil de conseguir sozinho, centros especializados serão instituídos. Os hospitais se concentrarão nas cirurgias, mas não terão a mesma importância de hoje.

Esses paradigmas nos permitirão construir uma sociedade muito mais feliz. Ela enfatizará a saúde física e mental de todos os habitantes da Terra. A doença se tornará, então, algo do passado distante. Surgirá um mundo infinitamente melhor. Eis os princípios que devemos legar. Abaixo, enumero algumas coisas simples que nossos descendentes poderão fazer. A lista não é completa, sem dúvida, pois quanto mais tentamos ensinar, mais possibilidade existe de esquecer.

Figura 25.

## Água, banheiros e combustível

*Combate às bactérias com cinco horas de luz solar*

A má higiene e a falta de banheiros são a causa principal da poluição da água potável. Sistemas para tratar a água suja precisam ser desenvolvidos (e não são muito complicados). No entanto, é inevitável que por algum tempo a água potável fique contaminada por microrganismos prejudiciais, oriundos dos dejetos humanos. Para obter água limpa de água poluída por bactérias, faça o seguinte. Encha uma garrafa transparente de água suja; escureça metade do casco; deixe-o ao sol por cinco horas. Depois disso, poderá beber sem receio a água. Aí, há dois fatores envolvidos: a radiação solar e o aumento da temperatura da água. Os microrganismos que vivem no estômago e nos intestinos humanos são extremamente sensíveis à radiação ultravioleta. Morrem quando expostos a ela. A eficácia do método é maior quando a temperatura chega a 50°C.

## Um banheiro simples que economiza água

Para evitar contaminação e desperdício de água, um banheiro simples pode ser construído: um caixote retangular de madeira com tampa de vaso sanitário. Sob o assento fica um grande balde cheio de folhas secas e gravetos do jardim. Depois do uso, você só precisará jogar um pouco da mistura de gravetos e folhas sobre os dejetos. Não haverá mau cheiro, pois o processo de compostagem o elimina. Quando o balde estiver cheio, leve o conteúdo para o jardim e deposite-o numa pilha à qual acrescentará lixo orgânico doméstico. Depois de um ano, cubra o composto já inteiramente processado com palha e terá um adubo da melhor qualidade. Não subestime esse método, pois muitas doenças são causadas por má higiene. Como sempre, mais vale prevenir que curar.

## A urina matinal como fertilizante

A urina é um excelente fertilizante, mas apenas sob determinadas circunstâncias. O melhor método para produzir uma infusão eficaz (graças a uma dieta de frutas e verduras, conforme explicarei mais adiante) é o seguinte: depois de levantar-se, os homens bebem suco de frutas ou água (1,5 l). Urinam num balde, que ficará ao ar livre por pelo menos um dia. Em seguida, a urina será misturada a água de chuva (na proporção de 1 para 12). Se você borrifar suas plantas com essa mistura incrivelmente estimulante, logo obterá uma profusão de flores, frutas e legumes maravilhosos! É importante, porém, que os homens não bebam álcool nem comam carne. A urina das mulheres é bem mais forte. Mas tanto uma quanto outra podem ser adicionadas ao composto acima. Durante a catástrofe, quase todos os arbustos e árvores serão arrancados pela raiz. Essa técnica pode induzir um florescimento rápido de todas as plantas destruídas!

A reconstrução

## *Beber água*

A água da chuva será sempre a melhor. Um barril para armazenar milhares de litros é o que convém nos períodos de seca. Essa água poderá ser usada também no banho e na cozinha.

## *Biodiesel*

Para ser uma civilização ecologicamente responsável, precisamos extrair nossa energia de fontes naturais. Usar óleos vegetais como combustível no eventual desenvolvimento de veículos motorizados (ou na restauração dos que restarem) poderá nos ajudar muito porque as plantas absorvem bem mais rapidamente a energia liberada no ar por esse tipo de combustível. Não bastasse isso, o óleo vegetal não precisa ser transportado. A produção do óleo de colza, por exemplo, pode ser realizada perto da plantação com instalações relativamente simples. E ainda que precise ser transportado, não haverá agressão ecológica porque esse óleo é cem por cento biodegradável e inócuo para o ambiente. Não contém metais pesados nem chumbo, não contribuindo portanto para a acidificação do solo, a poluição das fontes de água e os danos por chuva ácida. Não é inflamável e não apresenta risco de explosão. Você poderá até apagar nele um fósforo. E, como se isso não bastasse, além de não ser venenoso, é comestível.

Os carros que puderem ser recuperados terão de usar esse "biodiesel". Em temperatura ambiente normal, sua viscosidade é bastante alta: o motor não consegue bombeá-lo para dentro dos injetores. Mas, se for aquecido a 70ºC, seu processamento é fácil. Com ele o veículo funciona muito bem e o consumo é praticamente igual ao do diesel.

Para fazer o carro funcionar com óleo vegetal, é necessário ter um *kit* de conversão que em geral consiste de: tubos de combustível e luvas de diâmetro maior, filtros, bomba de aceleração elétrica, permutador de calor, válvulas magnéticas, termômetro e regulador computadorizado.

A produção não é problema: 1 ha de colza fornece 1.500 l de óleo, o bastante para um carro a diesel percorrer 25.000 km. Uma área de 100 x 100 km abasteceria um milhão de automóveis anualmente.

# 14

# FRUTAS, LEGUMES E CEREAIS ESSENCIAIS

Depois da catástrofe de 2012, os sobreviventes poderão consumir alimentos naturais à vontade. Hoje, é muito difícil seguir um regime desses. As pessoas gostariam de fazê-lo, mas as tentações da sociedade de consumo são fortes demais, devido à imensa variedade de comida industrializada que há por aí. Depois do deslocamento da crosta terrestre, isso mudará por completo. Tudo estará destruído e será fácil para qualquer um adotar a alimentação natural, o que, convém lembrar, terá implicações industriais de longo alcance. Algumas empresas nem sequer precisarão ser recuperadas, como as de doces e os abatedouros. E não esqueçamos as fábricas de cigarros. Todas essas mudanças modificarão nossa perspectiva ecológica e alterarão drasticamente a paisagem. Existem vários livros excelentes sobre alimentação natural, como por exemplo *Diet for a New America*. Se você o ler, concordará comigo.

Figura 26.

Comida saudável será da máxima importância para a nova civilização. Isso significa cardápios bem balanceados, com base no princípio da correta combinação de itens. Eles não só melhorarão visivelmente a saúde das pessoas como lhes assegurarão um desempenho físico invejável. Meus livros sobre dietas explicam as leis fisiológicas dessas combinações e mostram a que ponto as pessoas subestimam as possibilidades de obter ótima condição física graças ao consumo de alimentos de verdade, naturais e integrais (ou seja, frutas e verduras).

Esses livros fornecem informações a respeito de como você pode aprimorar sua força, resistência, equilíbrio mental, poder criativo e nível de desempenho até um ponto que hoje lhe parece inconcebível. Além disso, explico e provo por que frutas e verduras são superiores a todos os outros alimentos, podendo lhe garantir juventude e virilidade até uma idade avançada. As mulheres, por exemplo, não mais sofrerão de incômodos menstruais, enquanto nos homens a produção de esperma persistirá até na velhice. Você terá mais resistência e melhor desempenho atlético graças aos estimulantes naturais do corpo: vitaminas, minerais e micronutrientes extraídos do alimento. Fica a seu cargo experimentar essa reconfortante sensação e aderir ao clube dos superatletas. Como num sonho, você sem dúvida apreciará ter uma saúde perfeita, que lhe assegurará a forma ideal com um máximo de energia orgânica, equilíbrio mental e resistência física.

Quase todas as pessoas acham que, se consumirem uma pequena quantidade de alimentos variados numa refeição, obterão os nutrientes necessários. Mas as coisas não são bem assim! Com um regime desses, suas reservas de vitaminas ficarão muito baixas. Pesquisas mostram que o stress e o excessivo desgaste físico, entre outras coisas, aumentam o consumo de vitaminas do complexo B pelo organismo. Se suas reservas estiverem baixas e você sofrer um pequeno acidente de carro, sua resistência física inevitavelmente se enfraquecerá, escancarando as portas para a doença. Outro exemplo: quando uma mulher gastou boa parte de suas forças durante o parto, poderá cair em grave depressão devido à falta de ácido fólico. E se você trabalhar demais, abrirá caminho para o colapso nervoso. Mesmo uma volta de bicicleta, um passeio, uma caminhada na praia ou na floresta às vezes esgotam suas reservas físicas a ponto de fazê-lo cair doente.

Agora você compreende, espero, que a falta de vitaminas pode ter mais consequências do que supunha. Vou lhe dar outro exemplo. Toda pessoa acima do peso apresenta deficiência de vitamina B1 – ou seja, da vitamina que produz energia. Então, inicia-se um círculo vicioso. Primeiro, ela se sente desanimada, depois de mau humor, em seguida instável emocionalmente. Isso provoca mais desânimo e instabilidade. Quase sempre, a pessoa buscará alívio na comida – e comida ruim. Uma vez que esse alimento não tem nutrição suficiente, ela ficará ainda mais desanimada e instável que antes.

Uma dieta à base de frutas e verduras fornecerá a você um alto teor de vitaminas, permitindo-lhe executar trabalho físico pesado. É claro, conseguirá também cumprir suas tarefas diárias com muito mais facilidade. Um consumo elevado de vitaminas fortalece o sistema imunológico contra o stress. E, igualmente importante, a absorção de boa quantidade de vitaminas do complexo B tornará você mais lúcido mentalmente e menos cansado ao final do dia. Em suma, sua vida será melhor. A única coisa que tem a fazer é modificar o cardápio para frutas e verduras frescas. Assim, ingerirá todas as vitaminas do complexo B da forma mais pura e natural possível, ao mesmo tempo que um alto teor de vitamina C. Se adotar desde já esse regime, os benefícios não se farão esperar e você se preparará melhor para viver no mundo pós-cataclismo.

As vitaminas não são o único fator na obtenção de um ótimo desempenho. Também os minerais desempenham papel de destaque. Portanto, seu objetivo será atender às necessidades tanto de vitaminas quanto de minerais. De outro modo, se arriscará a ter músculos, células nervosas e cérebro subnutridos. Por exemplo, uma deficiência na combinação de magnésio, cálcio e potássio compromete a capacidade de atenção, impede a concentração e reduz a acuidade intelectual. A memória enfraquece, a mente se cansa com facilidade, a irritação aumenta e logo sobrevém o esgotamento.

A solução é uma dieta rica em minerais: frutas, verduras e legumes. Assim você logo recuperará o gosto pela vida: as glândulas debilitadas serão abundantemente supridas de cálcio, potássio e magnésio. A alimentação que recomendo (e sobre ela já escrevi quatro livros) segue um programa cujo alvo é o alto desempenho, oferecendo a melhor solução para as exigências mais urgentes e garantindo ao mesmo tempo energia e resistência. O programa ajudará você a atingir objetivos de longo alcance e aperfeiçoará suas habilidades devido aos poderes eletromagnéticos dos vegetais. Assim, é importante conhecermos tudo a respeito das frutas e verduras essenciais.

Frutas, legumes e cereais essenciais

Esses serão os alimentos de um povo feliz e saudável. Considerando-se minha experiência e conhecimento na área, não foi difícil escolher os mais indispensáveis:

- Kiwi. Essa fruta verde contém elevado teor de fitoquímicos, substâncias que previnem ou curam inúmeras moléstias crônicas. O kiwi é, pode-se até dizer, a fruta "perfeita". Depois de duas mordidas, você já sente as forças vivificadoras inundando seu corpo e cérebro. É poderosamente antioxidante, com alta concentração de magnésio e minerais necessários, além de vitaminas C e E. Embora essa fruta não seja afrodisíaca, pode desempenhar um papel importante em sua vida amorosa: contém o aminoácido arginina, um vasodilatador (substância que dilata ou relaxa os vasos sanguíneos) usado no tratamento da impotência.

Figura 27.

- Laranja e toranja. São as minhas frutas favoritas. Diariamente, bebo cerca de um litro e meio de seu suco – só de manhã e com o estômago vazio. Mas uso um canudo porque esses sucos contêm um ácido forte que pode danificar o esmalte dos dentes, os quais não devem ser tocados! O abacaxi e o kiwi são outras frutas que também prejudicam o esmalte. Um dos motivos disso é que às vezes são colhidas ainda meio verdes, contendo inúmeros ácidos livres. Para uma explicação mais completa, leia o meu livro *Vitality for Life*.

Há no suco de laranja ótimos nutrientes pré-digeridos, que o corpo pode utilizar imediatamente. Além disso, ele purifica o sangue ao converter e processar, de forma rápida, o ácido láctico e outros produtos residuais. Também ajuda a eliminar o ácido láctico do corpo, evitando o excesso de acidificação e garantindo uma boa forma física. E mais: os bioflavonoides da laranja aumentam a permeabilidade dos pequenos septos capilares. Através deles, mais vitaminas, minerais e enzimas chegam às células, fortalecendo-as. Os doentes se recobram mais depressa depois de ingerir grandes quantidades de suco de laranja. É o melhor e mais forte tônico para o sistema imunológico que se conhece. Em vista disso, eu gostaria que a nova civilização bebesse sucos frescos de manhã. Não só é fácil como evita quase todas as doenças. Será necessário, é claro, termos muita fruta à nossa disposição. Mas você pode estar certo de que uma de minhas prioridades é a restauração urgente de pomares.

Atenção: *use frutas ácidas apenas sob a forma de sucos! Beba-os com um canudo e cuide para que não molhem seus dentes. Só assim eles não danificarão o esmalte. Quatro laranjas azedas por dia bastam para isso!*

- Banana. Cozida no vapor ou na água, essa fruta proporciona grandes quantidades de energia devido a seus açúcares. É fácil de digerir e você poderá comer de cinco a oito por dia sem problemas. Além disso, a banana é rica em potássio, de que o corpo precisa para que os músculos trabalhem em velocidade máxima. Se você for um atleta amador ou profissional (ou quiser ficar em forma para sobreviver ao cataclismo de 2012), deverá consumir esse superalimento diariamente.

Figura 28.

No dia 6 de janeiro de 1993, eu tinha um teste de desempenho marcado na Universidade Livre de Bruxelas para avaliar as diferenças entre vegetarianos e não vegetarianos. Três dias antes contraí um leve resfriado porque me cansara muito durante as férias. Meu remédio contra esse problema é sempre o jejum, de modo que não comi nada até os sintomas desaparecerem. Na manhã do teste já estava bem, mas exaurido por causa do jejum. Assim, bebi uns três litros de suco de laranja e comi oito bananas grandes cozidas no vapor. Imediatamente senti que as forças me voltaram.

Na universidade, o médico deu-me uma máscara de oxigênio para medir minha capacidade pulmonar e tive de sentar-me numa bicicleta estacionária. Ele me conectou também a uma máquina cardiorrespiratória. Comecei então o teste, que durou três horas. Para minha surpresa, tudo correu às mil maravilhas! Consegui um máximo de assimilação de oxigênio de 54,82 mm por quilograma de peso corporal – um valor bastante elevado e o maior entre os cinquenta atletas amadores que também faziam o teste! Por aí se vê o poder do suco de laranja e das bananas!

Como você notou, mencionei várias vezes bananas cozidas. É preciso variar a dieta preparando alimentos de maneiras diferentes. A fim de cozinhar bananas, encha uma panela de água pela metade. Coloque de quatro a oito bananas e deixe-as vinte minutos em fogo baixo, até ficarem cozidas. Mexa de vez em quando.

- Outras frutas excelentes: manga, uva e melão. Contêm muitas vitaminas e minerais, podendo ser consumidas em grandes quantidades.
- Batata. A batata pode ser a principal fonte de carboidratos, que são produtores de energia. Durante uma expedição à Nova Guiné, os australianos Hipsley e Clements depararam com um povo que vivia no monte Hagen a uma altitude de 1.500 a 2.000 m. A pesquisa mostrou que essa população come alimentos muito simples. Seu cardápio consiste sobretudo de batatas-doces (80 a 90% ou de 1,5 a 2 kg por dia), ervas, palmito, diversos tipos de castanhas e outros itens semelhantes. As análises clínicas revelaram: "A despeito dessa alimentação simples, todos os membros do grupo, inclusive as crianças, gozam de saúde excelente. Esforços físicos consideráveis não constituem problema para ninguém".

Figura 29. Bananas cozidas são uma ótima fonte de energia. E poderão ser a principal em nossa nova civilização ecológica. Atletas de ponta, alpinistas ou pessoas que executam trabalhos pesados devem comê-las às dúzias!

No recomeço de nossa civilização, deveremos levar isso em conta. Como a batata-doce contém elevado teor de pró-vitamina A, e a batata inglesa não, você precisa combinar esta com cenoura para obter o mesmo valor nutricional. Poucos alimentos se comparam a essa dupla vitoriosa.

Uma importante estratégia de sobrevivência para o mundo novo será que, em 2012 e 2013, comeremos batatas e cenouras em profusão, pois esses legumes se conservam por muito tempo. Não precisaremos de muito mais para permanecer vivos! Disporemos de comida da melhor qualidade por pelo menos seis meses e, ao final desse prazo, uma nova safra já estará disponível. Quando as árvores crescerem, reintroduziremos frutas em nossa dieta.

Armazenamento de batatas. Sabe-se que as plantas crescem na direção da luz, fenômeno conhecido como fototropia. Isso se explica cientificamente pelo fato de as células vegetais conterem, do lado da sombra, mais reguladores do crescimento (auxinas) que estimulam o desenvolvimento celular, de sorte que os pedúnculos da face escura crescem mais depressa, forçando a planta a inclinar-se na direção do Sol. A luz amortecida que promove o crescimento encontra-se na faixa azul do espectro, ao passo que a faixa vermelha refreia esse crescimento. Descobriu-se que as batatas-sementes, armazenadas sob luz vermelha, não produzem novos brotos. Mais tarde, as plantas delas nascidas produzem uma ótima safra. A fim de pôr em uso esse recurso, deveremos usar luz vermelha para a conservação dos tubérculos, depois do cataclismo.

- O supersuco de cenoura. O suco de cenoura é o mais doce e um dos mais deliciosos. Constitui a fonte mais abundante de vitamina E, cálcio orgânico, cobre e ferro. É ainda excepcionalmente revitalizante devido às grandes quantidades de potássio e magnésio, muito benéficos para os tecidos musculares e o sistema nervoso. Além disso, contém elevados teores de vitaminas do complexo B e seu poder tônico deixará você no auge da forma. O consumo regular desse suco também melhora a respiração. O motivo é que o betacaroteno mantém saudáveis as mucosas bronquiais (uma fina camada de fibras musculares extremamente flexíveis e elásticas). Quando essas fibras rece-

bem quantidade insuficiente de betacaroteno, suas células endurecem e obstruem a excreção normal de muco, comprometendo a função respiratória. Por essas razões, a cenoura terá um papel de destaque em nossa dieta.
- Cereais (arroz). Além das batatas, cereais como o arroz são fornecedores inestimáveis de energia. Para obtê-los em quantidade, culturas mistas (em que diferentes variedades de plantas são semeadas no mesmo terreno) deverão ser incentivadas. O arroz, por exemplo, não pode ser plantado em sistema de monocultura. Misturar é necessário: por exemplo, arroz de brejo com arroz seco. No sistema de cultura mista, a colheita do arroz de brejo é quase 90% maior que na monocultura. Doenças por fungos quase não ocorrem; quando um fungo infecta um pé de arroz, dificilmente se espalha porque há poucas plantas idênticas nas vizinhanças que ele consegue alcançar. Além disso as plantas não suscetíveis, crescendo entre as suscetíveis, funcionam como uma barreira física. A fim de selecionar as variedades certas de arroz, é preciso testá-las de antemão com amostras de fungos. Já ficou demonstrado que uma fileira de arroz de brejo ao lado de quatro de arroz seco dá excelentes resultados. Para outros cereais, o mesmo princípio se aplica: duas ou três variedades de cevada são menos vulneráveis a fungos que uma.

    Essas medidas simples podem evitar graves epidemias de fome, por isso não convém que você as menospreze. Hoje, ninguém pensa nisso; mas garanto-lhe que todos irão pensar depois da catástrofe!
- Brotos. Leva tempo até que os vegetais evoluam de semente a planta. Enquanto isso, podemos consumir seus brotos. Os de soja, por exemplo, são rápida e facilmente cultiváveis, como os de muitas outras variedades de cereais. Todos fornecem vitamina C ao nosso organismo e mantêm o nosso sangue alcalino. O suco das folhas de trigo é um bom exemplo de alimento rico em vitaminas e minerais. Um copo por dia manterá você saudável. O cultivo das folhas é muito simples: depois de deixar as sementes de molho por 24 horas, espalhe-as sobre um vaso de compostagem úmida e cubra-as com um pano fino. Deixe o recipiente à sombra até as sementes brotarem, depois traga-o de novo para a luz. Depois de doze dias poderá colher as folhas. Corte-as

em fatias finas e esprema-as bem (use um liquidificador, por exemplo, se tiver conseguido salvar um). Beba o suco uma hora e meia antes do almoço.

- Gema de ovo. Uma dieta à base de frutas e hortaliças precisa ser suplementada com gemas de ovos cruas. A necessidade de ovos implica, é claro, que asseguremos a sobrevivência de um grande número de galinhas. Gemas não apenas são necessárias para melhorar o sabor do alimento como contêm todas as gorduras, óleos, vitaminas e minerais de que nosso organismo precisa. As vitaminas $B_{12}$ e D, normalmente encontradas em carnes e peixes, estão presentes nelas. A fim de prevenir a carência dessas vitaminas essenciais à vida, é aconselhável ingerir duas gemas cruas por dia. Isso é muito importante sobretudo para as mulheres: uma possível deficiência pode causar deformações congênitas a seus bebês.

Quantidades mínimas recomendadas de vitamina $B_{12}$ em microgramas:

| | |
|---|---|
| Bebês | 0,3 |
| Crianças de 5 meses a 1 ano | 0,5 |
| Crianças de 1 a 6 anos | 0,8 |
| Crianças de 7 a 10 anos | 1,0 |
| Adultos | 1,0 |
| Mulheres grávidas | 1,5 |
| Mulheres lactantes | 1,5 |

Uma gema de ovo contém aproximadamente 0,7 micrograma de vitamina $B_{12}$. É menos que a quantidade necessária para adultos e crianças acima de sete anos, portanto convém ingerir mais de uma por dia. As mulheres, principalmente durante a gravidez e a fase de amamentação, devem sempre consumir de duas a três, cruas. Isso é muito importante quando se adota uma dieta de frutas e verduras, pois o bebê retira sua vitamina $B_{12}$ do leite materno.

*Observação: nunca consuma claras de ovo cruas. Elas contêm avidina, que impede a absorção de biotina (vitamina H). Pode-se separá-las das gemas com facilidade, bastando cozinhar um pouco o ovo. Ingira sempre as claras cozidas.*

Frutas, legumes e cereais essenciais

Outras hortaliças que complementam essa dieta são os brócolis, o aipo e a erva-doce. Esse regime não é apenas simples, com alimentos fáceis de preparar, mas também superior aos demais do dia a dia. Em suma: só tem vantagens, então por que você não o adota de uma vez? Depois de se acostumar, se é que não foi criado com ele, você de fato não precisará de nada mais. Assista a alguns programas de dicas de sobrevivência na televisão. Os futuros "Robinsons" terão de se contentar com frutas, legumes, arroz, ovos e talvez peixe. Depois do deslizamento da crosta terrestre, você se acostumará também, muito rapidamente, às mudanças na dieta. A fome será seu maior incentivo e se sentirá bem feliz por poder ingerir frutas e hortaliças!

## Cardápios simples

Meus livros sobre dieta só estão disponíveis no momento em holandês, por isso me vejo obrigado a dar-lhe alguns exemplos de cardápios diários saudáveis, à base de vegetais. Felizmente, eles o motivarão de imediato a iniciar esse regime! Nos cardápios seguintes, o tempo do consumo dos alimentos será expresso em "horário militar". Se você não conhece esse sistema, "12:00" significam "meio-dia". As horas da tarde e da noite são determinadas subtraindo-se doze do tempo dado, por exemplo, "16:30" equivalem a 16:30 – 12 = 4:30 da tarde. Do mesmo modo, "18:30" significam 18:30 – 12 = 6:30 da tarde.

Figura 30.

### Primeiro dia

7:00-12:00:   2-3 litros de suco de frutas frescas (exemplos: maçã, manga ou laranja)
16:30-17:00:  1-2 copos de suco de hortaliças (alface, aipo e cenoura)
18:30:        150-250 gramas de arroz integral com duas gemas de ovo cruas e 300 a 600 gramas de hortaliças como cenoura, chicória, feijão novo e aipo com coco ralado

## Segundo dia

| | |
|---|---|
| 7:00-11:00: | 2-3 litros de suco de frutas frescas |
| 12:00: | 6-10 bananas cozidas |
| 16:30-17:00: | 1-2 copos de suco de hortaliças |
| 18:30: | 150-250 gramas de arroz semipolido com abacate, 100 gramas de abóbora, 200 gramas de erva-doce e 150 gramas de aipo com uma gema de ovo ligeiramente cozida |

## Terceiro dia

| | |
|---|---|
| 7:00-12:00: | 1,5-3 litros de suco de frutas frescas |
| 16:30-17:00: | 1-2 copos de suco de hortaliças |
| 18:30: | 1-1,5 quilo de batatas, 2 gemas de ovo cruas, 400-600 gramas de hortaliças como cenoura, brócolis, erva-doce ou aipo |

## Quarto dia

| | |
|---|---|
| 6:30-8:00: | 1-3 litros de suco de laranja fresca |
| 9:30: | bananas cozidas ou de 8 a 12 fatias de pão semi-integral (sem sal) |

**Figura 31.** A adição de pão a esses cardápios é muito benéfica para os atletas de ponta. Aqueles que os adotam relatam considerável aumento de resistência e menor suscetibilidade às doenças.

*Nota: o pão é digerido com mais facilidade quando você o come separadamente de qualquer outro alimento. Experimente e ficará surpreso com os resultados.*

| | |
|---|---|
| Depois de 3,5 horas: | 6-12 bananas cozidas ou fatias de pão |
| Depois de 4,5 horas: | suco de vegetais orgânicos não lavados (aipo, alface e cenoura) |
| Depois de 1-1,5 hora: | bananas cozidas |
| Depois de 1 hora: | batatas com duas gemas de ovo ligeiramente cozidas ou cruas e 400 gramas de legumes sem amido (ver adiante listas de alimentos classificados pelo teor de amido) |

Frutas, legumes e cereais essenciais

## *Quinto dia*

| | |
|---|---|
| Manhã: | 1-3 litros de suco de laranja ou melão frescos |
| Tarde: | arroz ou pão com legumes de pouco ou nenhum teor de amido mais, se desejar, abacate. |
| Depois de 4,5 horas: | suco de legumes orgânicos não lavados (aipo, alface e cenoura) |
| Depois de 1,5 hora: | arroz, pão, legumes com pouco ou nenhum teor de amido e duas gemas de ovo cruas |

## *Sexto dia*

| | |
|---|---|
| 6:00-8:00: | 1-3 litros de suco de melão |
| 9:00: | bananas cozidas |
| Tarde: | pão com abacate ou brotos de bambu com arroz cozido |
| Depois de 4,5 horas: | ver primeiro ou quinto dia |

## *Sétimo dia*

| | |
|---|---|
| 6:00-8:00: | 1-3 litros de suco de laranja |
| 9:30: | bananas cozidas ou 8-12 fatias de pão semi-integral |
| Tarde: | arroz cozido com legumes (cenoura, feijão fradinho, aipo) |
| Depois de 4,5 horas: | 1-1,5 quilo de batatas com um pouco de manteiga ou óleo, duas gemas de ovo cruas, 400 gramas de legumes (cenoura, aipo, brócolis e couve-de-bruxelas) |

## Advertências

- *Nunca coma frutas depois de ter comido qualquer outro alimento!*
- Coma pão, arroz e batatas tão *secos* quanto possível.
- *Jamais* beba às refeições. Faça isso pelo menos 45 minutos antes! Do contrário, terá problemas de digestão, sobretudo se ingerir amidos.

**Figura 32.**

- *Jamais* beba depois das refeições. Permitem-se apenas uns goles de água mineral. Há o risco de diarréia e gases.
- Se você comer legumes e amido no almoço, certifique-se de que terá ao menos quatro horas para digerir.
- Se comer pão de manhã, *não* coma vegetais ácidos ou com alto teor de ácido oxálico (ver listas adiante) ao almoço! De outro modo, a porção de amido que ainda não foi transformada em glucose fermentará!
- Grandes quantidades de vegetais crus são difíceis de digerir, por isso fermentam. Não exagere. Cenouras novas e tubérculos são digeridos com mais facilidade.
- O pão semi-integral é de mais fácil digestão que o pão integral e o branco. Pode ser combinado com abacate, manteiga, legumes com baixo ou nenhum teor de amido e outros alimentos com amido.
- É melhor não consumir proteínas no almoço. Levam muito tempo para ser digeridas. Muita gordura, em associação com amido, também é de digestão demorada. Por exemplo, amido + manteiga + gema de ovo podem estender a digestão até oito horas! O abacate é mais rápido, exceto quando contém elevado teor de fibras. Nesse caso, a digestão (com amido) leva de cinco a seis horas.
- Não há problema em consumir proteína no almoço de vez em quando, mas sem exageros. É melhor consumi-las ao jantar.
- Quando você come separadamente pão, arroz, batatas e outros alimentos com amido, a digestão se torna mais fácil. Juntos, fermentam e provocam diarréia ou gases. Coma-os, pois, em separado.

## Combinações possíveis de alimentos que contêm amido

As listas seguintes ajudarão você a determinar quais alimentos se combinam melhor em refeições nutritivas e de fácil digestão.

## Alimentos que contêm amido

Biologicamente, os seguintes produtos que contêm amido se combinam melhor com vegetais com baixo teor dessa substância, nenhum teor ou gorduras.

Frutas, legumes e cereais essenciais

| | |
|---|---|
| Bolotas | Pastinaca |
| Cevada | Massas |
| Farinha de cevada | Fécula de batata |
| Malte de cevada | Batata |
| Pão | Arroz |
| Trigo-sarraceno | Centeio |
| Castanhas° | Cercefi |
| Coquinho | Semolina |
| Coco | Milho verde |
| Amido de milho | Batata-doce |
| Cuscuz | Trigo |
| Bolachas | Alcachofra-de-jerusalém |
| Pudim | Pão-doce* |
| Farinha | Macarrão |
| Milho | Torrada |
| Carne | Tapioca |
| Painço | Castanha-d'água |
| Aveia | Farinha de trigo |

o Sempre asse as castanhas. Algumas são venenosas quando ingeridas cruas!
\* Sem açúcar, queijo ou conservantes.

## Vegetais que não contêm amido

| | |
|---|---|
| Aspargo | Erva-doce |
| Broto de bambu | Feijão francês |
| Couve galega | Feijão verde |
| Fava* | Couve verde* |
| Feijão-do-mato* | Alface-de-cordeiro |

133

Feijão-de-lima
Repolho (novo, doce)
Alcachofra-brava
Rama de cenoura
Couve-flor
Folha de couve-flor
Folhas de aipo-rábano
Aipo
Aipo (folhas)
Cerefólio
Chicória
Couve chinesa
Couve galega crespa
Feijão fradinho
Endívia (não amarga)

Cogumelo (pequeno)
Urtiga-maior
Repolho *oxheart*
Vagem*
Abóbora (pequena, nova)
Repolho roxo
Feijão-trepador
Nabo sueco
Couve crespa
Feijão-de-corda
Pão-de-açúcar
Nabo
Feijão-vagem de cera*
Repolho branco
Aipo branco

\* Os brotos novos quase não contêm amido ou proteína. Os maduros, sim!
\* Remova sempre as folhas e ramas dos legumes ao comprá-los. Do contrário, elas oxidarão os minerais e vitaminas neles contidas (da cenoura, por exemplo).
\* Os cogumelos contêm substâncias tóxicas, por isso podem causar diarréias. Só os coma novos (cozidos ou fritos).
\* Hortaliças passadas contêm celulose, de difícil digestão. É melhor consumi-las novas.

## Vegetais com baixo teor de amido

Alcachofra
Beterraba (nova)
Brócolis (não amargos)
Couve-de-bruxelas (nova)
Aipo-rábano
Cenoura

Milho em espiga (verde)
Couve-rábano
Cebola (nova)
Abóbora (média e grande)
Nabo sueco
Feijão instantâneo
Nabo

*Observação: Os outros vegetais não combinam bem com amido! Podem provocar diarréia ou reação alérgica. Quando você ingere vegetais ácidos como tomate e pimentão separadamente, eles digerem com facilidade. Portanto, um jantar deve consistir numa combinação de: tomate, pimentão, repolho, pimenta, pepino, abobrinha, beterraba, couve-marinha, espinafre com gemas de ovo cruas ou 50 a 100 gramas de queijo.*

## Hortaliças ácidas, doces e amargas

Contêm ácidos e substâncias amargas, motivo pelo qual não devem ser combinadas com amido!

| | |
|---|---|
| Brócolis (amargos) | Azedinha |
| Couve (amarga) | Pimenta jalapa |
| Aipo-rábano (amargo) | Azeitona (verde) |
| Pepino | Pimentas |
| Berinjela | Picles |
| Endívia (amarga) | Repolho azedo |
| Escarola (amarga) | Tomate |
| Erva-doce (seca) | Abobrinha italiana |

## Vegetais com alto teor de ácido oxálico

A quantidade de ácido oxálico nos vegetais que se seguem é muito alta. Seu consumo em excesso pode danificar sua saúde! O melhor seria não comê-los nunca, embora o ácido oxálico desapareça em grande parte depois que eles são cozidos e escorridos. Também não é bom tomar suco de beterraba.

| | |
|---|---|
| Raiz de beterraba | Ruibarbo |
| Rama de beterraba | Espinafre |
| Beldroega | Acelga |

## Vegetais com alto teor de óleo de mostarda

São extremamente irritantes. Se você os comer com frequência, poderá ficar bastante adoentado. Com respeito a eles, o conselho da medicina natural é: *evite-os ao máximo ou totalmente!*

| | |
|---|---|
| Rabanete vermelho | Cebola |
| Cebolinha-capim | Salsa |
| Alho | Rabanete branco |
| Agrião | Cebolinha verde |
| Alho-porro | Agrião-do-pântano |
| Mostarda madura | |

## Ervas

As ervas seguintes (secas), usadas com moderação, tornam seus pratos mais saborosos.

| | |
|---|---|
| Manjericão | Hortelã |
| Aipo | Orégano |
| Cerefólio | Salsa |
| Cebolinha-capim | Alecrim |
| Endro | Sálvia |
| Erva-doce | Louro |
| Manjerona | Tomilho |

Seja criativo ao usar ervas. Elas dão um sabor novo aos pratos do dia-a-dia. O orégano, por exemplo, deixa as batatas ou o pão com um gosto totalmente diferente. Elas podem também substituir o sal e os temperos picantes. Mas use-as com cuidado.

Frutas, legumes e cereais essenciais

Combinações testadas e aprovadas:

Manjericão, orégano, louro
Orégano, tomilho, cebolinha
Endro, cebolinha, manjericão
Sálvia, tomilho

Manjerona, tomilho e manjericão
Manjericão e manjerona
Orégano, manjerona e alecrim

Esses são os principais parâmetros do novo regime alimentar que será adotado depois de 2012. Ele não apenas é mais ecológico como economiza muito trabalho. Só o cultivo de frutas, hortaliças e cereais será incentivado. Isso resultará numa situação em que, depois de algumas décadas, as pessoas só trabalharão algumas horas por dia: o resto do tempo poderá ser reservado às ciências, artes, teatro, etc. Resumindo: nossos descendentes viverão numa nova Idade do Ouro!

15

# UMA BIBLIOTECA PARA UM MUNDO NOVO

Papel e tinta são de capital importância. Não apenas livros devem ser salvos da destruição como papel e tinta precisam estar na vanguarda da civilização nova. São necessários para a futura transferência do conhecimento. Para manter uma biblioteca, primeiro você precisa ter uma. No século I de nossa era, Fílon de Alexandria escreveu: "Em consequência das contínuas e repetidas destruições pela água e pelo fogo, as novas gerações nada sabem sobre a natureza e a ordem dos acontecimentos". Isso confirma que os dados sobre os fatos terríveis devidos à mudança polar precisam ser difundidos o mais amplamente possível.

Todos têm de saber o que se passou. No *Timeu*, Platão relata o seguinte: "A lembrança das catástrofes provocadas por incêndios e inundações se perdeu porque todos os escritores morreram, levando consigo o conhecimento de sua civilização". E como os sobreviventes desapareceram sem ter tido a chance de escrever, "a grande tragédia foi logo esquecida".

Que fique claro: para a futura civilização se inteirar do próximo cataclismo, os sobreviventes de 2012 precisarão de papel e tinta. Registraremos em nossos diários, minuciosamente, como nossa civilização arrogante trouxe a ruína para si mesma. Isso deverá ser ensinado nas escolas às sucessivas gerações, juntamente com a maneira de calcular com antecedência as mudanças no eixo terrestre. As lições mencionarão também que nossa cultura superior, dispondo da melhor e mais sofisticada tecnologia, não soube prever a inversão polar iminente e muito menos calculá-la. Só assim poderão nossos descendentes evitar os mesmos equívocos que estamos cometendo. Se não fizermos isso, tudo se perderá de novo numa série de desastres e ressurreições.

Além do mais, deverá ser ensinado que a civilização anterior de Aha-Men-Ptah, embora com meios e ferramentas mais simples, conseguiu calcular as inversões e deslocamentos polares futuros apenas por lhes ter dado prioridade absoluta. A fé move montanhas. A pesquisa das causas dessas catástrofes ocupava grande parte do tempo de seus cientistas. Por isso lograram finalmente encontrar a resposta salvadora há muito procurada: a teoria das manchas solares, que explicava a inversão polar do campo magnético do Sol. Esse conhecimento tem de ser transmitido a todos.

## A qualidade do papel

Antes de 1850, o papel era feito de trapos e conservava-se muito bem. Mas então ocorreu uma grave escassez. Fizeram-se experimentos com vários outros materiais orgânicos e por fim a polpa de madeira da Escandinávia se impôs. Todavia, passadas algumas décadas, percebeu-se que o papel fabricado com essa polpa se deteriorava mais depressa que o de trapos. Isso se devia ao alto teor de pH contido na substância. Desde 1950, o papel de qualidade tem sido o papel desacidificado. A fim de preservar nosso conhecimento pelo maior tempo possível, devemos levar esse detalhe seriamente em conta. Sem papel durável, a nova civilização logo regredirá à barbárie!

## Matemática

Não há civilização avançada sem matemática. Soma, subtração, multiplicação e divisão são operações simples, mas de enorme importância para uma cultura que ressurge. A fim de construir prédios, você precisa conhecer a geometria tridimensional – por exemplo, o volume de uma coluna, a área de um círculo, a superfície de um quadrado e por aí além. No momento, calculadoras sofisticadas executam esse trabalho e, até a inversão polar, funcionarão perfeitamente. Mas depois, devido à pane elétrica, não servirão para mais nada e teremos de fazer cálculos de cabeça. A fim de evitar a perda de nosso conhecimento matemático, podemos construir, por exemplo, um ábaco simples de madeira. Penso que a adoção do ábaco (e o aprendizado do modo de usá-lo) serão de grande utilidade para nosso bem-estar futuro. Não devemos nos esquecer também das tábuas de logaritmos, senos, cossenos e tangentes mais usadas.

## Sabões

Sem dúvida, vivemos numa sociedade muitíssimo asseada. E isso não quer dizer, é claro, que depois do desastre de 2012 precisaremos viver a situação oposta. A higiene continuará importante, sobretudo durante os partos. Antes de iniciar seu trabalho, parteiras, médicos e enfermeiras deverão lavar as mãos com sabão ou lixívia doméstica. Um conhecimento mínimo da fabricação de sabões será, pois, aconselhável. Outrora, as pessoas usavam sabão de cinzas para quase tudo. Lavavam com ele não apenas roupas, mas também seus corpos. Por que não fazer o mesmo no futuro?

## Música e dança

Todos sabem como a música é importante em nossas vidas. Os grandes concertos sempre atraem dezenas e até mesmo centenas de milhares de fãs. Imagine se, depois da inversão polar, todo o conhecimento musical desaparecer e todas as belas composições forem esquecidas. Decerto, não poderemos conservar tudo, mas um mínimo é aconselhável. Afora a técnica da fabricação de instrumentos como pianos, violões, violinos e flautas, deveremos preservar uma pequena coleção das melhores composições modernas e clássicas. A música ameniza nossos problemas e nos faz devanear, o que inspira grandes realizações. As raças primiti-

**Figura 33.**

vas parece que se davam conta disso, realizando periodicamente festivais com dança e música. Teremos de fazer uso dos meios poderosamente eficazes da música e da dança para manter a coesão do grupo depois da catástrofe e promover o renascimento. Quem se oferece para essa missão?

## Dinheiro

O dinheiro constitui problema dos mais sérios. Não é nada simples criar um novo sistema financeiro. Um manual sobre como faremos isso nos será muito útil. Remontar no tempo talvez nos inspire boas ideias. Você sabia que os egípcios usavam dinheiro? No livro *The Report of My Research*, Heródoto escreveu sobre isso: "Uma inscrição em hieróglifos nas pirâmides mostra a quantia de dinheiro gasta com os trabalhadores em rabanetes, cebolas e alho. O homem que traduziu o texto para mim, lembro-me bem, mencionou mil e seiscentos talentos de prata! A ser verdade, quanto teria sido gasto com ferramentas de ferro, alimentação regular e roupas para todos os operários que trabalharam na obra? E não levo em conta o tempo necessário para cortar e polir as pedras, e para construir as instalações subterrâneas. Tais coisas não são feitas num piscar de olhos, bem se sabe".

Uma anedota diz que, quando o faraó Quéops ficou sem recursos para dar prosseguimento à construção de sua pirâmide, convocou até a filha para o trabalho: "Embora isso fosse escandaloso, Quéops lançou mão de todos os meios ao ver-se de bolsa vazia. Ordenou que a própria filha fosse trabalhar num prostíbulo. A quantia exata não é mencionada, mas a jovem conseguiu amealhar a de que o pai precisava".

Como se vê, nem a civilização egípcia podia passar sem o dinheiro. Ele é a única coisa que motiva as pessoas ao trabalho. Sem o dinheiro, elas tendem a se contentar com o que já possuem. Você comercia um pouco e planta seu próprio alimento, nada mais. Um cenário, sem dúvida, pouco apropriado a suscitar desejos. E o desejo de dinheiro é inato no ser humano, um incentivo a novas invenções e produtos. Até os egípcios sabiam disso. O mesmo ocorrerá no futuro. Precisaremos refrear esse desejo para que o novo mundo não se transforme também numa sociedade consumista. Uma forte autoridade central terá de promulgar leis rigorosas para a implantação de indústrias e o uso de matérias-primas. É a única maneira de prevenir catástrofes ecológicas.

Além disso, tudo faremos para que as pessoas ganhem dinheiro, mas não possam enriquecer. A riqueza é um fator pernicioso quando se trata de manter uma sociedade ecológica. É óbvio que, depois da catástrofe, todo o dinheiro existente será inútil. Dólares e euros já não servirão para nada. Como será a próxima moeda e o que valerá, isso é algo que decidiremos depois. Mas ouro e pedras preciosas poderão ser usados de imediato nas transações. Ao longo da história da humanidade, eles sempre preservaram seu valor. Serão o único "meio circulatório" a que poderemos recorrer para edificar uma nova civilização.

## Eletricidade e eletrônica

Essas invenções governam nossa vida e tornaram-na incrivelmente fácil. Como imaginar um mundo sem rádio, televisão, computadores, geladeiras e luz elétrica? Durante a catástrofe que nos aguarda, todas as usinas geradoras de eletricidade serão completamente destruídas por terremotos globais, que irão muito além dos limites da escala Richter. Não bastasse isso, a inversão polar gerará correntes indutivas que incinerarão os circuitos e transistores. Resultado: nenhum aparelho elétrico ou eletrônico funcionando. Teremos de começar do zero. Em minha opinião, não precisaremos conservar obras muito avançadas sobre a matéria, apenas manuais básicos de eletricidade, que ensinem por exemplo: como gerar eletricidade pela força do vento, como regular a voltagem, como fabricar fusíveis simples, como escolher materiais isolantes, onde encontrar cobre para os fios, como fazer resistências de carbono para motores, que ligas simples usar na fabricação de lâmpadas... Bem, a lista é muito longa.

Os problemas que teremos de superar são complicados. Sem as informações básicas, todo o nosso conhecimento acabará se perdendo irremediavelmente. Em poucas décadas nossos descendentes olharão com curiosidade para os aparelhos destruídos e enferrujados, sem saber para que serviam. Temos de evitar isso a todo custo. Conhecimento é poder e os fatos mais elementares a respeito da eletricidade vão nos ajudar muito na criação de uma sociedade ecologicamente responsável.

## Ciências

Graças à mecânica quântica, o campo da eletrônica evoluiu tremendamente. Isso, mais os progressos na física e na química, resultou numa revolução científica que engloba diversas áreas. Transistores e equipamentos sofisticados de computação são algumas das conquistas mais espetaculares. Na sequência dessas descobertas vieram os satélites artificiais, a televisão, o rádio, o aparelho de radiografia, o *scanner* e todo o resto.

Para recuperar as ciências, basta preservar as leis fundamentais da química, física e mecânica quântica que já conhecemos. Munidos de manuais elementares seremos capazes de reunir conhecimento suficiente para fazer com que as ciências floresçam de novo. Mas, com livros avançados sobre, por exemplo, criação de programas de computadores, não conseguiremos fazer nada. Primeiro, teríamos de aprender a fabricar os aparelhos, o que em si já é bastante complicado. Depois da reversão polar – com a consequente geração de correntes induzidas –, transistores e circuitos não funcionarão mais. Você fabricaria transistores sem dispor de instruções? Eu, não. Por isso repito: somente leis básicas e manuais elementares deverão ser conservados. Tente entender, por favor: esse se tornará o núcleo de nosso novo culto da sabedoria. Todas as outras coisas serão inúteis por causa dos problemas complexos com que nos depararemos para reconstruir uma civilização completamente destroçada.

Neste capítulo, mencionei apenas uns poucos elementos que precisaremos ter à nossa disposição. No final do livro, você encontrará uma lista mais detalhada. Sugiro que todos a estudem cuidadosamente a fim de contribuir para o mundo novo! Como reza o provérbio, "Começar bem é meio caminho andado".

# 16

# MEDICINA ELEMENTAR

Além de fontes e suprimentos suficientes de alimento, e um teto sobre nossas cabeças, precisaremos para a nova civilização de um nível básico de assistência médica. Por mais avançados que estejam hoje em dia, os tratamentos de dores de dentes e outras operações necessárias me assustam muito. Essas dores são uma queixa das mais comuns e podem tornar nossa vida um inferno. Até os antigos faraós eram atormentados por elas: os raios X mostram isso claramente. Temos de fazer tudo para evitar semelhante problema – tarefa nada simples. Os dentistas sabem tratar seus pacientes, mas não sabem fabricar os anestésicos que usam nem produzir os materiais para as obturações. Ora, sem isso não poderá haver uma prática odontológica avançada. Precisamos, pois, atentar bem para o assunto. Não o subestime! O tempo todo fico matutando sobre como fabricar anestésicos para tratamento dos dentes e obter o material necessário para obturações ou dentaduras. Ninguém se preocupa com isso porque parece coisa corriqueira; mas, depois da catástrofe, posso assegurar que você se preocupará muito! Então, pergunto: quem resolverá esses problemas?

Os procedimentos cirúrgicos são outra questão grave. Hoje, ferimentos potencialmente mortais podem ser curados com as técnicas de que dispomos. Pessoas que sobreviveram a acidentes são tratadas com fisioterapia e muitas conseguem continuar vivendo sem grandes incômodos. No caso de ruptura do tendão-de-aquiles, a reparação é possível. Se não fosse assim, o paciente teria de se apoiar numa perna só pelo resto da vida. Imagine também um parto difícil, que exija cesariana. Seria ela possível sem anestesia?

Eu imagino – e não leia o parágrafo seguinte se não puder suportar uma descrição realista do que isso pode ser.

*2014, montes Atlas, Marrocos.* Linda vai ter uma menina. A criança está em posição invertida e é muito grande para a pelve da mãe. O médico tenta de tudo, mas o bebê não muda de posição. Médico e parteira enfrentam um dilema: fazer uma cesariana ou extrair o feto aos pedaços. Escolhem a primeira alternativa. Dois homens seguram os braços de Linda, dois as suas pernas e um a sua cabeça. Então o médico abre a barriga da parturiente. Linda emite gritos lancinantes. A dor e o medo afrouxam-lhe a musculatura do ânus e as fezes escorrem, como se fossem sinais de terror escapando-lhe do corpo. O sangue espirra para todos os lados enquanto o médico arranca o bebê. Ao suturar a enorme incisão, Linda tem convulsões em consequência da dor. Quando a agulha lhe penetra na carne, para religá-la, ela grita como num acesso de nervos. É uma experiência horrível para os presentes.

Esse quadro ilustra, à saciedade, o que nos espera caso não tenhamos anestésicos à disposição. As cirurgias mais simples serão inviáveis devido ao receio de complicações.

O grupo de sobreviventes terá de se dar logo conta de quão importantes são as modernas técnicas médicas para a preservação da vida e colocá-las bem no alto de sua lista de prioridades. Parte importante serão os anestésicos e o domínio das práticas de ressuscitação. Sem elas, não haverá cirurgias. De novo, pergunto: quem cuidará disso a fim de que – com meios limitados – possamos reproduzir os meios necessários para salvar vidas?

# Remédios

Remédios não são problema. Uma dieta saudável à base de frutas e hortaliças evitará a necessidade deles. Você não ficará doente; no máximo, pegará um resfriado ou uma bronquite. Nos trópicos, é claro, a malária será possível. Mas essas e outras moléstias podem ser facilmente curadas com jejum. Por exemplo, se você contrair gripe ou pneumonia, terá de jejuar

Figura 34.

até a febre cair abaixo dos 36,5°C. No caso da malária, o jejum deve durar duas semanas. Haverá apenas três problemas que talvez devamos enfrentar:

- Como se fabrica um termômetro clínico que funcione? Os velhos termômetros de mercúrio parecem de importância decisiva!
- Como se produzem anticorpos contra o veneno de cobras e escorpiões? Deixo esse problema a cargo de quem quiser assumir a responsabilidade.
- Como se eliminam os parasitas que vivem na água? Em vários países tropicais e subtropicais, esses bichinhos proliferam em reservatórios e lagoas de água parada. Só se pode dar cabo deles com produtos químicos. E quem se encarregará de acumular o conhecimento necessário para fabricá-los? Isso é da máxima importância! No passado, os egípcios morriam em tenra idade por causa do contágio desses parasitas.

Talvez esse conhecimento dos remédios já baste. Adotando um regime de frutas e legumes, poderemos nos livrar de umas trinta mil doenças. Restarão as fraturas e ferimentos por acidente, mas esses são curáveis com cirurgias, sem necessidade de antibióticos e outros produtos.

## Instrumentos médicos

Alguns instrumentos médicos são imprescindíveis para monitorar a saúde da população e prestar atendimento adequado. Eis algumas sugestões:

- Termômetros de mercúrio. Conforme mencionado acima, só esses conseguem medir rápida e acuradamente a temperatura corporal. Depois da inversão polar, os termômetros a bateria não funcionarão mais ou perderão logo sua carga. Desde janeiro de 2003, os termômetros de mercúrio estão proibidos na Holanda. Outros países provavelmente seguirão esse exemplo, motivo pelo qual comprei doze deles. Aconselho a todos quantos queiram sobreviver que façam o mesmo. Eles constituirão parte decisiva de nosso arsenal. Como podem salvar vidas, são absolutamente necessários! Sem eles, como saber se sua temperatura permanece abaixo dos 36,5°C o dia inteiro – padrão para determinar quando deverá suspender o jejum, caso esteja doente? Se sua temperatura continuar acima disso, não poderá suspendê-lo, pois a febre voltará. Os termômetros clínicos também são usados para determinar o ciclo ovulatório das mulheres.

- Aparelhos de raios X. São essenciais na medicina moderna. Face à total destruição de todos os circuitos elétricos e equipamentos eletrônicos, não há razão para conservarmos essa máquina. O que podemos fazer é elaborar um esboço simples, que nos permita reconstruí-la, e guardá-lo em nossa biblioteca.
- Esfigmômetros e estetoscópios. Esses, sim, devem ser conservados. Os primeiros medem a pressão sanguínea e os segundos permitem aos médicos ouvir as batidas cardíacas, possibilitando detectar aberrações. São instrumentos de uso simples, absolutamente necessários para cirurgias. Possuir essas ferramentas básicas evitará que nosso conhecimento clínico se perca de todo. Bisturis, pinças, facas, tesouras, etc., também precisam constar de nossa lista, lado a lado com agulhas, linhas, ataduras e esparadrapos.

Essa é apenas uma lista resumida das principais exigências; mas, em 2012, teremos sem dúvida outra mais completa e atualizada.

PARTE IV

# LUGARES POSSÍVEIS DE SOBREVIVÊNCIA

## 17

# O COMPORTAMENTO DO MAREMOTO

Se você pretende sobreviver à catástrofe iminente num barco, sem dúvida quererá saber onde poderá aportar. E isso será de fato um problema. Já sabemos, pelos capítulos anteriores, que depois da reversão polar a Terra começará a girar na direção oposta. Obviamente, os oceanos terão de acompanhá-la. Hoje, ela se move de oeste para leste, ou seja, da América para a África. Depois da catástrofe, a rotação se inverterá e o planeta girará de leste para oeste ou da África para a América! Mas isso fará mesmo grande diferença, obrigando-nos a modificar nossa rota de navegação?

## Um recomeço num beco sem saída

Refleti bastante sobre esse problema e finalmente concluí que a inversão do giro terrestre não fará muita diferença para os navegantes. Será mera questão de ir para a frente ou para trás. Entretanto, devido à Lei da Inércia, os oceanos talvez atinjam alturas incríveis, provocando gigantescas inundações ou ondas de grande porte. Vou explicar. Se você estiver navegando para a América e o vento acalmar, seu barco parará. Quando a Terra se puser a girar para o outro lado, você terá de se haver primeiro com um momento de desaceleração: por algum tempo, será levado na direção rotacional original do planeta (rumo à África). Em seguida, devido à nova direção da Terra e à influência exercida pela inversão das correntes marinhas, experimentará de súbito um impulso para a frente, ou seja, no rumo da América. E, quando a velocidade inicial diminuir, seu barco parará de novo. O resultado desse vaivém sobre as ondas será mais ou menos neutro. Observe que, por conveniência, eu não levo em conta a mudança na direção dos ventos nem nos padrões das correntes oceânicas.

## A influência do deslocamento da crosta terrestre

Seguindo esse esquema mental, passei a investigar outras influências e revi cuidadosamente meus dados. A inversão do giro da Terra provoca um deslocamento catastrófico da crosta: os continentes deslizam por milhares de quilômetros. Perguntei-me: que efeito isso terá nas viagens marítimas? Que influência poderá uma mudança de trinta graus na crosta terrestre exercer sobre os oceanos do mundo? Meus pensamentos vagavam. Tentei formar uma imagem do todo. Vi massas de terra se movendo rapidamente e concluí que essa ação teria, sim, enorme impacto na rota das viagens. Não poderia ser de outro modo. Mas, e as provas?

De novo recorri ao esquema do deslocamento anterior da crosta terrestre. A América jazia em parte sob o polo sul (atual norte) na época e desceu para latitudes mais baixas. No instante da desaceleração violenta, ondas semelhantes a tsunamis devem ter varrido esse continente, já abalado pela inversão do giro da Terra. Ao mesmo tempo a crosta, deslocando-se, empurrou as águas na direção do atual polo sul. Assim, diversas forças contrárias afetaram-se umas às outras. Nesse ponto tudo se misturou num panorama terrivelmente complicado e eu, a bem dizer, perdi o "norte". Durante meses estudei o problema e não consegui dar sequer um passo à frente: o panorama era complicado demais para que eu me arriscasse a uma afirmação qualquer. É impossível determinar que padrões as correntes seguirão sem um modelo computacional. O leitor saberá acaso dar uma resposta? Seja como for, há ainda muito que aprender da catástrofe de 9792 a.C.

## Maremoto: o contrário da outra vez?

Pelo livro *Le Grand Cataclysme*, de Albert Slosman (a que recorri frequentemente durante minha pesquisa), sabemos que os atlantes, depois de

## O comportamento do maremoto

deixar sua pátria Aha-Men-Ptah atualmente sob o polo sul, desceram de seus barcos insubmergíveis, os *mandjits*, nas costas recém-formadas do Marrocos. Conhecemos esse padrão, embora de momento eu ainda não possa explicá-lo teoricamente. Mas permanece o problema do que acontecerá às correntes em 2012. Considerando-se meus achados anteriores, a América ficará outra vez sob os gelos no novo polo sul. Em 2012, ainda nessa linha de raciocínio, as águas tomarão o rumo oposto ao deslocamento ocorrido durante a catástrofe prévia: do atual polo norte para o polo sul.

Espero que você faça bom uso dos dados que estou lhe transmitindo. Eles não são difíceis de interpretar. Raciocine com lógica e chegará às seguintes conclusões muito simples:

- Se você estiver com seu navio ao largo das costas do Brasil ou da África do Sul, haverá grande chance de aportar no polo norte recém-formado (que é, hoje, o polo sul). Parte da terra ficará livre dos gelos, mas os que sobrarem ainda não terão se derretido. Você enfrentará um frio rigoroso, circunstâncias adversas e pouca comida. Não é uma perspectiva atraente, a menos que você tencione se transformar numa morsa.
- Se você estiver navegando por algum ponto entre o Canadá e a Europa, haverá grande chance de aportar na África ou na América do Sul – embora, é claro, não se tenha certeza disso. Só lhe posso fornecer o rumo que, segundo previ, as correntes irão tomar. Então cada um decidirá por si mesmo quais pontos de partida lhe serão mais propícios. Se você acreditar que o panorama reproduzirá ao inverso o esquema da catástrofe anterior, um ponto de partida na costa inglesa o levará para a América do Sul. Não posso, porém, jurar que assim será, mas minha intuição é muito forte e creio que ajudará você a enfrentar as ondas encapeladas.

No futuro distante, os relatos sobre o próximo maremoto soarão mais ou menos como as descrições que estamos fazendo do desastre anterior. Em seu livro *The Lost Ship of Noah: In Search of the Ark at Ararat*, Charles Berlitz informa que, segundo os anais chineses, numa pré-história muito vaga a China foi atormentada por uma catástrofe indescritível: "O mundo estava em chamas e as ondas se ergueram em toda a sua altura, ameaçando o céu com seu embate". Uma onda portentosa, "que chegava ao firmamento", desabou sobre a terra, varreu as montanhas e partiu-se no centro do Império Chinês. Os vales se encheram de água e o país permaneceu inundado por décadas. No final de 2012, uma tragédia igual arruinará não apenas a China, mas o mundo inteiro. É preciso que nos preparemos para essa fatalidade e usemos o conhecimento divulgado neste capítulo em proveito próprio.

# 18

# BARCOS INSUBMERGÍVEIS

Se você planeja enfrentar, sobre os mares, o maremoto e os furacões que se avizinham, então sua necessidade absoluta é um barco insubmergível. Mas observe: além de permanecer à tona, o barco também não deve emborcar. Em meu primeiro livro, *O Código de Órion*, ensinei o modo de vencer as ondas com um navio de grande porte. Depois, ocorreram-me novas ideias a respeito do assunto e consultei vários especialistas em construção naval. Disseram todos a mesma coisa: um navio desses seria incontrolável e logo racharia, indo para o fundo. Em suma, meu plano não era à prova d'água!

Se um barco começa a fazer muita água, mau sinal. Por isso, releguei minha ideia à história. Mas que fazer então, sem nenhum outro plano? Que rumo daria à pesquisa? Haveria mesmo uma solução? Devia haver, sem dúvida. Os habitantes de Aha-Men-Ptah escaparam graças a seus *mandjits*, pequenas embarcações insubmergíveis que organizaram numa frota numerosa e lançaram ao mar. Não seria de bom aviso que eu fizesse algo parecido?

A princípio, tive dúvidas. Quase nada sei sobre navegação e os documentários a que assisti sobre o assunto não me convenceram da eficácia desse método de sobrevivência. A televisão divulga regularmente torneios de iatismo em que barcos viram e a tripulação fica presa nas cabines. Os coitados não conseguem escapar porque a água entra aos borbotões e o barco afunda. Acompanhamos a cobertura da enrascada dos infelizes por vários dias. Durante esse tempo todo ficam trancados, à espera do resgate. Mas o resgate pressupõe que se consiga localizar o barco. No final de 2012, depois da inversão dos polos, essa seria uma situação sem esperança, a evitar a todo custo.

Seremos testemunhas do desastre global e o provável é que não reste mais ninguém para nos tirar de uma enrascada. Assim, comecei a fazer certas perguntas, do tipo: como evitar situações dessas? Barcos insubmergíveis são viáveis? Quem sabe o bastante sobre tal assunto?

Justamente nessa época apareceu o seguinte artigo num jornal de língua holandesa da Bélgica, sobre um estaleiro da cidade de Malle:

### Malle fabrica iate motorizado insubmergível

> Você gosta de navegar? Então já deve ter ouvido dizer, sem dúvida, que aqui em Flandres estão sendo construídos magníficos iates motorizados. Até em outros países se sabe que eles não afundam. E o estaleiro responsável pela façanha, em Malle, quer dar mais um passo à frente e construir um iate motorizado, insubmergível, de aproximadamente dez metros de comprimento! Se o conseguir, poderemos ter logo navios desse tipo ainda maiores. O governo holandês dá todo o apoio ao projeto, pois acredita que a qualidade deve sempre prevalecer.

Devorei o artigo e achei que lá estava meu ponto de partida. Fiz algumas indagações e descobri o nome da empresa: ETAP. No dia 25 de outubro de 2002, uma sexta-feira, saltei para o carro e fui fazer-lhe uma visita. Bem no alvo! Expliquei detalhadamente meu problema para o diretor de vendas Jan van Speybroeck. Eis como foi nossa conversa:

**Eu:** "Os barcos insubmergíveis que vocês estão construindo podem aguentar ondas de quarenta metros de altura sem ir para o fundo? No filme *Mar em Fúria*, esse era o porte delas. Tratava-se da mais devastadora tempestade dos últimos cem anos, com ventos acima de duzentos quilômetros por hora. Pergunto-lhe isso porque espero coisa ainda pior."

**JvS:** "Minha resposta incondicional é sim. Todos os nossos barcos têm casco duplo e são cobertos com uma camada de espuma plástica. Mesmo que os cascos se rompam e a água penetre, o iate continuará flutuando."

**Eu:** "O iate poderá emborcar sem afundar, como às vezes se vê em documentários sobre torneios aquáticos?"

## Barcos insubmergíveis

JvS: "Não. Nossa quilha recebe um peso extra. Caso o iate emborcar, voltará sempre à posição original. As situações que você vê nos documentários jamais ocorrerão com os nossos barcos."

Eu: "Eis o que chamo de boas notícias. Eu ficava preocupado porque, nos tais programas, às vezes o marinheiro fica preso por vários dias, sem poder abandonar o barco."

JvS: "Pois não precisa se preocupar mais. Os iates de competição possuem outro tipo de quilha e são feitos para deslizar o mais velozmente possível. Por isso podem emborcar com muita facilidade. Asseguro-lhe que os nossos, não."

Eu: "Você conta com outros problemas?"

JvS: "Em consequência da rolagem das ondas, o mastro sem dúvida se quebrará e, depois da calmaria, o barco ficará fora de controle."

Eu: "Tem a solução para isso?"

JvS: "Sim. Há a possibilidade de instalar um mastro de emergência. Com os pedaços do que foi destruído e de outras partes do barco, você poderá improvisar outro, menor, do qual suspenderá uma vela. Será menos eficiente, mas muitas embarcações já navegaram longas distâncias graças a esse recurso."

Eu: "Se não funcionar, há outra opção?"

JvS: "O motor a diesel! Basta ligá-lo e rumar para o porto de destino."

Eu: "Diabos, isso pode ser um problema porque, depois da inversão polar, o controle elétrico do motor estará danificado! Assim, não conseguiremos ligá-lo!"

JvS: "Também pensei nisso. Se tal for mesmo o caso, a situação ficará preta!"

Eu: "E há jeito de resolver o problema?"

JvS: "Não, por enquanto não. A única coisa a fazer seria, talvez, levar um pequeno motor de arranque a bordo, que pudesse ser acionado manualmente."

Eu: "E com ele se poderia ligar o motor grande?"

JvS: "Dispondo-se dos acessórios necessários, sim."

Essa conversa traz à luz alguns dos problemas enfrentados por qualquer estaleiro, que, em resumo, são os seguintes:

- Mastro quebrado depois da cessação dos tsunamis.
- Perda de controle do barco porque o motor a diesel não pode ser acionado.

Quem optar por essa alternativa deve levá-los em conta. Qualquer solução criativa será bem-vinda!

Alguns meses depois desse encontro, entrei de novo em contato com Jan van Speybroeck. Entrementes, ele lera boa parte da tradução inglesa de meu primeiro livro, *O Código de Órion*, ficando muito impressionado com a magnitude da catástrofe anunciada. Quando lhe perguntei se desejava sobreviver, sua resposta, por estranho que pareça, foi negativa:

"Veja bem", disse ele, "tudo estará em ruínas. Não sobrará nada, nem comida, nem conforto, nem eletricidade, nem carros... Nada! Não quero viver em tais circunstâncias. Prefiro sentir um pouco de dor e aguardar calmamente em casa o momento final."

Ele não é o único a pensar assim. Depois de ler minhas descrições da catástrofe, poucos estão dispostos a fazer o esforço para sobreviver. Por isso escrevi este livro: é minha derradeira tentativa de reunir um número razoável de "sobreviventes". Conheci alguns marinheiros com um pouco mais de instinto de sobrevivência. Eles fantasiam a ideia de lutar contra as ondas e os furacões – só pelo espírito de aventura. Um deles, muito lacônico, chegou a dizer: "Sim, quero ver isso. Será mil vezes mais espetacular que um passeio pela Disneylândia!"

Se mais gente pensasse assim eu teria hoje uma grande equipe de candidatos à sobrevivência; infelizmente, não é o caso. Aquele marinheiro continua sendo a exceção. Preciso encontrar logo outros como ele.

## Barcos insubmergíveis, mais garantia

A meu ver, esses barcos propiciarão às pessoas uma chance maior de escapar ao cataclismo. Além deles, só há uma alternativa, que é subir às montanhas mais altas de determinadas regiões. No entanto, essa escolha é bem mais arriscada e insegura. Você poderá ser consumido por emanações vulcânicas ou engolido por fendas que se abrirão nas encostas – e, mesmo, ser varrido pelo dilúvio universal. Cabe a você decidir onde quererá estar.

Figura 35. Os barcos insubmergíveis podem contribuir valiosamente para a sobrevivência de nossa civilização, tal qual aconteceu há doze mil anos. No cataclismo anterior, os sobreviventes carregaram consigo uma cuidadosa seleção de livros, graças aos quais foi possível o reflorescimento das ciências. Em 2012, deveremos ter organizado algo parecido. Nossa vantagem é que os iates da ETAP são bem mais resistentes que os *mandjits* dos atlantes.

Gostaria que um número considerável de pessoas optasse pelos barcos. Pessoalmente, fico logo com enjoo de mar: um pouco de correnteza na travessia da França para a Inglaterra já me faz correr para a amurada, mesmo num navio grande. Meu único consolo é que, em 2012, quase todas as pessoas terão enjoo como eu, em meio aos vagalhões e aos ciclones. Mas não acho que a data fatídica me surpreenderá num barco; apesar de todos os aspectos negativos mencionados, o mais provável é que vá me refugiar numa montanha.

Quem estiver pensando em escapar de navio deve levar em conta que os iates da ETAP são pequenos, o que constitui uma desvantagem. Você não poderá carregar muita comida, equipamentos de sobrevivência ou livros. Cada barco só armazenará as coisas mais importantes, de sorte que a biblioteca terá de ser dividida por todos. Os iates de um grupo deverão permanecer juntos, o que conforme o caso será, porém, impossível. Serenado o caos, os sobreviventes terão de reunir forças para alcançar o local de encontro, que talvez não seja fácil descobrir num mundo completamente mudado. Mas é imperativo que todos se reúnam para acumular num ponto só as informações dispersas e construir uma pequena biblioteca o mais depressa possível.

Lembre-se de que, no momento, a ETAP é a única fabricante no mundo de iates insubmergíveis e confortáveis. Se, por fim, meus livros convencerem as massas a entrar em ação e você hesitar por tempo demais, nunca conseguirá adquirir um iate desses. O prazo é curto mesmo para alugar um barco, caso se convença de sua necessidade.

## Licença para alugar um barco

Iates podem ser alugados. Alguns endereços: Costa Azul, sul da Bretanha, Corfu, Gouvia e Maiorca. Em 2012, haverá sem dúvida outros lugares. Mas, para alugar barcos, há um problema: você precisa de uma espécie de carta de motorista, ou seja, terá antes de fazer um curso de navegação. Sem esse documento, não poderá alugar um barco. Portanto, comece desde já a tomar lições ou tenha sempre por perto uma pessoa habilitada!

ETAP YACHTING N.V.
Tel.: +32(0) 3 3124461
Fax: +32(0) 3 3124466
Internet: http://www.etapyachting.com

# 19

# O PROBLEMA DE DETERMINAR A LOCALIZAÇÃO

Hoje o mundo inteiro usa GPS (*Global Positioning System*). Com o GPS, você pode determinar exatamente onde está, com uma precisão quase absoluta. As pessoas dependem o tempo todo da tecnologia GPS mesmo não se dando conta disso. Pergunte a qualquer oficial de marinha ou capitão de navio se eles calculam sua posição com os equipamentos tradicionais; talvez nem saibam mais fazê-lo. O GPS é uma ferramenta importante de nosso moderno sistema navegacional, com aplicações que vão desde o disparo de mísseis até a escolha de uma direção na estrada. O lado negativo da tecnologia é que, quanto mais inteligentes se tornam as máquinas, menos as entendemos.

Antes do GPS, eram usados sextantes, mapas e tabelas para determinar a latitude. O sextante serve para medir o ângulo de um corpo celeste (por exemplo, o Sol ou a Estrela Polar) em relação ao horizonte. Em seguida, converte-se esse ângulo, com a ajuda de um almanaque náutico, no grau da latitude em que estamos por referência aos polos e ao equador. Mas a latitude é apenas metade da equação da localização: a outra é a longitude.

A fim de determinar esta última, precisamos saber a hora local pelo horário de Greenwich (*Greenwich Mean Time*, GMT). Isso exige um cronômetro, que não passa de um relógio muito exato, imune a desvios durante longas viagens e a quaisquer condições climáticas. Obtidas a latitude e a longitude, você poderá determinar sua posição no mapa com bastante precisão. Mas já deve ter concluído que, atualmente, poucos marinheiros no mundo todo sabem navegar usando essas técnicas. Depois da catástrofe, quando nossa tecnologia não mais funcionar, a falta de adestramento provocará sem dúvida inúmeras tragédias.

Em meu primeiro livro, você viu que os clarões solares e as partículas eletromagnéticas emitidas pelo Sol destruirão todos os satélites artificiais em órbita ao redor da Terra. Além disso, a inversão polar gerará violentas correntes indutivas que afetarão todos os aparelhos eletrônicos, não importa onde estiverem, tornando-os imprestáveis. Isso significa que, mesmo antes do deslizamento da crosta terrestre, todo o sistema GPS estará arruinado, de sorte que nenhum capitão ou oficial de marinha saberá onde se encontra no mar, caso não disponha dos velhos equipamentos de navegação. Porém, ainda que disponha deles, nosso conhecimento sobre graus de latitude e longitude será temporariamente inútil! Vou explicar.

## O deslizamento da crosta terrestre e o novo grau de latitude

Depois da inversão polar, a Terra passará a girar no sentido contrário, provocando mudanças impressionantes na superfície. Da última vez que isso ocorreu, a crosta se deslocou cerca de três mil quilômetros em certos lugares. Distância considerável! Isso mostra a violência com que os continentes foram arrastados. Por exemplo, Nova York estaria situada milhares de quilômetros ao norte de onde se acha hoje.

Em 2012, quando o planeta passar a mover-se em sentido contrário, massas de terra serão impelidas para seus locais de origem. Mas até onde chegarão? A resposta, infelizmente, é: "Ninguém sabe". Depois da inversão polar, não será possível calcular os graus nem da latitude nem da longitude! E é nes-

**Figura 36.** Quando saímos das ilhas de Cabo Verde seguindo o mesmo grau de latitude, chegamos automaticamente à República Dominicana. Essa é uma rota de navegação bem conhecida desde a antiguidade e milhares de marinheiros ainda a percorrem.

O problema de determinar a localização

se ponto que encontramos outros problemas graves, como: onde estarão situados os novos portos? Você, de repente, se vê perdido no meio do oceano e seu único ponto de referência – o grau de latitude – já não está onde devia estar. A despeito de todos os seus conhecimentos e preparo, você praticamente voltou à Idade da Pedra. Não há nenhum outro ponto de referência. Como se safará dessa?

Hoje, se você seguir determinado grau de latitude, chegará automaticamente a seu destino. Iniciará, por exemplo, a viagem nas ilhas de Cabo Verde em direção à América; e, acompanhando sempre o grau de latitude inicial, aportará na República Dominicana – tal como Colombo em sua rota de comércio. Nada mais fácil. Qualquer principiante é capaz de fazer o mesmo.

Depois da catástrofe, porém, a situação será bem diferente. A República Dominicana não mais estará no mesmo grau de latitude, que talvez mude em trinta graus ou mais! E para piorar as coisas, não é só isso que mudará!

Falamos, realmente, de um fenômeno cósmico de proporções inimagináveis! Uma vez que a polaridade do interior da Terra se modificará, será impossível encontrar qualquer ponto de referência celeste na mesma posição onde se achava! Com efeito, o Sol se erguerá no ocidente, de modo que não se poderá determinar o grau de latitude. Esse problema tem solução, mas exige tempo e diversos cálculos preliminares. Por fim, você aprenderá a usar outros pontos de referência estelares (como a Estrela do Sul) para saber onde se encontra. Voltarei a esse assunto mais adiante. Antes, tenho de explicar outro fenômeno.

Figura 37. Quando a crosta terrestre se deslocar, algumas massas de terra sofrerão mudanças drásticas. As ilhas de Cabo Verde provavelmente só se afastarão alguns graus de sua atual latitude, mas a América do Sul e a América do Norte talvez se desloquem até trinta graus ou mais! Se você seguir o mesmo grau de latitude, conforme mencionado antes, não chegará à República Dominicana – o mais provável é que vá ter a algum ponto perto do rio Amazonas, no Brasil!

163

## O grau de longitude também mudará acentuadamente

No momento em que o interior da Terra iniciar seu giro em sentido contrário, a litosfera deixará de ficar firmemente ancorada no núcleo. Devido à inércia do envoltório rochoso de nosso planeta, a litosfera se manterá flutuando por algum tempo. Greenwich, na Inglaterra, não mais estará no meridiano zero. Isso coloca para você outro problema: como calcular seu grau de longitude? Já não poderá usar Greenwich como ponto de referência porque essa localidade se encontrará numa posição completamente diferente, numa zona horária muito diversa!

Não tendo a menor ideia de onde se acha, ser-lhe-á impossível determinar sua distância da costa. Por exemplo, caso siga a rota Cabo Verde-República Dominicana, sem dúvida desejará saber em que altura se encontra. Mas, ignorando a posição das massas de terra e navegando à noite ou em meio à névoa, seu barco poderá colidir com escolhos e soçobrar! No entanto, se tiver tomado as devidas providências, disporá de um barco relativamente insubmergível. Embora ele permaneça à tona, sua condição provavelmente não será das melhores. Uma visão nada agradável. Mas, aconteça o que acontecer, convirá navegar em baixa velocidade, para prevenir um naufrágio.

## Impossibilidade de determinar a posição

Será possível evitar todos esses percalços com base em alguns pressupostos? Você conseguirá incluir em seus cálculos a extensão do deslocamento da crosta terrestre? Os eventos sem dúvida ocorrerão na mesma ordem da vez passada. Talvez, com a ajuda de alguns dados elementares, você possa arriscar um palpite sobre sua posição com referência ao panorama novo.

No entanto, essa linha de raciocínio não oferece realmente nenhuma pista. Tudo permanece matéria de adivinhação. Para não dizer muito, você poderá errar em mil quilômetros ou mais, diferença considerável que o impedirá de fazer uma ideia mesmo aproximada de sua posição atual. Colombo estava em situação bem melhor: recorrendo a velhos mapas, sabia como era o mundo conhecido, ao passo que no final de 2012, no meio de um ocea-

O problema de determinar a localização

no cercado por uma geografia completamente nova, nós não saberemos! Podemos então nos perguntar: haverá mesmo resposta a esse problema? Para ser franco, acho que não.

O problema da localização só se resolverá depois que pusermos o pé em terra. Examinaremos os mapas antigos para tentar descobrir o local de desembarque, observando pontos de referência nas imediações numa circunferência de duzentos quilômetros. Será possível determinar a extensão do deslocamento das massas de terra ao longo do grau de longitude se ainda subsistirem referenciais que possamos comparar ao nosso mapa. O mais provável é que tudo tenha mudado. Hoje, a linha zero de longitude corre de Greenwich a Gana; depois da catástrofe, irá presumivelmente de Greenwich à Nigéria. Calculado o novo grau zero de longitude e associado a um novo marco estelar para a determinação da latitude (como a Estrela do Sul), você conseguirá retomar sua rota marítima.

## Projeções matemáticas para um novo mapa

Antes de se fazer ao mar, é aconselhável que você calcule e desenhe um mapa do mundo novo. Não é tarefa tão simples assim. A Terra é redonda e só um globo pode mostrá-la em suas proporções corretas. Cada qual precisará ter ao menos dois globos a bordo. Graças aos cálculos que você já terá feito dos graus de latitude, poderá avaliar com alguma exatidão o deslocamento das massas de terra.

Da melhor maneira possível, determine a nova posição dos polos observando o céu (veja a seguir). Assinale-os no globo e tire este do suporte. No sítio dos novos polos, faça incisões no globo para recolocá-lo no suporte em sua orientação nova. Isso lhe dará uma visão razoavelmente clara das mudanças operadas na Terra, permitindo-lhe arriscar um palpite mais acurado sobre onde se encontra no momento. Apesar das alterações substanciais, haverá boas chances de que as massas de terra tenham permanecido quase intactas.

Desenhar o mapa copiando novos dados cartográficos numa superfície plana resultará, sem dúvida, em distorções. Esse procedimento só tem êxito quando a informação está sendo projetada. Hoje, os mapas de parede mais conhecidos são os mapas de projeção Mercator. As projeções exigem cálculos matemáticos complexos, entre os quais o da expansão do grau de latitude. Isso, além de não ser fácil, requer tempo.

E, para evitar a perda de um tempo valioso, podemos antecipar algumas das mudanças que constataremos e produzir, desde já, mapas que reflitam essa possibilidade. Três versões diferentes de mapas já bastam. A primeira mostrará uma alteração de vinte graus para a América do Norte e a América do Sul; a segunda, de trinta e a terceira, de quarenta. Com esses mapas em mãos, será bem mais fácil cruzar os mares. Contudo, se tivermos de passar sem eles, um globo será de vital importância para nos orientarmos em águas turbulentas.

## O cálculo dos graus de latitude

Não faz muito, um marinheiro chamado Crichton E. M. Miller descobriu um método usado na antiguidade para determinar a latitude. Em seu livro *The Golden Thread of Time*, ele explica em minúcia como esse método funcionava.

O grau de latitude é a distância angular entre um corpo celeste e o equador. Trata-se de uma medida muito simples, mas, para ser precisa, exige algum conhecimento matemático. Miller quis saber como os navegadores conseguiam obtê-la e, depois de longa pesquisa, atinou com um instrumento de mensuração bem cômodo. Esse instrumento por ele redescoberto prova que os marujos antigos eram muito hábeis em matemática, mais hábeis até do que supúnhamos. Para usar esse método "antiquado", você precisa ter excelentes conhecimentos sobre o movimento da Terra, o cosmos, a geometria, a astronomia, a topografia e, é claro, a matemática. O segredo desse instrumento prático de mensuração diz muito sobre o caráter de uma cultura antiga. Graças a ele, os marinheiros determinavam sua posição nos mares e nos mapas-múndi. O resultado foi uma civilização marítima de âmbito global.

Crichton E. M. Miller usou uma régua comum, de um metro, para recriar o instrumento. Posicionou-a como se ela fosse a hipotenusa de um triângulo retângulo (ver Figura 38) oposta a um ângulo de 90°. Na régua, cada centímetro representava um grau.

O problema de determinar a localização

Com o tempo, Miller foi aperfeiçoando o desenho e acrescentou-lhe uma escala exponencial. Para fazer essa escala, basta projetar os graus de um círculo numa régua, conforme mostrado na Figura 38. Olhando-se para a escala da esquerda para a direita, as unidades aumentam à medida que se afastam do centro; as maiores margens de erro ocorrem acima de 60° e abaixo de 30°. Na navegação, um grau equivale a sessenta milhas náuticas, e um minuto a uma milha náutica.

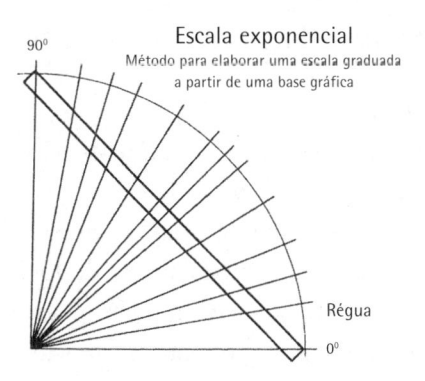

**Figura 38.** Vemos aqui como se constrói um indicador simples de graus de latitude, com o qual você poderá determinar acuradamente esses graus até cerca de dez quilômetros.

Com esse instrumento, os navegadores antigos precisavam apenas ultrapassar o eixo norte-sul, equivalente a algumas dezenas de quilômetros numa régua graduada de cerca de um metro, para determinar a circunferência da Terra. Esse instrumento de medição era usado também no cálculo da latitude, para fixar o ângulo da Estrela Polar (Estrela do Norte) com relação ao horizonte. Assim, comparando esse ângulo com as medidas prévias, os antigos encontravam a diferença que, depois de 111 quilômetros, se reduzia a um grau. Depois, bastava-lhes multiplicar a distância física por 360 a fim de conhecer a circunferência da Terra.

## O signo do Dragão e a determinação do grau de latitude

Se você observar o ciclo inteiro do zodíaco, que dura 25.920 anos, descobrirá qual é a sua posição com referência à Estrela Polar. Ela executa, durante o ciclo, um círculo perfeito no céu. Visualmente, pode-se descrever com facilidade seu giro em torno da constelação do Dragão. Estudando isso em profundidade, você conseguirá associar a localização da Estrela Polar com uma data específica. Assim, calculará sua posição de acordo com a data associada, e vice-versa.

## A Estrela Polar em outra posição

Com o decorrer das eras, a Estrela Polar e a Estrela do Sul se deslocam muito lentamente. De fato, o processo é tão vagaroso que elas parecem fixas no céu... até, é claro, mudar sua posição relativa para o observador da Terra em consequência de uma inversão polar. Povos nativos do mundo inteiro possuem lendas que falam do deslocamento da Estrela Polar. Os lapões, ou povo samisk, que vagam pelas planícies geladas do norte da Escandinávia e da Rússia, contam a seguinte versão: "No derradeiro dia, quando o Arcturo disparar a Seta do Norte com seu arco, os céus desabarão em torrentes e esmagarão a Terra, deixando tudo em chamas".

Depois que o campo magnético terrestre se inverter, o giro interno do planeta mudará e, portanto, mudará também a precessão. Em suma, a Terra entrará numa nova era zodiacal, determinando outro posicionamento para a Estrela Polar. Os cientistas antigos sabiam que isso irá acontecer. Pinta-

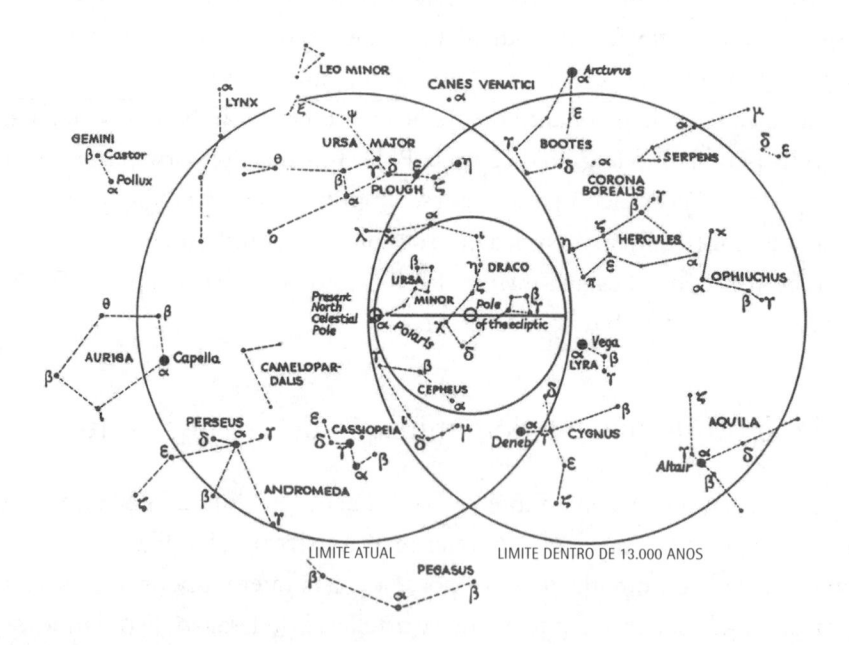

Figura 39. A nova posição do polo sul. Note que Poláris, conhecida como Estrela do Norte, ficará associada ao polo sul. Círculos do céu e da Terra. O circuito do (atual!) polo norte realizado ao longo das eras.

O problema de determinar a localização

vam a constelação do Dragão como uma cobra de pescoço inflado, esticando a cabeça para o céu. Segundo a mitologia hindu, Takashaka, o Rei Naga, causou muitos danos com o veneno incandescente que deitou pelas ventas, à semelhança de um dragão. Ele é o símbolo dos poderes destrutivos que acompanham uma inversão polar.

Juntamente com as eras, a posição da Estrela Polar no céu também se modifica. Num período de 25.920 anos, ela executa um círculo em volta da constelação do Dragão (o círculo menor no meio da Figura 39). Eis uma conclusão da máxima importância porque a inversão do campo magnético polar pode provocar uma mudança súbita na posição da estrela tal qual vista da Terra. Estudando cuidadosamente a constelação do Dragão, é possível determinar onde se encontrará o novo polo sul (atual norte!). Ele poderá estar em qualquer ponto do círculo. Uma vez estabelecida sua localização, saberemos em que nova era zodiacal fomos parar.

Tanto a Estrela Polar quanto a Estrela do Sul levam 25.920 anos para perfazer um círculo no céu. A posição da última é muito mais difícil de

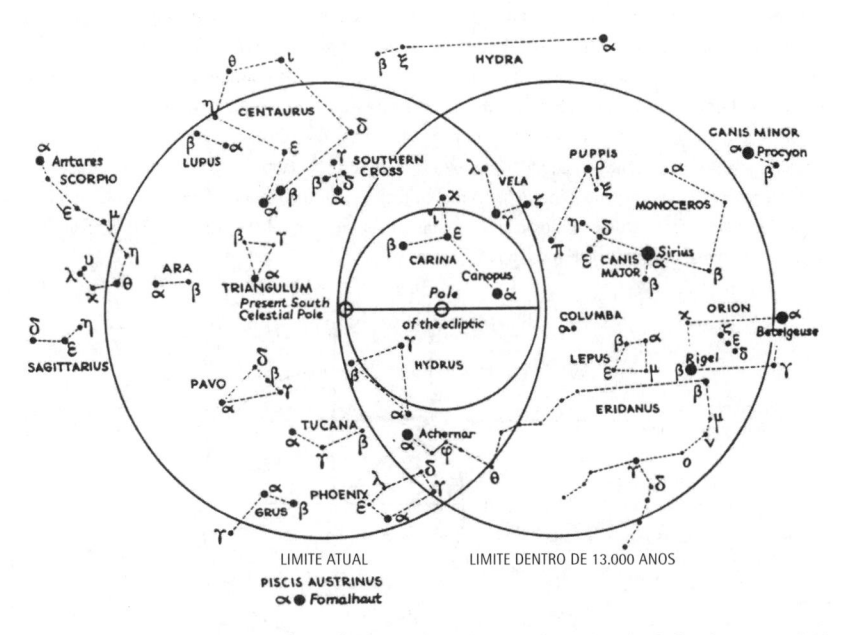

Figura 40. A nova posição do polo norte. Note que o Cruzeiro do Sul e Canopus, hoje associados ao polo sul, ficarão à volta do polo norte.

# Como sobreviver a 2012

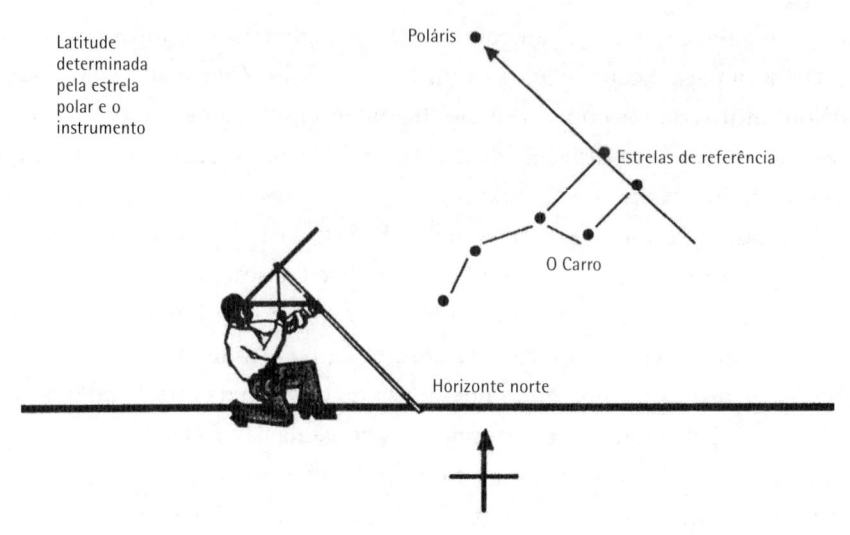

Para determinar a latitude à noite, com céu claro, é preciso primeiro descobrir a Estrela Polar. O polo norte é hoje a estrela Poláris, que encontramos depois de localizar a constelação do Carro. O Carro gira constantemente ao redor de Poláris em sentido anti-horário, do ponto de vista das zonas setentrionais. As duas estrelas na borda externa do Carro são conhecidas como estrelas de referência; seguindo sua linha como no desenho, a próxima estrela avistada é Poláris. Apontando o instrumento para Poláris e lendo os graus na escala, podemos encontrar imediatamente nossa latitude. Isso se dá porque, quando apontamos a barra transversal para a Estrela Polar, a visão é uma paralaxe devida à enorme distância do corpo observado. A linha chumbada sempre penderá para o centro da Terra em consequência da força da gravidade e, portanto, um ângulo entre a estrela e o centro da Terra será detectado. Como o instrumento tem a forma de cruz e a escala está montada do outro lado, pode-se medir o ângulo oposto ao atual entre a estrela e o centro da Terra. O menor ângulo resultante equivale aos 90° de latitude do equador ao polo. Quando o observador se movimenta na direção do polo, seguindo a curvatura da Terra, o instrumento pende para trás, aumentando o ângulo; quando se movimenta na direção do equador, o ângulo diminui. Assim, o ângulo pode ser medido diretamente a partir da escala, obtendo-se a posição latitudinal.

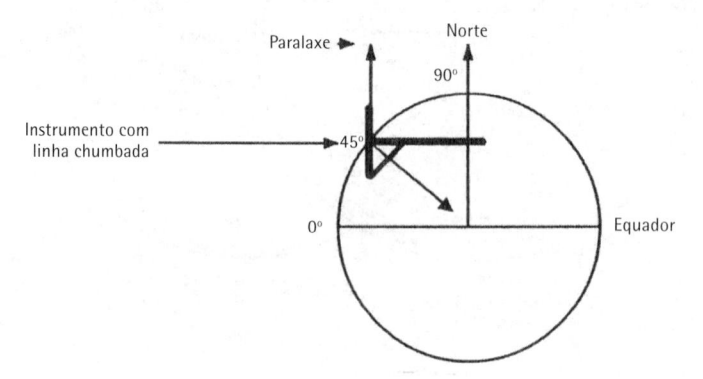

**Figura 41.**   Dessa maneira simples, pode-se determinar o grau de latitude.

determinar que a da primeira porque, à sua volta, há menos estrelas nítidas. O círculo interno na Figura 40 mostra o local onde teremos de procurar a nova Estrela do Norte depois da mudança dos polos. Uma vez determinada sua posição, conheceremos também a da Estrela do Sul, e vice-versa. Pela Estrela do Sul, determinaremos novamente nosso grau de latitude (número de graus da latitude norte).

## A atual Estrela do Sul é mais importante que a Estrela Polar

Hoje, mais gente vive no hemisfério norte que no hemisfério sul, o que não deixa de ser lógico. Observando um mapa-múndi, você notará que existem mais terras habitáveis na zona setentrional que na meridional. No norte estão, por exemplo, países enormes como China, Rússia, Índia e Canadá. No sul, há mais oceanos. Mas isso continuará assim?

Depois da inversão polar ao final de 2012, a América do Norte se deslocará milhares de quilômetros e ficará quase toda coberta de gelo. A Antártida, antiga Atlântida, reaparecerá em parte (livre de gelo) no mapa. É possível que a China e a Índia avancem até o atual hemisfério sul, enquanto a África se desloque um pouco para o norte. Nesse cenário, a atual Estrela do Sul será o ponto de referência mais importante para se determinar a posição. Se escolhermos uma Antártida então hospitaleira para o recomeço da civilização, a vida ali lembrará a que foi há doze mil anos, quando os atlantes cruzavam todos os mares do mundo.

## Conclusões

- Nosso grau de latitude só pode ser determinado por uma medida relacionada a um corpo celeste aparentemente fixo, como a Estrela Polar ou a Estrela do Sul. Vários cálculos nos ajudarão a avaliar o deslocamento da crosta terrestre e a desenhar um novo mapa-múndi. Desse modo saberemos, uma vez findo o inverno nuclear, onde a área mais adequada à vida aflorará.
- A Antártida terá clima temperado e as massas de terra hoje localizadas no hemisfério sul serão bem mais habitáveis. Depois que o nível

das águas baixar, a América do Sul, a Austrália e a região no eixo Tailândia-Malásia estarão com seu território aumentado. Para cruzarmos mares e oceanos, a atual Estrela do Sul (futura Estrela Polar) será de vital importância.

# 20

# ONDE NOS ENCONTRAREMOS DEPOIS DA MUDANÇA CONTINENTAL?

Problema sério será escolher um lugar para nos encontrarmos depois do cataclismo. Você sabe até onde se deslocarão os continentes? Não, claro que não! Infelizmente, devo confessar que eu também não sei. Ninguém pode prever onde pararão os continentes, o que de novo nos leva à estaca zero. E sem esse conhecimento crucial não conseguiremos determinar quais massas de terra apresentarão zonas com clima capaz de sustentar a vida humana.

Hoje, nosso planeta gira em sentido anti-horário. No *Timeu*, Platão descreve assim o deslocamento da crosta terrestre: "O globo executa os mais desencontrados movimentos, para a frente, para trás e depois para baixo, vagando em todas as direções". Esse quadro incomum do comportamento da superfície terrestre condiz bem com uma inversão polar. No final de 2012, ocorrida essa inversão, a Terra começará a girar no sentido horário. A crosta já terá se modificado, empurrando a América do Norte na direção do polo. Será como se o próprio planeta corresse para todos os lados: da esquerda para a direita, de baixo para cima e vice-versa. Há muitos rumos que os continentes poderão tomar! Mas até onde chegarão? Ninguém saberá dizê-lo. Só nos resta especular.

Catorze mil anos atrás, os cientistas de Aha-Men-Ptah calcularam que seu continente inteiro seria completamente destruído por volta de 9792 a.C. Com máxima certeza, previram o novo comportamento da Terra. É muito provável que baseassem suas previsões na inversão polar de 29808 a.C.

Devem ter concluído que o mesmo tipo de mudança ocorreria em 9792, mas ao contrário, com os continentes se deslocando na direção oposta. Depois de muito calcular, ficaram sabendo também que seu continente todo se tornaria o polo sul, excessivamente frio e inabitável. Por isso decidiram fazer planos para um êxodo em massa no dia fatídico. Conforme você leu em meus livros anteriores, muitos conseguiram escapar a despeito das imensas dificuldades que encontraram – entre elas, a guerra civil.

## Sobrevivência e superpopulação

Como os atlantes se prepararam durante séculos para fugir ao último cataclismo, existem hoje bilhões – não milhões – de pessoas vivendo no mundo. Considerando esse fato, deparamo-nos com uma questão moral e ecológica difícil: seria melhor que muitos ou só uns poucos escolhidos sobrevivessem? Por enquanto, a pergunta não precisa ser respondida. Quase ninguém sabe a respeito da catástrofe iminente. E os poucos que sabem não estão muito dispostos a tomar medidas para salvar a *todos*. Talvez só alguns milhares escapem, fração diminuta da porcentagem dos que sobreviveram há doze mil anos.

Os motivos pelos quais sofreremos tamanha devastação são simples: falta de preparo e de planejamento. Da última vez que ocorreu uma inversão polar, os atlantes tinham tomado suas precauções. Construíram número suficiente de barcos insubmergíveis para abrigar todos os habitantes. Elaboraram também um plano de evacuação que ensaiaram bastante para não ser apanhados de surpresa no momento da catástrofe. Hoje não há um número de barcos capaz de recolher todas as vítimas da futura inversão polar. Ninguém está elaborando um plano desses.

## Uma inversão catastrófica?

Caso ocorra uma inversão polar ainda mais desastrosa do que a prevista hoje, todos os planos ora aventados serão inúteis – quer dizer, se todas as massas polares se deslocarem rapidamente para o equador. Uma mudança assim tão drástica terá efeitos desastrosos sobre a vida em escala planetária.

## Onde nos encontraremos depois da mudança continental?

No número de 25 de julho de 1997 da revista *Science*, saiu um artigo provando que essa monumental inversão polar pode mesmo ocorrer. Os fatos foram coletados por pesquisadores do California Institute of Technology e referem-se aos últimos 535 milhões de anos. Os geólogos do instituto descobriram que "uma alteração de 90° ocorreu na direção do giro do eixo terrestre". Massas de terra antes situadas nos polos norte e sul deslizaram ao redor da Terra e pararam no equador. Dois pontos opostos, previamente localizados no equador, tornaram-se os novos polos. Os cientistas, examinando pedras depositadas durante e após esse intervalo de tempo, encontraram provas geofísicas de que os grandes continentes ficaram sujeitos a um gigantesco impulso, uma rápida e catastrófica rotação de enormes proporções que afetou toda a crosta terrestre.

Se enfrentarmos um desastre igual, a humanidade será dizimada. Poucas áreas habitáveis restarão na Terra por algum tempo, dado o fato de que a região sob o polo sul será muito fria, sepultada por imensas camadas de gelo. Chegado ao equador, o continente precisará de tempo para descongelar e sustentar uma população. Áreas hoje habitáveis se tornarão inóspitas, menos capazes de amparar a vida.

Sem dúvida, esse é o pior dos cenários ruins que podemos imaginar. Com base nos fatos, nenhuma mudança tão drástica ocorreu nos últimos 535 milhões de anos. Mas, diga-se de passagem, pode ser que ainda ocorra. Uma ligeira inversão polar já é desastrosa; a de 90° será um horrível pesadelo!

Seja como for, não quero ficar obcecado pelo pior que possa acontecer. Minha teoria repousa numa inversão de trinta ou talvez quarenta graus; um pouco mais

Figura 42. Quando ocorrer a inversão polar e a Terra se puser a girar em sentido contrário, alguns locais importantes terão clima tropical depois da catástrofe. São eles: (1) os Andes centrais; (2) os planaltos da Etiópia; (3) os planaltos da Tailândia e (4) os planaltos da região nordeste de Bornéu. Essas áreas poderão constituir excelentes pontos de encontro para promovermos o renascimento da civilização.

que da última vez, mas estou levando em conta o fato de os períodos entre os clarões solares serem hoje mais longos que antes da inversão polar anterior. Quanto mais preservar sua energia, mais força o Sol liberará ao chegar o momento. Essa me parece uma conclusão bastante aceitável. Espero, portanto, uma mudança um pouco mais acentuada na estrutura superficial da Terra, mas na direção contrária à de 9792 a.C. Queira Deus que eu não esteja enganado ao acreditar nessa estimativa menos alarmante!

Isso nos leva de volta à determinação de lugares com espaço suficiente para garantir a sobrevivência dos humanos. A crosta terrestre é muito dura. Depois da inversão polar, a forma das massas continentais não deverá ser muito diferente da que tinham antes da catástrofe. Localmente, poderão ocorrer modificações consideráveis, mas o todo permanecerá mais ou menos o mesmo. Entretanto, algumas partes subirão acima do nível do mar e outras descerão ao fundo.

O deslizamento à volta da litosfera é o que mais nos deve preocupar. Quando a crosta se desprender da base, os continentes passearão pela superfície do planeta – o que restringirá o número de locais habitáveis. Se, porém, fizermos nosso dever de casa, escolheremos antecipadamente alguns lugares adequados, prevendo um deslocamento de trinta ou quarenta graus para a América do Norte. Sejamos otimistas: a realidade depois do desastre não diferirá muito de pelo menos um de nossos modelos. Graças a estes, estaremos capacitados a escolher diversos pontos de partida para a nova civilização. Numa visão pessimista, o deslocamento pode ser pior do que prevemos, motivo pelo qual é necessário dispormos do maior número de opções possível. Se um local escolhido se revelar inadequado, deveremos ter outros à vista para substituí-lo.

Os pontos de encontro escolhidos são importantes para quem queira sobreviver ao maremoto em barcos insubmergíveis. Depois da catástrofe, esses barcos se dispersarão e os grupos ficarão isolados uns dos outros por vastas distâncias oceânicas – sozinhos, à deriva. Sem um bom plano, as chances de escapar diminuirão consideravelmente, como diminuirá a possibilidade de restaurar a civilização. Quanto maior o grupo, maior a chance de sobreviver. Estabelecendo locais de encontro antecipadamente, oferecemos a todos o ensejo de chegar a um lugar novo onde possam se sentir em

Onde nos encontraremos depois da mudança continental?

casa, juntamente com outros que tiverem o mesmo objetivo em mente. Para que essa realidade se materialize, devemos levar em conta o seguinte:

Os lugares de encontro serão priorizados e limitados a um certo número – no máximo, cinco por modelo, e o mais perto possível do equador para fugirmos ao "inverno nuclear".

Segundo meus cálculos, devem situar-se nestas áreas:

- América do Sul (à altura do lago Titicaca)
- África (Drakensberg, ver Capítulo 22)
- Ásia (Índia, Tailândia ou Bornéu)

Colocaremos as escolhas de nossos locais preferidos na internet antes da data fatal (ver Apêndice).

21

# MONTANHAS QUE SE ERGUEM OU AFUNDAM NO MAR

Se você decidiu ir para as montanhas a fim de sobreviver à catástrofe, é da máxima importância que escolha uma bem estável. Se a montanha se abismar no oceano, a água, cujas correntes são caprichosas e traiçoeiras, irá varrê-la sem piedade. Se a montanha se erguer, não terá de se preocupar com a água; mas outros perigos o rondarão, como rochas que despencam ou torrentes de pedregulhos que deslizam. Neste capítulo, examinaremos um problema muito difícil e tentaremos dar-lhe resposta: como saber, antecipadamente, se uma montanha vai se erguer ou afundar?

Em *The Path of the Pole*, o professor Charles Hapgood faz algumas observações interessantes sobre o tema da redistribuição geológica. A seu ver, é de fato possível antecipar o movimento provável de uma montanha. Ele explica que, quando a crosta inteira da Terra deslizar, alguns pontos diametralmente opostos do planeta avançarão para o equador e outros, para os polos. Para entender melhor essa descrição, observe um globo.

Se o examinar cuidadosamente, verá que há ali uma ligeira protuberância ao longo da linha que representa o equador. Essa protuberância significa que a pressão nos polos, provocada pela velocidade de rotação da Terra, arrasta ao mesmo tempo o polo sul e o polo norte. No caso de uma violenta inversão polar, a área da crosta que cobre o equador se deslocará como tudo o mais. Para isso acontecer, é necessário haver força suficiente para empurrar a crosta rígida que está sob os continentes no rumo da protuberância ao

Montanhas que se erguem ou afundam no mar

longo da linha do equador. A porção arremessada na direção do equador terá de se estirar; e a que se dirigir para os polos será comprimida.

## Que continentes se deslocarão?

Convém saber em que direção a crosta terrestre deslizará para descobrir quais áreas serão afetadas quando a litosfera começar a estirar-se ou comprimir-se. A Europa, a Ásia e a África estão ligadas e, por isso, compreendem uma massa continental bem maior que as Américas juntas. Dadas as leis físicas da inércia e da fricção, é certo que os continentes de massa menor serão arremessados para mais longe sob o efeito da força da inversão polar. Assim, como possuem massa relativamente pequena, a América do Norte e a América do Sul estarão mais distantes do sítio original depois do cataclismo.

Em nosso modelo, ignoraremos os oceanos entre os continentes porque sua água será deslocada.

O mapa-múndi na Figura 43 mostra que as Américas do Norte e do Sul têm massa bem menor que a da África, Ásia e Europa conjugadas. Quando o interior da Terra se puser a girar na direção contrária, o Novo Mundo, com seu território menor, irá para bem longe de sua atual localização. Nesse planisfério, você pode notar claramente a diferença de tamanho entre as Américas e o bloco formado pela África, Ásia e Europa, que constituem metade das terras do mundo. Alguns cartógrafos esticam a imagem das massas

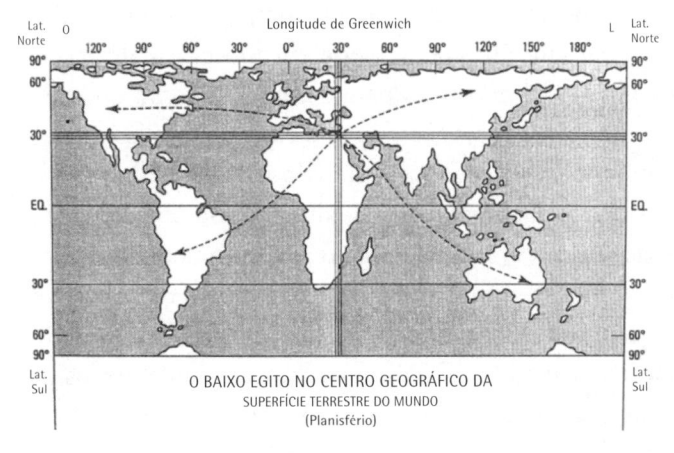

O BAIXO EGITO NO CENTRO GEOGRÁFICO DA SUPERFÍCIE TERRESTRE DO MUNDO
(Planisfério)

**Figura 43.**

localizadas em elevados graus de latitude e nos dão uma impressão falsa de suas dimensões. Mas olhe um globo e entenderá o que digo. O globo, por ter a mesma forma que a Terra, mostra todos os continentes em sua proporção correta.

## Consequências do movimento na direção do equador

Quando a litosfera se deslocar na direção do equador, será forçada a estender-se, pressionando fortemente a crosta terrestre. Essa pressão se alivia sob a forma de terremotos e erupções vulcânicas. Resultado: a litosfera, ao deslocar-se pela linha do equador, se abrirá em inúmeras fissuras que rasgarão a dura superfície rochosa da Terra. Imediatamente o magma líquido, incandescente, subirá da base da litosfera pelas fendas.

A fim de visualizar as consequências de um deslizamento de tamanha magnitude, é preciso ter ideia de como esse movimento se relaciona à distância. Tomando-se a Terra como um todo, a diferença entre o diâmetro equatorial e a linha de polo a polo chega a aproximadamente 43 km. Portanto, as circunferências diferem em aproximadamente 135 km. Suponha, por exemplo, que a litosfera se desloque tanto que determinado ponto de um dos polos atuais avance para o equador. A fim de ultrapassar a linha equatorial, a circunferência polar precisará então encolher metade dessa distância, ou seja, 67,5 km – o que equivale a uma expansão de aproximadamente 170 cm/km. Como a última inversão atingiu cerca de 30° (ou um terço da distância entre o polo e o equador), a expansão média foi de mais ou menos 56 cm/km. Entretanto, seria enganoso visualizar a crosta terrestre, no movimento de expansão para o equador, como dividida em frações iguais. No mundo real, coisas assim não existem. Melhor concluir que a litosfera ficará sujeita a rachaduras devido à violência da pressão sobre os pontos mais fracos e, convulsionada, aliviará essa pressão deslocando-se.

A pressão sobre a crosta ao longo de uma linha de fissuras pode ser aliviada se ela se mover junto a uma linha de fissuras correspondente, situada a centenas de quilômetros de distância. A litosfera não é muito elástica e, por esse motivo, expande-se mais quando movimenta blocos despedaçados de continentes e frações da crosta terrestre. De um modo geral se pode dizer que, quanto menos fissuras houver na litosfera, mais dispersos ficarão esses

Montanhas que se erguem ou afundam no mar

fragmentos recém-separados de terra. É até possível que a expansão total da litosfera fique concentrada nuns poucos lugares críticos, transformando-se em depressões oceânicas. Mas é seguro dizer que algumas massas de terra chegarão mais longe que outras, no rumo do equador, com o volume maior de redistribuição ocorrendo ao longo do eixo do deslizamento polar. É ali que surgirão as primeiras fissuras de grande porte da litosfera. Numerosos pontos situados de permeio se moverão proporcionalmente com referência ao eixo. Todavia, a 90º dessa linha, pouco ou nenhum movimento ocorrerá.

## O próximo deslizamento e seu impacto sobre as áreas de fissuras

Em 9792 a.C., a América do Norte se moveu na direção do equador. Como tudo ocorrerá ao contrário da próxima vez, as mesmas massas refluirão para o polo. A Figura 44 mostra a litosfera tal qual aparecerá depois do retorno ao polo. O movimento das massas atuais se dará do polo sul ao polo norte, com o eixo atravessando o continente norte-americano. A América do Sul, chegando ao equador, terá de dilatar-se. A América do Norte, dado que rumará para o polo, será forçada a contrair-se.

Convém ter em mente a estrutura rígida da litosfera; ela não é nem muito elástica nem muito resistente devido à variabilidade de sua espessura. Como esperamos diferenças nas forças que se exercerão sobre as massas de terra hoje existentes, podemos prever também as reações locais. Nas figuras 44 a 46, ilustramos nossas previsões para que você constate os principais resultados. As fissuras correrão em dois sentidos. No eixo polar ocorrerá a grande mudança, com fendas e pequenas gargantas mais para a direita.

O homem que levou adiante essa teoria, James A. Campbell, afirma que inúmeras fendas se abrirão paralelamente umas às outras. Muitas delas, menores, em ângulo reto com as maiores, formarão uma espécie de grelha. Campbell sugere um método para visualizar esse cenário. Junte as mãos com os dedos entrelaçados. Agora imagine que está segurando uma esfera entre as palmas e que essa esfera começa a inflar, forçando os dedos a abrir-se. O espaço entre as mãos é uma fenda grande; os espaços entre os dedos são as fendas pequenas. Outro aspecto importante das fendas é mostrado na Figura 45. As áreas em movimento rumo ao equador abrem-se a partir da

Como sobreviver a 2012

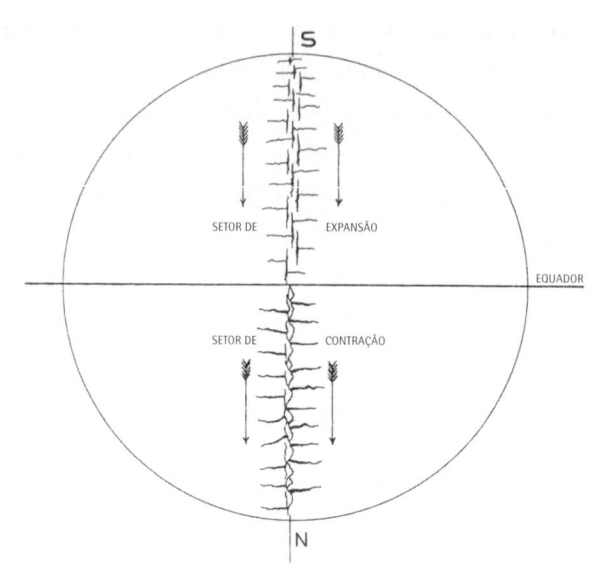

Figura 44. O impacto que o próximo deslizamento provocará nas áreas de fissuras.

base e, quase imediatamente, ficam cheias de magma. A linha que escurece gradualmente, no lado direito da figura, ilustra esse fenômeno. Ao mesmo tempo, as fissuras abertas nos continentes que avançaram para o polo estão fortemente comprimidas, dificultando a ascensão da lava para a superfície.

A Figura 45 mostra os diferentes efeitos de um deslizamento da crosta terrestre. O quadrante superior direito é a área pela qual a América do Sul se moverá na direção do equador. Aqui, as fendas aparecerão sob a litosfera e logo ficarão cheias de magma. (ilustrado pelo engrossamento da linha escura). Quanto maior for o deslocamento ao longo do equador, mais larga será a fenda e mais abundante o fluxo de lava. A Argentina e o Brasil se deslocarão cerca de 30°, o que provocará intensa atividade vulcânica. A América do Norte, no quadrante inferior direito, avança para o polo. A litosfera, tal qual mostrada aqui, se abrirá debaixo da superfície terrestre devido à compressão de suas camadas rígidas e apresentará, por isso mesmo, menos atividade vulcânica. A linha pontilhada fora da esfera, no quadrante inferior direito da ilustração, aponta para onde, teoricamente, as massas de terra serão redistribuídas caso não sejam arrastadas para baixo de outros continentes e esmagadas pela gravidade.

Montanhas que se erguem ou afundam no mar

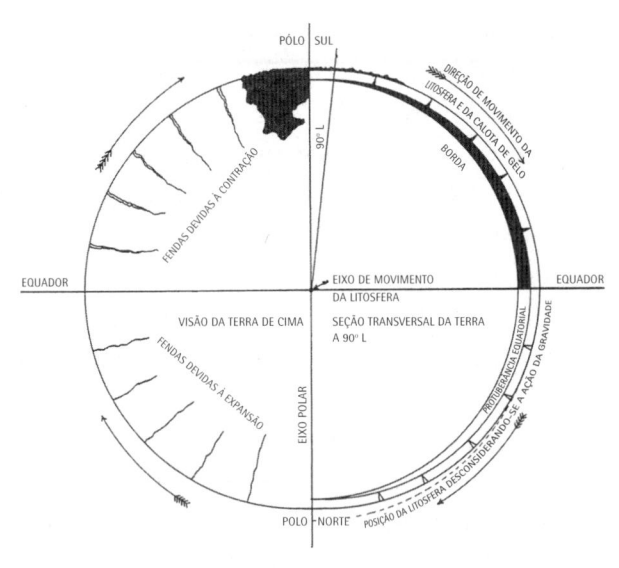

**Figura 45.** O deslizamento da litosfera: visão de cima.

## A força que cria montanhas

A Figura 45 mostra uma das formas pelas quais surgem as montanhas. Quando a litosfera desliza sobre a linha do equador, a gravidade começa a afetá-la. Em outras palavras, a área superficial polar diminui sob o efeito da compressão, conforme se percebe pelo raio menor dos polos e o encolhimento das massas de terra situadas perto dessas regiões. A gravidade é muito forte no equador: provam-no as massas bem maiores que circundam seu perímetro. Você pode também ver as coisas da seguinte maneira: a parte da crosta terrestre que a força da gravidade puxa para baixo precisa de um lugar aonde ir; mas, como a massa é grande demais para o espaço disponível, ela se contrai. Assim, a gravidade "global" comprime a litosfera num espaço relativamente pequeno. Por exemplo, se um pedaço da litosfera deslizar do polo ao equador, terá de expandir-se e depois dobrar-se sobre si mesmo a tal ponto que projetará montanhas de quase dez quilômetros de altura.

Na Figura 45, a linha pontilhada representa a altitude. Na realidade, os picos montanhosos do equador não estão mais longe do centro da Terra do que as áreas planas. Se considerarmos sua distância do ponto mediano do planeta, a altura não muda. O que muda depois que a cadeia de montanhas se formou é a superfície do continente à sua volta. Uma diferença de dez quilômetros entre as montanhas e a planície surge porque a gravidade atua sobre elas. Teremos aqui a resposta ao enigma que são as forças responsáveis pela formação das montanhas? As montanhas não são empurradas para cima; a superfície é que baixa em consequência da força da gravidade e só se ergue quando a massa fica grande demais.

A Figura 46 mostra a grande fenda no eixo que atravessa a América do Norte. Conforme mencionado acima, as forças mais poderosas exercidas sobre a litosfera atuarão ao longo do eixo alinhado com a área onde ocorrerão mais mudanças. Por isso só um meridiano é mostrado. No meio do círculo, acima das linhas pontilhadas, vemos as fendas que se formarão abaixo da crosta terrestre. Em 2012, a litosfera se esticará e provocará o afundamento de montanhas entre o Peru e a Argentina. Na área abaixo das linhas contínuas aparecem os lugares onde a compressão talvez provoque o surgimento de áreas montanhosas (América do Norte).

## Eletrocussão em larga escala

Sobreviventes: advirto-os de que raios extremamente violentos serão um fenômeno com o qual vocês deverão contar. Esses impactos elétricos são muito perigosos para as coisas vivas. Como, no alto das montanhas, a velocidade do vento é maior que nos vales, ali o raio pode cair sem prévio aviso. Furacões e outros fenômenos climáticos, provocados pela inversão polar, nos brindarão com um formidável espetáculo de coriscos semelhante a uma queima de fogos. Mas o perigo será então bem mais grave que numa festa iluminada por rojões, de modo que você terá de esconder-se, cavando um buraco ou correndo para uma caverna.

Didier Ulrich, do serviço meteorológico suíço, avisa: "Infelizmente, o corpo humano é um ótimo condutor de descarga elétrica, bem melhor que a pedra. Por isso, não se encoste numa árvore ou coisa parecida, pois o raio busca o que lhe oferece menos resistência – ou seja, nós. Também não é recomendável correr quando está relampejando porque assim você aumenta a diferença de voltagem entre seus pés. Por isso o gado se torna alvo mais fácil que os humanos: suas pernas ficam mais afastadas que as nossas. Se os alpinistas não

Montanhas que se erguem ou afundam no mar

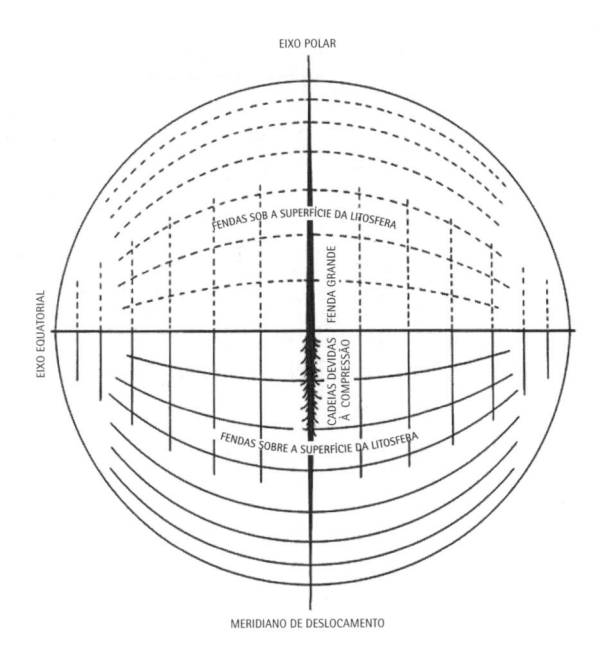

Figura 46.

puderem encontrar abrigo, o melhor que farão será sentar-se em suas mochilas, de preferência numa superfície rochosa, não se mexer e rezar."

## Conclusão

Os índios vilelas e tobas da Argentina legaram-nos diversas histórias que narram como foi difícil a sobrevivência por ocasião da última inversão polar. Falam de um espírito ofendido que sacudiu e fez tremer o mundo, mergulhando-o em espessa treva durante um ano inteiro. Quando as fontes comuns de alimento diminuíram ou se esgotaram, as turbas famintas devoraram seus cães. E quando a situação piorou mais ainda, comeram seus filhos. Dizem os tobas que o cataclismo foi necessário para poupar o mundo à superpopulação.

Se você examinar um mapa-múndi verá que, no caso do Peru, uma das últimas áreas a ultrapassar completamente o equador em 9792 a.C., grande parte da costa se comprimiu e projetou montanhas bem acima da zona circunvizinha. Essa atividade formou o lago mais estranho do mundo, o Titicaca, que contém cavalos-marinhos embora seja agora de água doce. Durante os próximos eventos de 2012, o Peru se deslocará na direção contrária, quando então o Titicaca será "puxado para baixo" e depois, talvez, empurrado de novo para cima. As cordilheiras que rodeiam o lago, da Bolívia até a Argentina, se esticarão em parte e provavelmente afundarão na terra – mas, em que medida, não se sabe.

Para fugir ao ímpeto do maremoto, você precisará estar numa montanha com altitude de pelo menos três quilômetros acima do atual nível do mar. No entanto, como acabei de dizer, convém lembrar que, durante a próxima inversão, não teremos certeza se a montanha escolhida irá subir ou afundar-se, com isso acarretando o risco de nos afogarmos apesar de todos os esforços em contrário.

Bem mais longe, na Índia e na China, as pessoas também notarão uma mudança em seu grau de latitude ao final de 2012. O cenário será o mesmo da América do Sul: as montanhas ruirão. Algumas, porém, continuarão habitáveis em pleno cataclismo devido à sua grande altura. Se você descer de cinco para três quilômetros, ainda permanecerá bem acima do nível do mar e escapará ao maremoto.

Como várias informações importantes foram prestadas neste capítulo, releia-o atentamente e estude todos os dados. Só então poderá, com base sólida, fazer a escolha lúcida do melhor lugar aonde ir para sobreviver.

22

# LUGARES MAIS PROPÍCIOS À SOBREVIVÊNCIA

Depois do cataclismo de 9792 a.C., restabelecer os centros agrícolas foi uma alta prioridade para os sobreviventes interessados em restaurar sua civilização destruída quase por completo. Eles sabiam que a única maneira de garantir o futuro seria contar com um suprimento constante de alimentos; mas plantá-lo não era tarefa fácil e acabou por se tornar enfadonha. Praticamente cada palmo da terra outrora arável estava saturado de sal marinho. Por isso, ante o medo de novos maremotos, nossos ancestrais se muniram de uma coragem inquebrantável, enfrentaram seu novo ambiente e restabeleceram a civilização em altitudes bem mais elevadas que aquelas a que estavam acostumados.

Podemos determinar quando a Atlântida foi destruída estudando a história da criação de animais, o cultivo de plantas e outros experimentos agrícolas.

Uma das formas mais diretas de descobrir a origem geográfica de uma espécie cultivada é encontrar um local onde ela cresça espontaneamente, sem a ajuda dos humanos. Essa ideia induziu um entusiasmado botânico russo, Nikolai Vavilov, a iniciar sua coleção de mais de cinquenta mil plantas selvagens. Graças a esse trabalho, Vavilov conseguiu determinar oito diferentes locais de origem e concluiu que existe um vínculo direto entre eles e as montanhas mais altas da Terra. A seu ver, "a maioria das culturas descende de plantas oriundas de zonas bem acima do nível do mar". Sua pesquisa mostra claramente que, pouco antes de 9792 a.C., a agricultura renasceu em montanhas com altitude de 1.500 m acima do nível do mar!

Devemos ter em conta esses dados ao planejar nossa sobrevivência. Vavilov mostrou que a zona onde ocorreu o desenvolvimento inicial de nossas culturas mais importantes situa-se num cinturão entre 20° e 45° de latitude norte. Na América do Sul, esse cinturão acompanha a cadeia de montanhas em linha reta do Equador à Argentina e do sul do México à Costa Rica. Na Ásia, a civilização prosperou no alto das cordilheiras da Malásia, Tailândia, norte de Bornéu, Himalaia e Hindu Kush. Na África, a vida recomeçou nos planaltos etíopes, como também nas montanhas do Marrocos e da Argélia. Os Apeninos e os Bálcãs se tornaram a fonte da vida nova na Europa.

Como se vê na Figura 47, colocando Aha-Men-Ptah no centro do mundo podemos encontrar facilmente os locais de origem da agricultura. Com a inversão polar de 9792 a.C., ondas de pelo menos 1,5 km de altura mergulharam as terras baixas em água salgada, contaminando-as e inutilizando-as para uso agrícola. Os sobreviventes foram forçados a subir as montanhas, onde recuperaram a agricultura e a criação de animais. Surgiram também algumas civilizações rudimentares nas montanhas, mas bem abaixo dos povoamentos mais adiantados. Precisamos elaborar um plano de ação semelhante para depois da catástrofe de 2012. Certos locais onde civilizações renasceram poderão servir de novo.

À medida que corriam os anos, os sobreviventes da tragédia de 9792 a.C. foram pouco a pouco descendo para as áreas mais baixas. Governantes novos que eram, conseguiram reencetar sua marcha sem que nada os pudesse deter. Conhecemos os resultados e, como sobreviventes, teremos de fazer o mesmo. A inversão polar causará tantos danos que vastas áreas da Terra se tornarão temporariamente inabitáveis: florestas desaparecerão, animais se afogarão, terras antes férteis ficarão imprestáveis, o clima se tornará insuportável, etc. De qualquer ângulo que se contemple esse cenário, a única estratégia viável de sobrevivência consiste em esperar que a natureza se recupere do violento abalo sofrido.

Figura 47. Os centros de origem da agricultura segundo Vavilov.

Onde nos abrigaremos do maremoto? Que áreas serão mais propícias à nossa

Lugares mais propícios à sobrevivência

meta de sobrevivência depois de um acontecimento que modificará radicalmente a vida? Logo depois que as ondas recuarem, precisaremos nos estabelecer provisoriamente nas montanhas mais altas onde, por sorte, a terra arável não ficará contaminada pela água marinha. Dali governaremos o que restou de um mundo em ruínas, pessoas espoliadas de seu passado, sem lar, com uma visão incerta do futuro. Teremos de tirar o melhor da situação. Mas aonde iremos?

Para saber qual será o sítio mais adequado, precisaremos visualizar os efeitos que o deslocamento da crosta realmente provocará nas massas de terra. Como visto acima, nosso planeta não é uma esfera perfeita, de modo que algumas áreas serão comprimidas ao movimentar-se para os polos e outras se estirarão ao avançar para o equador. A compressão da crosta gera atividade vulcânica subterrânea, que por seu turno multiplica as erupções na superfície. Já o estiramento entre as placas tectônicas resulta em fendas, sulcos e fraturas por toda parte. Mas convém ter em mente, sobretudo, que os continentes mais distanciados de sua localização atual sofrerão as mudanças mais drásticas.

Os habitantes desses continentes sucumbirão ao abraço da morte. Podemos imaginar as histórias e lendas que serão contadas por nossos pósteros ao descobrir os imensos cemitérios deixados como testemunho da imensa catástrofe que torturou o planeta. Frente a essa descoberta, estou certo de que os velhos mitos serão resgatados – histórias de como uma civilização esquecida avançou orgulhosamente para seu próprio fim e de como seus

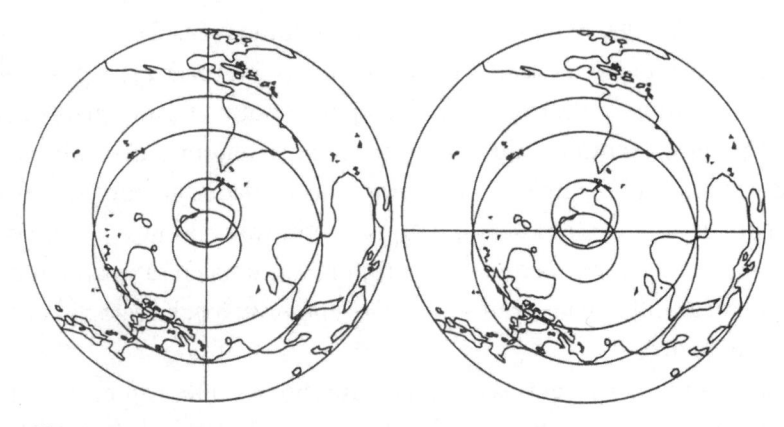

Figura 48.

mais hábeis cientistas nunca suspeitaram do desastre próximo, embora houvessem recebido dos ancestrais informações a respeito do que logo aconteceria. Enfim, saber-se-á que essa civilização foi violentamente despedaçada por um horrendo cataclismo, permanecendo daí em diante, pelo que parecia uma eternidade, sob grossas massas de neve e gelo. Pais contarão essa história a seus filhos, falando de uma antiga civilização avançada que conquistara a Terra e o espaço; mas então estarão falando de nós, de nossas vidas, não de nossos tempos remotos ou de lugares como a Atlântida.

Quando a crosta terrestre se deslocar de novo em 2012, a América do Norte é que sofrerá as mudanças mais acentuadas. Num dia, grande parte do continente desaparecerá sob o polo norte. Como da vez anterior, o fenômeno varrerá populações inteiras de espécies animais, juntamente com bilhões de representantes da mais evoluída civilização que já existiu.

A África, ao contrário, mudará pouco; é, pois, nesse continente que teremos as melhores chances de sobreviver ao cataclismo. No primeiro desenho da Figura 48, a linha representa a área que será mais afetada pela inversão polar. Note que a África está bem longe dessa linha. No segundo desenho, a linha horizontal atravessa a área que menos sofrerá mudanças. A única massa considerável que ela cruza é a África, significando que esse grande continente permanecerá, pela maior parte, como é agora.

## Quais os resultados concretos de um deslocamento da crosta terrestre?

Muita coisa dependerá da magnitude da mudança. Quanto maior for ela, mais violentas serão as alterações climáticas. Algumas áreas ficarão bem mais frias porque se deslocarão para os polos; outras ficarão mais quentes devido ao movimento em direção ao equador. E algumas não sofrerão nenhuma mudança no clima. Se você examinar cuidadosamente esses dados, perceberá que as regiões a serem poupadas equivalem às mesmas áreas que pouco sofreram depois da inversão anterior. Mas uma coisa é certa: mudanças climáticas influenciarão em definitivo a possível localização das civilizações emergentes.

Como a mudança será nas mesmas proporções que a anterior, embora em sentido inverso, os planaltos da Etiópia e da Tailândia conservarão um clima estável. Essas áreas são historicamente importantes porque parece ter sido lá que a agricultura renasceu depois da última inversão polar. Elas se situam entre a atual e a futura linha do equador e, mais significativo ainda, receberão uma quantidade igual de luz solar durante o ano. Sem dúvida, os planaltos etíopes constituirão um oásis para nossa sobrevivência sobretudo porque, nas primeiras centenas de milhares de anos depois do derradeiro cataclismo, ali choveu abundantemente em consequência do derretimento dos gelos e da mudança das zonas climáticas. Podemos, pois, esperar coisa parecida. Vaporização significa chuva. Áreas desérticas florescerão por longos períodos. Depois que o gelo se derreter, porém, elas começarão aos poucos a esquentar até atingir temperaturas insuportáveis, obrigando-nos a buscar outras regiões.

## Uma montanha não vulcânica na África do Sul

Aonde iremos para iniciar uma nova civilização e como chegaremos lá? Tentei, durante anos, montar esse quebra-cabeça difícil! Os atlantes sobreviveram graças a seus barcos, mas nós precisamos fazer o mesmo? Absolutamente, não! Acho, sem dúvida, que haverá maior chance de escapar ao desastre se usarmos os barcos insubmergíveis fabricados pela ETAP; mas, por razões já expressas acima, não creio que essa vá ser minha estratégia. Não devemos ignorar o fato de que, outrora, muita gente sobreviveu refugiando-se nas montanhas mais altas. Se quisermos sobreviver também, teremos de nos preparar para agir da mesma maneira: só disporemos de uns poucos barcos insubmergíveis.

Depois de muito ponderar, escolhi a África do Sul como minha futura morada. Meus motivos são os seguintes: há pouca poluição na África, que tem clima subtropical e, historicamente, não mudou muito depois de 9792 a.C. As montanhas Drakensberg, na África do Sul, oferecem uma opção que parece digna de exame mais aprofundado. Se essa cordilheira não ruir – meus estudos foram longe para provar que haverá pouca mudança na região e, portanto, poucos soerguimentos e abaixamentos de terra –, sua altitude será suficiente para resistir ao maremoto. E, o que é mais, o clima dessa região sul-africana, de verão em dezembro, continuará agradável pelo fato de sua proximidade do equador não se alterar muito. As montanhas

**Figura 49.** O desenho mostra a localização provável das montanhas Drakensberg depois da inversão polar de 2012. Como se vê, sua posição em relação ao equador não mudou muito. O lugar é ideal porque se trata de uma elevação não vulcânica bem longe de outros vulcões. Nos primeiros anos depois da catástrofe, a civilização poderá encontrar abrigo ali.

Drakensberg são, é claro, apenas uma de nossas opções. Poderemos também erguer acampamento no monte Kilimanjaro. Quanto mais perto do equador, mais quente e melhor será o clima da região porque a gigantesca nuvem de poeira levantada depois do evento bloqueará a radiação do Sol, mergulhando-nos em algo parecido a um inverno nuclear.

Há, porém, um grave risco na escolha do Kilimanjaro: poderemos morrer devido à crescente atividade vulcânica. Devemos, pois, observar cuidadosamente os prós e os contras de qualquer escolha viável. Não serei eu a dizer ao leitor que ele não sobreviverá nas vizinhanças do monte Kilimanjaro, embora essa área vá se tornar muito quente. Diga-se o mesmo dos montes Atlas, no Marrocos. Há doze mil anos, uma considerável atividade vulcânica foi provocada pela inversão polar e o subsequente deslizamento da crosta terrestre. A repetição desse fenômeno incontrolável vai nos colocar sem dúvida diante do mesmo problema, o despertar de vulcões há muito adormecidos.

No entanto, a menos que me convençam do contrário com respeito a 2012 e eu mude minha maneira de pensar, serei visto em carne e osso montando minha tenda nas montanhas Drakensberg. Se lá fizer muito frio depois do acontecimento, sempre poderemos subir para latitudes mais altas. Quem me acompanhará?

## Outro deslizamento da crosta terrestre

Ainda que a crosta terrestre se modifique de maneira diversa da esperada, as montanhas Drakensberg continuarão sendo uma das melhores opções. Se, por exemplo, a África deslizar trinta graus para o norte, ficará em

Lugares mais propícios à sobrevivência

cima do equador, o que ajudará a manter um clima mais agradável na região. Se descer para o sul, afastando-se do equador, poderemos enfrentar a mudança climática até conseguir um sítio mais hospitaleiro para morar. Felizmente, não nos veremos em nenhuma dessas situações; mas, se ocorrerem, as violentas erupções vulcânicas, o soerguimento e abaixamento de montanhas, além de outras forças, destruirão o continente. No pior dos casos, não seria absurdo que as montanhas Drakensberg afundassem na terra, deixando-nos à mercê do maremoto. Cruzemos, pois, os dedos e tenhamos fé em que isso não acontecerá.

## Cada qual deve decidir por si mesmo

A decisão, porém, é do leitor e só ele escolherá seu lugar de refúgio depois dos eventos catastróficos. Cada um resolverá onde e como pretende sobreviver. Estudei tudo, analisei todas as opções várias vezes e fiz a minha escolha. Obviamente, nunca há certezas absolutas em casos como esse, mas fiz o melhor para explicar bem as coisas. Acredito que só sejam possíveis diferenças mínimas nesse cenário e espero que o maior número de pessoas possível decida se encontrar comigo nas montanhas Drakensberg. Assim, tenho certeza, nossa civilização poderá ser salva.

23

# O FIM DOS TEMPOS

Inúmeros fósseis e outros objetos bizarros são encontrados nos locais mais inviáveis de nosso planeta. Quando os escavamos, é como se achássemos as peças de um imenso quebra-cabeça histórico. Mas, e se esse quebra-cabeça for realmente uma mensagem, uma advertência para o futuro? Conchas e esqueletos de animais marinhos foram encontrados no Himalaia, provando que num passado distante peixes nadavam naquelas alturas. Portanto, em determinada época, o Himalaia estava abaixo do nível do mar! Hoje a Eurásia se ergue a quatro mil e quinhentos metros, ou mais, acima desse nível. Em *Our Mobile Earth*, R. A. Daly escreve: "Do ponto de vista geológico, não faz muito que a planície de New Jersey à Flórida estava sob o mar. Nesse tempo, a arrebentação ia até os Velhos Montes Apalaches. Antes, a parte sudeste da cordilheira se encontrava abaixo do nível dos oceanos, coberta por uma camada de areia e lama que se adensava nas proximidades da costa. Depois, esse sedimento marinho em forma de cunha se ergueu e foi cortado por rios, o que resultou na costa atlântica dos Estados Unidos".

De que modo as depressões marinhas de eras remotas se transformaram em planaltos localizados a elevadas altitudes? Quais as causas dessas forças monumentais que comprimem e levantam rochas para depois triturá-las? Só as inversões polares e os deslizamentos da crosta podem explicar o fenômeno. As forças contrárias que acompanham essa atividade geológica "ergueram" continentes a partir do fundo do mar e "levantaram" montanhas. Em 2012, a aparência de muitas áreas mudará. Novas cordilheiras se formarão e outras desaparecerão. Daqui a alguns milhares de anos, contar-se-ão

O fim dos tempos

histórias sobre uma época em que as pessoas conseguiam ir à Lua e descer em Marte com suas naves espaciais. Falarao dos aeroplanos ultra-avançados que eram construídos e de como esses povos antigos pesquisavam as profundezas do oceano. Com tudo isso, porém, seu fim foi pior que o da civilização prévia, pois a despeito de um conhecimento sofisticado eles não puderam antecipar os eventos responsáveis pela ruína do mundo tal qual era conhecido.

Depois de 21 de dezembro de 2012, as pessoas farão sobre o fim dessa era o mesmo relato que fazemos do fim da anterior: "A Terra nutriz esmagada, em chamas... o país inteiro queimando... foi como se a superfície e o vasto Céu arremetessem um contra o outro".

Eis a descrição do pior desastre sucedido no passado distante – um incêndio global acompanhado de horrendos terremotos, erupções vulcânicas aos milhares, "levantamentos" de montanhas, rugidos do solo que se fendia, a fúria dos ciclones e um dilúvio colossal.

Em muitos lugares esse acontecimento ainda é lembrado. As eras maias receberam seus nomes dos sóis sucessivos: Sol de Água, Sol de Terremoto, Sol de Furacão e Sol de Fogo. Esses sóis nos falam de épocas relacionadas a diversas catástrofes que assolaram o mundo. Em seu livro *Researches II*, Humboldt Gommara, escritor espanhol do século XVI, conta o seguinte: "As nações de Culhua, no México, acreditam (e vemo-lo em seus hieróglifos) que, antes do Sol atual, quatro outros se extinguiram um depois do outro. Eles equivalem a outras tantas eras durante as quais nossa raça foi dizimada por vagalhões, terremotos, incêndios e furacões de força destruidora".

Conforme se lê em seus *Eddas*, os islandeses acreditam que nove mundos já desapareceram. Nos planaltos do Tibete, correm ainda histórias sobre quatro eras perdidas. O livro sa-

**Figura 50.** O calendário maia descoberto no Altar 5 da vasta cidade antiga de Tikal, Guatemala.

195

grado dos hindus, *Bhagawata Purana*, menciona quatro eras ou cataclismos em que a humanidade quase foi exterminada. Cada período findou em incêndios, dilúvios e furacões. Uma das descrições mais importantes é uma tradição indiana segundo a qual o mundo inteiro ficou sob a água. As ondas subiram e engolfaram a terra toda, chegando tão alto que um navio encalhou no Himalaia. O texto sânscrito dos *Vedas* deixa claro que um cataclismo desses apaga os mínimos traços do mundo anterior, abrindo caminho a uma nova era. A fim de preservar os *Vedas* para as gerações futuras, os deuses fundaram uma instituição que mantivesse esses livros intactos: o Instituto dos Sete Sábios. Tratava-se de uma irmandade de adeptos possuidores de memória prodigiosa, praticantes de yoga, ascetas, visionários e grandes mestres. Combatiam o mal e sabiam as respostas para os maiores segredos. Reencarnam periodicamente como guias de uma civilização imorredoura e guardiães da justiça cósmica. Esses homens fazem exatamente o que deveríamos estar fazendo: *zelam pelo futuro*.

## Os símbolos maias que pintam o fim

Não resta dúvida alguma de que 2012 era um ano astronômico importantíssimo para os maias.

Visto de nossa perspectiva terrena, Vênus passará então pela frente do Sol. Terra, Vênus e Sol ficarão perfeitamente alinhados. A última vez que isso aconteceu foi em 2004 e, antes, em 1882, o que corresponde mais ou menos à época da descoberta dos edifícios sagrados dos maias. Em 2012 ocorrerão dois eclipses solares – um com o Sol e a Lua alinhados, astrologicamente unidos às Plêiades; o outro, que se dará depois, terá o Sol e a Lua alinhados com a "cabeça" da constelação da Serpente. Plêiades e Serpente são pontos-chave da astronomia maia, mas com respeito às primeiras até no Velho Testamento encontramos referências. A seguinte passagem é do livro de James Fraser *Folk-Lore in the Old Testament* (1916):

> O maremoto foi provocado por ondas masculinas, vindas do céu, que se encontraram com ondas femininas, vindas da Terra. Os buracos no ar, pelo qual escorreram as ondas do alto, foram cavados por Deus, que deslocou estrelas do signo das Plêiades. Para estancar a chuva, Ele precisou atulhar os buracos com

## O fim dos tempos

duas estrelas tomadas à constelação da Ursa. Eis por que, até o presente, a Ursa caminha atrás das Plêiades: quer suas filhas de volta, mas isso só acontecerá no Último Dia.

O Último Dia será em 2012. Nesse ano, do ponto de vista esotérico, o eclipse solar prenunciará o início de um longo ciclo de trevas para a Terra. O Sol e Vênus formarão um ciclo de luz; em 2012, ambos se chocarão violentamente. Luz e trevas disputarão o trono, consumindo o mundo em seu conflito. O movimento circular retrógrado que Vênus descreve acima de Órion ilustrará o fenômeno astronomicamente. Visto como símbolo, esse acontecimento escancarará os portões celestes ao "Fim dos Tempos".

Várias tribos norte-americanas acreditam que a Via-Láctea é um caminho celeste por onde os mortos viajam até os céus superiores. Descrevem-na frequentemente como duas portas localizadas no ponto onde ela corta a eclíptica. Uma dessas interseções ou "portas" situa-se entre as constelações de Gêmeos e Touro, ao lado de Órion. A outra está no outro lado da eclíptica, entre Escorpião e Sagitário. Mitos indígenas de Honduras e da Nicarágua aludem a uma "mãe escorpião" que habita a extremidade da Via-Láctea. Esse escorpião é identificado com a "estrela mental" Antares–Alfa Escorpião. Estrela muito brilhante, vemo-la na interseção sul da eclíptica e da Via-Láctea, demarcando a porta meridional. No dia 21 de dezembro de 2012, Vênus se fixará nessas vizinhanças, com sua posição anunciando a "picada mortal" que a "mãe escorpião" dará no mundo. Depois da catástrofe, Vênus apontará o caminho às "almas" que se desgarrarem: pela porta

**Figura 51.** Segundo o folclore dos índios americanos, a Via-Láctea ilumina o caminho para o mundo espiritual. (Quadro intitulado *The Milky Way* [A Via-Láctea], copyright Richard Hook, no site www.firstpeople.us)

estelar norte, elas subirão às esferas celestiais. Deus queira que nós – os "novos civilizadores" – não façamos parte desse grupo.

## Ciência contra mitologia

Face ao cerrado simbolismo e à dificuldade de decifrar palavras ou números nos textos antigos, só seremos confrontados com o "Fim" no último momento. Contudo, as velhas teorias científicas são incrivelmente exatas e não faz muito que conseguimos descobrir seus fundamentos. Todos os cientistas contemporâneos, porém, fecham os olhos arrogantemente para não ver as mensagens assustadoras de nossos ancestrais e mestres. Chamam sua ciência de "mitológica" ou "nula" apenas porque eles pensavam diferentemente de nós e, por isso, se exprimiam de um modo que o homem "moderno" não compreende. Barreiras insuperáveis impedem que entendamos sua ciência avançada e seu inestimável conhecimento astronômico, pois eles os registraram usando formas e fórmulas diversas daquelas que normalmente esperaríamos encontrar. Depois do cataclismo, não devemos cometer o mesmo equívoco! Devemos encontrar uma maneira clara de transmitir os dados sobre o caráter cíclico das destruições.

Por exemplo, o mito cosmogônico dos maias de Izapa, muito claro para seus criadores, é muito obscuro para nós. Os cientistas antigos dominavam as forças magníficas da matemática, com as quais mapearam o sistema solar e boa parte do cosmos. Graças a esses mapas, encontraram correlações entre fenômenos no espaço e acontecimentos na Terra. Nossos ancestrais construíram sua imagem do mundo com base em especulações onde se mesclavam o destino da alma humana e a ciência cósmica. Reza o mito cosmogônico que Hunahpu, o Sol do solstício de dezembro, precisa vencer o signo estelar da Ursa Maior para renascer e governar o mundo de uma Nova Era. Nessa ocasião, incontáveis almas humanas deixarão seus corpos. Por isso vários monumentos de Izapa apontam para o solstício de dezembro. Mas que solstício será fatal? Segundo os maias de Izapa, será o de 2012, ao fim do décimo terceiro *baktun*, correspondente a 13.0.0.0.0 em seu Longo Calendário Regressivo.

Com a expressão "coisas são números", os maias queriam dizer que uma completa ciência astronômica e matemática inspirava todos os seus atos. Esses gênios esquecidos aplicaram tal conceito a complexos padrões de raciocínio, os quais, por seu turno, resultaram na construção de magníficos edifícios. Temos de fazer esforços intelectuais sobre-humanos para nos colocar em sua perspectiva. Um monumento de Izapa pinta o renascimento de Hunahpu: seus braços estão abertos, o que significa o fim de um período (ou seja, o fim de uma era do mundo). Mas há outras pistas do lado de fora do monumento. Na extremidade oeste do pátio de danças encontramos um trono e algumas edificações pequenas que exibem diversas metáforas sobre o fim predito. O trono consiste de pernas entre as quais aparece uma cabeça solar divina, ou rosto do Kinich Ahau (o Sol). Essa cena de nascimento aponta para leste, para o lugar onde se ergue o Sol do solstício de dezembro. Apresenta o fato futuro como o nascimento de um novo Sol. Ao lado do trono vemos um círculo de pedra sobre o qual se depôs uma bola também de pedra. É o símbolo do desaparecimento do Sol do solstício de dezembro; ele é engolido e morre. Perto do círculo surge a cabeça de uma serpente, que originariamente exibia na boca o rosto do Sol Ahau. Sem nenhuma dúvida, isso mostra que a serpente trucidará o astro e que o renascimento precede a morte. Nós, partícipes ativos, seremos as vítimas do fim desse ciclo histórico.

Para a maioria das pessoas, esse é um simbolismo bastante complexo, que se pode interpretar das maneiras mais desencontradas. No entanto, se você também examinar as séries numéricas com que os antigos cientistas trabalhavam, os mitos se tornarão surpreendentemente claros. Eles falam de perturbações no comportamento do Sol, de mudanças no eixo terrestre, de inversões polares, de passagem para outras eras, de um dilúvio global, de montanhas que se erguem e de outras calamidades. Por esse motivo, não mais duvidei do conhecimento superior que eles conservaram em mensagens codificadas e nos transmitiram para que o estudássemos. Se olharmos para os códigos do modo como eles olhavam, descobriremos que se referiam ao fim do mundo – um desastre geral que ferirá a humanidade em seu âmago.

Na página 74 do Códice Dresden, reproduzida em parte na Figura 53, mostra que os cientistas maias previram uma inundação para quando decorrerem treze ciclos do Longo Calendário Regressivo. A data final da contagem regressiva será 0 *katun*, 0 *tun*, 0 *uinal* e 0 *kin*. Nesse instante o movimento da Terra se inverterá e um gigantesco maremoto inundará os continentes. Em

# Como sobreviver a 2012

**Figura 52.** Muitos monumentos de Izapa apontam para o solstício de dezembro. Essa simbologia vem explicada detalhadamente no livro de John Major Jenkins, *Galactic Alignment*.

cima, vemos a criatura em forma de serpente que destruirá o mundo espalhando água pelo céu. O corpo do ofídio lembra um cinturão celeste subdividido em representações de signos estelares; imagens de eclipses solares e lunares pendem de seu ventre. A figura negra, embaixo, é Ek Chuah, o deus da guerra. Empunha duas lanças e um bastão apontados para o chão. Em sua cabeça pousa o pássaro *moan*, significando um presságio sombrio. Sob os símbolos dos eclipses aparece a Velha Deusa, responsável por mortes e destruições. De um vaso que ela segura de boca para baixo, flui um dilúvio.

## A contagem regressiva prossegue inapelavelmente...

Estamos vivendo nossos últimos dias e não o percebemos. Por que não damos ouvidos à verdade dos mitos e lendas desses cientistas antigos? Que esperamos para começar a maior tarefa de resgate da história? Não é tão difícil assim entender que tudo aponta para uma catástrofe de proporções nunca vistas. Operações aritméticas obcecavam os maias porque o tempo os obcecava. Eles nos legaram pelo menos seis calendários decrescentes, de extensão variada. Antes, sempre que um calendário terminava, temiam que o universo logo fosse destruído; porém, com vários e de diferentes extensões, sentiam-se mais seguros. Achavam ser possível adiar uma catástrofe cósmica. Quando os 260 dias de *tzolkin* se cumpriam, *tun* (ou Contagem Longa) entrava em vigência. A cada 52 anos, *tun* coincidia com *haab* e recebia o nome de Ano Sagrado. Ocorrendo isso, os maias sacrificavam pessoas para evitar o aniquilamento. Receavam que o tempo lhes faltasse quando todos os calendários chegassem a zero. Uma calamidade sem igual estaria então prestes a ocorrer.

## *O número zero e o fim do calendário maia*

Com base na predição dos sábios maias das vizinhanças do Yucatán, o mundo acabará em 2000 "*y pico*" – "e pouco". Quanto será esse "pouco"? O Grande Ciclo do calendário maia começou em plena treva, no dia 11 de agosto de 3114 a.C. e terminará, depois de cinco milênios, em 21 de dezembro de 2012. Segundo aqueles sábios, treze ciclos terão decorrido e o relógio marcará 0 *katun*, 0 *tun*, 0 *uinal* e 0 *kin* a partir do início do Grande Ciclo. Esse dia será presidido pelo Deus Sol, o nono Senhor da Noite.

## *O número zero e o campo magnético solar*

Segundo a teoria do ciclo das manchas solares dos maias, naquele momento o campo magnético do Sol saltará para zero – e o zero assinala o começo ou o término de um ciclo de manchas. Portanto, um duplo zero! Tal o motivo, sem dúvida, de os maias serem tão obcecados por esse algarismo em todos os seus calendários coincidentes. Que nos espera, então? Um gigantesco curto-circuito no núcleo do astro ou, em outras palavras, o despertar do Deus Sol numa explosão de chamas. Para nós isso significará o fim dos tempos – o maior dos horrores que já acometeram a humanidade. Citemos as palavras da profecia Katun no *Livro de Chilam Balam de Tizimun*:

# Como sobreviver a 2012

**Figura 53.** A Destruição do Mundo na página 74 do Códice Dresden.

Ca hualahom caan  
Ca nocpahi peten  
Ca ix hopp i  
U hum ox lahun ti ku  

O céu se dividirá  
A terra se erguerá  
Então começará  
O Livro dos Treze Deuses

## O fim dos tempos

| | |
|---|---|
| Ca uch i | Virá |
| Noh hai cabil | O grande dilúvio da terra |
| Ca lik i | Surgirá |
| Noh Itzam Cab Ain | O grande Itzam Cab Ain |
| Tz´ocebal u than | O fim do mundo |
| U uutz´ katun | O recuo de Katun |
| Lai hun yeciil | É o dilúvio |
| Bin tz´oce(ce)bal | Que será o remate |
| u than katun | Do mundo de Katun |

Nas palavras de Marduque:

Quando me ergui do trono e escancarei o dilúvio,
O laço entre Terra e Céu se quebrou ...
Tremeram os deuses, dispersaram-se as estrelas,
E nenhum deles voltou.

Essas escrituras falam da luta de morte de nossa civilização. É como uma frondosa árvore arrancada, de raízes para o ar. Um sopro poderá romper todos os laços. Depois da catástrofe as coisas serão ainda mais precárias e nossas vidas estarão por um fio. Com o que nos restar de forças teremos de nos situar de novo no universo. Preparemo-nos, pois, para o fim de nossa civilização e para a ressurreição numa existência melhor, vinculada à Terra e ao cosmos. Se o conseguirmos, nossa missão terá sido levada a bom termo. E grandes são as nossas chances de triunfar. Segundo antigas profecias, novas ciências florescerão no início da nova era. Elas resolverão muitos dos problemas com que hoje nos defrontamos. Métodos avançados de cura eliminarão quase todas as nossas doenças. Como sabemos de antemão que o desastre ocorrerá, creio ser nossa tarefa dar cumprimento a essas profecias de um mundo melhor.

24

# UMA NOVA IDADE DO OURO

Logo nos veremos às voltas com o maior desafio da história. Nos próximos anos, uma indescritível supercatástrofe varrerá nossa civilização no prazo de um dia ou uma noite. Poucas pessoas tomarão medidas para sobreviver a esse gigantesco desastre geológico. Até quase o último momento, mesmo governos e cientistas negarão veementemente o fato em suas mensagens ao mundo. Milhões se perguntarão em quem acreditar – mas já será tarde demais.

## Os novos civilizadores

As pessoas que quiserem sobreviver terão de contar com seus próprios recursos. Precisarão também confiar firmemente no objetivo em vista. Será você, será um punhado de outros, serei eu. Não muitos mais, o que fará pouca diferença se ao menos forem alguns milhares. Seremos as únicas pessoas que restarão num mundo arrasado, remanescentes da mais singular e altamente desenvolvida cultura de todo o universo. Juntos, formaremos um grupo organizado que lançará os alicerces da nova civilização. Teremos de nos apoiar e incentivar vigorosamente uns aos outros. Juntos, graças a um trabalho incansável, resolveremos muitos dos problemas que nos esperam. Será o pior desafio de todos os tempos, a necessidade de superar inúmeros obstáculos numa luta desigual contra as forças desenfreadas da natureza.

Uma nova idade do ouro

Contaremos com uma pequena biblioteca formada por livros inestimáveis, referentes ao nosso avançado conhecimento tecnológico. Se tomarmos essa precaução, igualaremos a prudência dos habitantes de Aha-Men-Ptah, que tiveram dois séculos para se premunir contra a inversão polar anterior. Também eles levaram consigo manuscritos sobre seus melhores conhecimentos e descobertas – motivo pelo qual temos hoje uma cultura de tão alta tecnologia. Sem o que eles preservaram, estaríamos vivendo ainda na Idade da Pedra.

Graças à sua previdência, sabiam ser muitíssimo importante transmitir aos descendentes informações sobre o progresso que haviam alcançado. E graças à nossa biblioteca, as gerações futuras gozarão os benefícios dos modernos avanços tecnológicos. De outro modo, para que sobreviver? Se você não puder levar a cabo operações capazes de preservar a vida nem fazer outras coisas mais ou menos complicadas, a existência se tornará um fardo insuportável. Exemplo: não fosse pela moderna tecnologia médica, eu estaria morto e enterrado há dezoito anos, pois sofri um grave acidente aos trinta. Se houvesse morrido então, ninguém saberia nada sobre a decodificação dos segredos mais profundos da civilização anterior e muito menos seria advertido sobre a próxima catástrofe...

## Uma cabeça-de-ponte no futuro

Em consequência do cataclismo, boa parte do que hoje sabemos se perderá para sempre. Essa perda irreparável será, simplesmente, o resultado do desastre global. Como temos hoje conhecimento de que isso vai mesmo ocorrer, não alimentamos nenhuma ilusão: a catástrofe será quase total. Só uns poucos sobreviverão. Alguns errarão à deriva em barcos insubmergíveis, repletos de comida, água e conhecimentos. Outros lutarão para sobreviver no alto das montanhas. Haverá pessoas afortunadas, não integrantes de nosso grupo, que escaparão a desmandos da natureza como terremotos, erupções vulcânicas e maremotos, mas não por se terem preparado. Já aconteceu nos velhos tempos e acontecerá de novo, sem dúvida, em 2012. Essa gente não terá nada e, portanto, poucas serão suas chances de sobreviver. Alguns desses desesperados nos atacarão para roubar nossos pertences. Se as negociações não chegarem a bom termo, deveremos estar em condições de nos defender – em última instância, usando armas, embora tudo vá depender das circunstâncias.

Aceitarei outras pessoas no grupo, mas não à custa de nossas vidas. Embora difícil, a única escolha será tomar medidas rigorosas nesse sentido. Meu coração sangra quando penso no que possa suceder. Sonho com isso praticamente todos os dias, mas minha resolução está tomada: toda civilização emergente, nos tempos idos, começou a florescer depois de implantar um sistema de defesa bem organizado. Teremos de fazer o mesmo.

Nosso principal objetivo é a preservação do conhecimento a qualquer preço. Depois do desastre, deveremos portanto proteger, até com risco de vida, a essência de nossa engenhosidade coletada em obras compactas. Assim, recuperaremos a civilização como a fênix renascendo das próprias cinzas. E convém advertir as próximas gerações de que elas também enfrentarão um dia desastre similar.

A alguns dos leitores isso soará um tanto duro e despótico; mas, infelizmente, é a única opção. Se quisermos reservar para nossos pósteros uma existência digna, teremos de desenvolver talentos militares à altura. Caso nosso conhecimento se perca, tempos sombrios atormentarão a humanidade. A média de vida diminuirá drasticamente. E ainda mais provável é que revertamos à barbárie, para aos poucos desaparecer.

Talvez eu esteja assustando muitos leitores ao dizer isso, mas é fato indiscutível que gente faminta faz de tudo para obter comida. Um grupo agressivo e bem organizado pode nos varrer do mapa, inapelavelmente. Compulse nossos livros de história e verá que isso é verdade. Inúmeras culturas foram exterminadas por bárbaros, risco que não podemos de modo algum correr; a natureza humana é lamentavelmente cruel. Embora devamos ingerir apenas alimentos de origem vegetal, insisto em que não negligenciemos a estratégia militar.

Por aí se vê que nossas escolhas são bastante restritas. Nosso mundo estará cheio de armadilhas, missões impossíveis, fracassos inesperados, agressões de fora, doenças, fome e dor. Sofreremos para tomar certas decisões. Crianças exânimes morrerão em nossos braços, adultos ficarão deprimidos. Nossas mentes serão torturadas pela angústia e muitos sucumbiremos a crises nervosas, chorando e lamentando um destino tão ingrato. Mas ainda assim iremos adiante apesar das circunstâncias difíceis, pois vamos sem dúvida assumir essa tarefa, essa grande responsabilidade. Por incrível que pareça, o fato é que, se *nós* não o fizermos, ninguém o fará.

## Uma batalha heroica em defesa do culto da sabedoria

Nossa luta será mais heroica do que qualquer outra na história, não apenas por causa da sofisticação de nosso mundo, mas também pelo fato de nunca a Terra ter sido tão populosa. Estaremos em situação pior que a dos povos não civilizados. Selvagens costumam se recuperar mais rapidamente e adaptam-se com maior facilidade às novas circunstâncias. Nós, porém, somos sofisticados em excesso e achamos muito difícil viver sem conforto. Choraremos nossos mortos, mas choraremos também o desaparecimento de nossa infraestrutura, a destruição de nossa tecnologia e o fim de nossas vidas luxuosas. Assistiremos a um colapso por assim dizer inimaginável. Você precisa compreender isso! Tudo – repito, *tudo* – sumirá, deixando depois de si uma bagunça global e poluída. Ainda assim, não nos entregaremos. A seguinte lenda, sobre os Guerreiros do Arco-Íris, ajudará a manter alto nosso moral nos tempos sombrios que nos aguardam:

> Sob o signo do arco-íris, todas as raças e todas as religiões do mundo se unirão. Juntos, proclamaremos a sabedoria profunda de viver em harmonia uns com os outros e com as demais criaturas da Terra. Os que isso ensinam serão conhecidos como os Guerreiros do Arco-Íris. Guerreiros embora, terão corações sensíveis, pois guardarão o modo de vida espiritual e os conhecimentos dos "Antigos". Não farão mal a nenhum ser vivo.

Segundo a lenda, depois de uma acirrada batalha que só empenhará as forças do bem, os Guerreiros do Arco-Íris porão termo à ruína e à profanação da Mãe Terra. A paz, e muito mais, reinarão por um longo período: uma feliz e tranquila Idade do Ouro.

## Uma visão objetiva

Essa velha profecia é clara. Nós venceremos. Temos de vencer. No entanto, dado o curto período entre o aviso e a desgraça, não devemos nutrir muitas ilusões. Só nós, com base numa visão objetiva, conseguiremos restabelecer a civilização. Para que isso aconteça, precisamos conhecer um pouco de ecologia, arquitetura, cartografia, matemática, ciências em geral, tecnologia, eletricidade e farmacologia. Convém nos limitarmos ao conhecimento básico nessas áreas porque tudo é muito complexo. Transmitiremos esse conhecimento a todos e faremos a luz de nosso saber triunfar no mundo. As futuras gerações poderão estudar os textos que levaremos conosco, complementá-los e restaurar o que foi perdido.

Nossa atual civilização não percebe que tudo é finito. No universo, nada dura para sempre. Estrelas podem viver bilhões de anos, mas mesmo sua luz se extingue com o tempo. As reservas de petróleo se esgotarão um dia. A existência humana tem prazo. Tudo acaba por morrer e isso se aplica também, é claro, às civilizações. Elas florescem, atingem a culminância e degeneram. Encontramos resquícios dessas culturas pelo mundo inteiro. Se continuarmos a adotar o modo de vida hoje vigente, o atual ciclo da história da humanidade se encerrará para sempre. Face à ânsia de dinheiro que vai multiplicando indústrias ecologicamente danosas, a Terra ficará contaminada de um modo irreversível depois do cataclismo. Nossa sobrevivência estará por um fio. Se invertermos a situação a tempo, talvez consigamos escapar à gigantesca poluição por produtos químicos e petróleo que cobrirá a Terra. Isso facilitará a conquista de nossos objetivos. A fim de prevenir o reaparecimento dessas práticas ruinosas no futuro, temos desde já de enfatizar o problema como item importante de nossa mensagem à posteridade.

Se cedermos ao feitiço de reconstruir uma civilização mais responsável ecologicamente, venceremos. A crença racional nessa meta oferece-nos um meio de controlar nossos sentimentos, esperanças e medos. Assim, nossas energias mentais serão direcionadas para objetivos mais importantes, que nos fornecerão regras graças às quais nosso modo de vida resultará numa espécie de condição fluida. Valendo-nos dessa metodologia, cumpriremos nossas tarefas futuras com muito maior facilidade. Mas, para tanto, precisaremos usar nosso conhecimento científico relativo ao destino da humanidade e à inversão dos polos. Sem esse conhecimento, permaneceremos divididos. E só uma interpretação integrada do saber coletivo nos ajudará. Essa visão nos coloca diante do seguinte fato: inversões polares afetam profundamente o destino da humanidade. Perguntas importantes serão respondidas, como: até onde vai nossa dependência do campo magnético do Sol? Quais são as consequências de uma inversão polar? A que fenômenos ficaremos sujeitos? Se entendermos tudo isso, poderemos instruir nossos semelhantes.

## "Edifícios de Informação" eternamente famosos

Todos os seres terrenos estão, por assim dizer, contemplados em nossas informações científicas sobre o megadesastre próximo. Em virtude disso precisamos construir sólidos monumentos, como fizeram outrora os maias e antigos egípcios. No processo de restauração, procuraremos evitar equívocos como o cometido pelos "Mestres dos Números" em tempos outros. Esses estudiosos das "Combinações Matemáticas Celestes" legaram-nos, em seus edifícios, mensagens codificadas difíceis de decifrar. Só as pudemos entender ao cabo de séculos. Agora, dispomos de apenas alguns anos para nos preparar, caso já não seja tarde demais. Nos monumentos construídos futuramente, deveremos evitar tamanha confusão. Neles, registraremos uma mensagem universal contendo as datas das catástrofes anterior e vindoura. A teoria fundamentada nessas informações, tanto quanto os dados astronômicos exatos, deverão figurar claramente nas pedras. Nossas mensagens não poderão ser herméticas, propícias a suscitar dúvidas. Dessa maneira, concretizaremos nosso anseio de advertir as futuras gerações sobre a repetição do Armagedom.

Uma vez que a situação depois do desastre será muito grave, para não dizer desesperada, muitos de nós fracassaremos ou só obteremos êxito parcial. No entanto, um grupo bem organizado e com dose suficiente de perseverança poderá estabelecer uma cabeça-de-ponte sólida, a partir da qual tudo recomece. Contaremos apenas com algumas centenas de sobreviventes, mas o conhecimento salvo há de ser considerável. Depois de restaurar nossa civilização, disseminaremos pelo mundo um novo culto da sabedoria. O poder da fé continuará movendo montanhas! Essa verdade vale tanto para o passado quanto para o futuro. Graças ao emprego das técnicas motivacionais corretas, nosso conhecimento e nós mesmos nos eternizaremos.

## Uma civilização ecológica

Daqui a milhares ou dezenas de milhares de anos, as futuras gerações se lembrarão de nós e se sentirão gratas pelo que conquistamos. Em suma, nossa tarefa consiste em preservar o máximo de conhecimento possível a fim de transmiti-lo a uma nova geração convenientemente motivada. Quando isso acontecer, poderemos em pouco tempo retomar a posse da Terra e deixar a marca de uma civilização ecologicamente responsável aos sobreviventes. Nada é mais importante. Com o passar do tempo, solucionaremos problemas sérios como superpopulação, poluição global e esgotamento de recursos naturais. Se resolvermos colaborar em vez de governar tiranicamente, sentir-nos-emos como o exilado que por fim regressa à pátria. Quando nossos objetivos pessoais se identificarem com as leis da Terra e do céu, a questão de "dar significado à *vida*" estará solucionada.

A mensagem crucial que devemos disseminar é a de uma existência em harmonia com a natureza. Se essa não for nossa missão, melhor será nos pouparmos a trabalheira de lutar pela sobrevivência da humanidade. Devemos cuidar para que florestas, animais selvagens e plantas em profusão fiquem à espera de nossos descendentes no futuro remoto. Quem se recusará a acalentar um sonho desses?

Quero terminar com as palavras de Sêneca: "A violência insopitável das chamas consumirá toda a extensão da crosta terrestre".

Ele escreveu também:

> Um dia se celebrarão os funerais da estirpe humana. Tudo quanto haja brotado da duradoura indulgência da Fortuna, tudo quanto haja ascendido às culminâncias do sublime, tudo quanto haja conquistado fama e beleza – tronos portentosos, prósperas nações – mergulhará no abismo e se extinguirá de súbito.

Retrucando a isso, concluirei com minha mensagem pessoal para o mundo novo:

> E, como a fênix, renasceremos de nossas cinzas para governar o mundo segundo uma visão ecológica que transmitiremos às futuras gerações.

# PARTE V

# PROVAS MATEMÁTICAS E ASTRONÔMICAS

# 25

# PROVAS MATEMÁTICAS

## Os supernúmeros predizem a catástrofe

O código foi decifrado. Conforme prometi, fornecerei ao leitor a data exata que encontrei graças a um jogo matemático com os números. Mas, antes que você passe para as seções seguintes, recomendo vivamente que releia com a máxima atenção o capítulo sobre este mesmo assunto em meu primeiro livro, *O Código de Órion*, onde explico mais detalhadamente o raciocínio e a metodologia utilizados abaixo.

Você tem de começar pelo supernúmero maia, que é 1.366.560. Ele contém vinte ciclos de 68.328 dias, que contêm por sua vez 117 ciclos de 584 anos venusianos. Com a ajuda dos números 117 e 227 (este último representa a quantidade de ciclos de 52 anos entre a catástrofe anterior e a próxima), você descobrirá o primeiro código:

117 x 227 = 26.559

Divida a quantidade de anos entre as catástrofes por esse número:
9792 + 2012 = 11.804 anos entre as catástrofes
11.804 ÷ 26.559 = 0,444444

O período entre as catástrofes de 21312 e 9792 a.C. foi de 11.520 anos. Nessa época o número de precessão (25.920) era o código principal (ver meu livro anterior, *O Cataclismo Mundial em 2012*). Para saber se o código 0,444444 está correto, calcule da seguinte maneira:

11.520 ÷ 25.920 = 0,444444

O 8 era o Número Sagrado dos antigos egípcios, o número do Colégio Celestial, o número da perfeição. Séries de 8 tinham grande importância no Egito (ver *Le Grand Cataclysme*, de Albert Slosman).

## *O Número Oito Sagrado*

11,11111 x 11,11111 = 123,456790123456790 (falta o numeral 8 nessa sequência; ver meu livro anterior)

1 x 9 x 123,45679012345679 = 1.111,11111
2 x 9 x 123,45679012345679 = 2.222,22222
3 x 9 x 123,45679012345679 = 3.3333,3333

$$0 \times 9 + 8 = 8$$
$$9 \times 9 + 7 = 88$$
$$98 \times 9 + 6 = 888$$
$$987 \times 9 + 5 = 8888$$
$$9876 \times 9 + 4 = 88888$$
$$98765 \times 9 + 3 = 888888$$
$$987654 \times 9 + 2 = 8888888$$
$$9876543 \times 9 + 1 = 88888888$$
$$98765432 \times 9 + 0 = 888888888$$
$$987654321 \times 9 - 1 = 8888888888$$

A próxima decodificação mostra que você está na pista de algo muito importante:

227 x 0,444444 = 100,888888888888888888

Novas decifrações provam que podemos usar esses números. Multiplique 11.804 (período entre o último desastre e o próximo) pelos vários períodos com os quais os maias assinalavam um ano:

# Provas matemáticas

11.804 x 365,25 = 4.311.411
11.804 x 365,0 = 4.308.460
11.804 x 360 = 4.249.440

Divida esses números pelo número encontrado acima (26.559) e deparará com importantes números de código, que calculei exatamente da mesma maneira para romper o código de computador do desastre precedente (ver meu último livro):

4.311.411 ÷ 26.559 = 162,333333
4.308.460 ÷ 26.559 = 162,222222
4.249.440 ÷ 26.559 = 160

Estude bem essa decodificação e compare-a aos resultados que já encontrou. Sem dúvida, concluirá que a data final é realmente 2012! Não há outra possibilidade. A prova disso será apresentada mais extensamente na próxima seção.

Divida os números maias referentes a um ciclo de 52 anos por esses valores calculados e encontrará 117:

18.993 ÷ 162,33333 = 117
18.980 ÷ 162,22222 = 117
18.720 ÷ 160 = 117

Três vezes o número 117 é igual a: 117 x 3 = 351. Você encontrará esse número mais tarde e ele o levará à solução. Lembre-se de que o verá repetidamente na decifração do Códice Dresden. É um número essencial para a decifração desse código!

Além disso, 11.804 ÷ 117 = 100,8888888888

É o mesmo número que encontramos antes, parecendo portanto ser recorrente nos códigos. Multiplicando 0,8888888 por 117, temos:

0,8888888 x 117 = 104

Pode-se calcular também assim:
100,8888 – 0,8888 = 100
11.804 – 104 = 11.700
ou 11.804 – 11.700 = 104

É como se escrevêssemos da seguinte maneira:
11.804 = 100,888
e 104 = 0,888

Agora estamos bem perto do modo como os maias calcularam matematicamente a destruição graças à ajuda dos Números Sagrados.

O período entre as catástrofes é: 11.804 anos. Para chegar ao resultado exato, você precisa subtrair determinado número, mas tem de conhecer o número certo de dias num ano. Não é 365,25 e sim 365,2422 dias. Se multiplicar isso pelo número de anos, o resultado será 4.311.319 dias para 11.804 anos. São algarismos demais. Para saber o número certo de dias entre o desastre de 27 de julho de 9792 a.C. e a catástrofe prevista para 21 de dezembro de 2012, subtraia 220 dias de 4.311.319 dias. O resultado, 4.311.099 dias, mostra o número exato de dias entre ambas as catástrofes. Além disso, o número pode ser dividido por 117 e 227:

4.311.099 ÷ 117 = 36.847
4.311.099 ÷ 227 = 18.991,625555

4.311.099 é o número correto de dias entre os dois desastres. Subtraia-o do número de dias contidos em 11.804 anos de 365,25 dias:

4.311.411 – 4.311.099 = 312

Existe uma conexão com o número de código 351:
312 ÷ 351 = 0,88888

Em seguida, resolvi dividir os dias entre as catástrofes pelo número de código 351:

4.311.411 ÷ 351 = 12.283,22222 = referentes a 11.804 anos = 100,8888

4.311.099 ÷ 351 = 12.282,33333 = número certo de dias entre as catástrofes = 100%!

Quando subtraí um número do outro, o resultado foi:
12.283,22222 – 12.282,33333 = 0,888888
Ou, segundo outro esquema matemático de pensar:
100,8888 – 100 = 0,8888888

Imediatamente notei que aquela era a solução! Descobri:
11.804 − 11.700 = 104

Você precisa multiplicar esse número por 3 porque existem três calendários diferentes (365,25, 365 e 360 dias). O resultado será:
11.804 x 3 = 35.412
11.700 x 3 = 35.100

E: 35.412 − 35.100 = 312 = maior valor encontrado
Se dividir os números acima por 351, terá:
35.412 ÷ 351 = 100,88888
35.100 ÷ 351 = 100
312 ÷ 351 = 0,88888
100,88888888 − 100 = 0,888888888888888

*Conclusão*: se seu cálculo começa no dia 27 de julho de 9792 a.C., o dia da próxima catástrofe é 21 de dezembro de 2012!

## Números de código que confirmam a contagem regressiva para o fim dos tempos em 2012

Na seção anterior, você descobriu os números 160, 162.222 e 162.333 – os mesmos que mostrei em meu livro *O Cataclismo Mundial em 2012*, no capítulo "O programa de computador do desastre precedente". Por esse motivo, tinha de haver mais informação. Os maias devem ter encontrado tais números em algum lugar. Eles respeitavam muito os números e, com eles, decodificavam inúmeras coisas. Continuei a busca de maneira lógica. Conseguiria descobrir o que procurava em seu passado? Talvez.

Estudei o período entre as duas primeiras catástrofes, de 29808 e 21312 a.C., que durou 8.496 anos. Dividi esse período por 72, número já usado para determinar o período de 11.520 anos:
8.496 ÷ 72 = 118

Depois multipliquei o período entre as catástrofes pelos respectivos calendários:
8.496 x 360 = 3.058.560
8.496 x 365 = 3.101.040
8.496 x 365,25 = 3.103.164

Esse resultado, dividi-o por 118 e encontrei, conforme esperava:
3.058.560 ÷ 118 = 25.920
3.101.040 ÷ 118 = 26.280
3.103.164 ÷ 118 = 26.298

Daí por diante, convinha usar o mesmo princípio das decifrações anteriores, que é o seguinte:

Período entre catástrofes: número de código = 0,44444444
Isso dá:
8.496 ÷ 0,4444444444 = 19.116
19.116 ÷ 118 = 162

Com base em minhas decifrações precedentes, eu sabia da existência de uma relação entre o número de precessão e os números 160 e 162:
25.920 = 162 x 160

Quando dividi os três calendários por 162, obtive:
3.058.560 ÷ 162 = 18.880
3.101.040 ÷ 162 = 19.142.222
3.103.164 ÷ 162 = 19.155.333

Nova divisão por 118 forneceu-me os números de código há tanto procurados:
18.880 ÷ 118 = 160
19.142,222 ÷ 118 = 162.222
19.155,333 ÷ 118 = 162.333

Imediatamente descobri a origem dos números maias para o ciclo de 52 anos:
18.880 − 160 = 18.720 = ciclo maia de 52 anos
19.142,222 − 162.222 = 18.980 = ciclo maia de 52 anos
19.155,333 − 162.333 = 18.993 = ciclo maia de 52 anos

Essas deduções confirmaram o que eu vinha suspeitando há muito tempo. Indicaram-me a relação direta entre os números de código e o ciclo maia de 52 anos!

Esses números provam também que 2012 será mesmo o fim do ciclo! Da vez anterior, o número de precessão era o que indicava isso. O período

Provas matemáticas

entre os desastres montava a 11.520 anos. Assim, os diversos calendários mostram os seguintes números de dias:

4.207.680
4.204.800
4.147.200

Se você dividir esses números pelo ciclo de precessão, encontrará também os valores já descobertos:

4.207.680 ÷ 25.920 = 162,333333
4.204.800 ÷ 25.920 = 162,222222
4.147.200 ÷ 25.920 = 160

O ciclo atual fornece o mesmo resultado:

4.311.411 ÷ 26.559 = 162,333333
4.308.460 ÷ 26.559 = 162,222222
4.249.440 ÷ 26.559 = 160

## Conclusões

1) Os números 160, 162, 222 e 162,33 originam-se do período entre as duas primeiras catástrofes. Confirmam minha pesquisa de modo absolutamente espetacular!
2) De novo, parece haver uma relação incontestável entre os acontecimentos remotos ocorridos em Aha-Men-Ptah e seus famosos descendentes, os maias.
3) *Sem dúvida, essas sensacionais decodificações provam que 2012 é a data do próximo cataclismo!*

## O ciclo de manchas solares teoricamente calculado

Com o auxílio de uma simples integral, podemos reproduzir teoricamente um ciclo de manchas solares de onze anos, conforme se verá nesta seção.

O campo magnético do Sol gira (em teoria) no prazo de cerca de 37,2 dias; o campo equatorial, em 25,75 dias (média dos últimos 75 anos: ver "Long Term Variations of the Torsional Oscillations of the Sun", *Solar Phy-*

sics 170:373/388, 1977, por Dirk K. Callebaut). Dado que gira mais depressa, a certa altura o campo equatorial ultrapassa o campo polar. Assim, só podemos pesquisar a relação entre o campo do Sol e um observador independente medindo cada momento de ultrapassagem. Com isso, comparamos sempre duas variantes apenas: as posições convergentes dos campos em relação ao ponto de observação deslocado. Em verdade, não fazemos nada mais que calcular o movimento giratório do campo magnético do Sol. Nesta altura, já podemos calcular os números dos campos juntamente com a posição da convergência:

360 ÷ 25,75 = 13,9805825 graus
360 ÷ 37,19 = 9,6800215 graus
A diferença é: 13,9805825 − 9,6800215 = 4,30055848 graus

O campo polar é ultrapassado pelo campo equatorial depois do seguinte número de dias:

360 ÷ 4,30055848 = 83,710058 dias = 1 unidade do ciclo de manchas solares

O número de círculos percorridos pelo campo equatorial nesse período é: 83,710058 ÷ 25,75 = 3,25087545
O número de círculos percorridos pelo campo polar nesse período é: 83,710058 ÷ 37,19 = 2,25087545

0,25087545 círculo equivale a 1 unidade e como tal será usado no cálculo.

Se você calcular e subtrair ambos os gráficos, o resultado será a diferença entre o campo magnético do Sol e um observador independente. Inserindo os números anteriores no arquivo Excel que criei para estudar o ciclo de manchas solares (ver meu livro precedente) e substituindo os 365,25 dias por 360 (ver adiante), obtive um ciclo de manchas solares de 54,5 unidades. 54,5 x 83,710058 dias = 4.562,2 dias = 12,49 anos.

Nota: variações na velocidade dos campos equatorial e polar não foram levadas em conta.

Segundo exemplo:
Mudemos a velocidade hipotética do campo polar para 37,16 dias:
360 ÷ 25,75 = 13,9805825 graus
360 ÷ 37,16 = 9,68783638 graus
Diferença = 4,292746117 graus

360 ÷ 4,292746117 = 83,86240187 dias = 1 unidade

83,86240187 ÷ 25,75 = 3,2567923

0,2567923 círculo = 1 unidade

Inserindo-se esses números no arquivo Excel, o resultado é um ciclo de manchas solares de 42 unidades.
42 x 83,86240187 = 3.522,2 dias = 9,64 anos

## Conclusões

1) Mesmo uma pequena mudança na velocidade dos campos polar ou equatorial pode resultar em considerável prolongamento ou desaceleração do ciclo de manchas solares.
2) Do ponto de vista matemático, tem de haver uma estreita correlação entre os campos polar e equatorial.
3) O ciclo de manchas solares, associado à inversão polar do campo magnético do Sol, se prolonga quando o campo polar gira um pouco mais lentamente. Uma diferença de apenas 0,0807% faz com que o ciclo aumente de 9,64 para 12,49 anos!

Terceiro exemplo, que resulta no ciclo de 11 anos:
Altere a velocidade do campo polar para 37,176 dias:

360 ÷ 37,176 = 9,683666882 graus
360 ÷ 25,75 = 13,9805825 graus
Diferença: 4,296915618 graus

360 ÷ 4,296915618 = 83,7810262 dias = 1 unidade

83,7810262 ÷ 25,75 = 3,25363208 círculos
0,25363208 círculo = 1 unidade

Se você colocar esses dados no arquivo Excel, o resultado será um ciclo de manchas solares de 48,0 unidades.

48,0 x 83,7810 = 4.021,5 dias = 11,01 anos

## A inversão do campo magnético numa velocidade orbital de 360 dias

*Novo cálculo do ciclo de manchas solares*

Depois que encontrei o ponto de virada no ciclo de manchas solares dos maias, fiz muitos outros cálculos baseando-me em sua fórmula, até deparar com um equívoco que ignorara sistematicamente. Para calcular o ciclo de manchas solares, eu usara a velocidade da órbita da Terra em volta do Sol; entretanto, quando usamos o período orbital de Vênus ou Marte, o gráfico resultante parece muito diferente. Isso deveria ser impossível, pois o ciclo do Sol independe do movimento dos planetas. Contudo, os maias recorreram à teoria do ano solar em todos os seus cálculos! Minhas decodificações apontavam claramente para esse rumo. Ademais, eu determinara um ponto de virada irrefutável no ciclo e por isso persistira no equívoco. Tinha de haver outros erros! Mas onde procurar?

De novo revi cuidadosamente os cálculos. Devagar e a duras penas estudei-os até que um sino começou a tanger. Além do ano solar, os maias usavam o de 360 dias. A solução devia estar ali! Uma órbita de 360 dias em volta do Sol resulta em um grau por dia. Graças a esse cálculo, percebi uma conexão entre os pontos convergentes dos campos magnéticos solares e um círculo de 360 para o observador independente. Era a teoria correta, sem dúvida! Depois de 360 dias exatos voltamos ao ponto de partida, tendo percorrido um círculo perfeito de 360 graus. Essa teoria é universalmente válida e faz a ligação entre o Sol e o observador de fora, que não precisa levar em conta a posição do astro no espaço.

Outra explicação: o observador independente percorre a média dos campos polar e equatorial em um dia.

Comprimento total do campo equatorial = 4.370.880 km
Comprimento total do campo polar = 700.000 km
Média = 2.560.000

Isso equivale mais ou menos à velocidade de um objeto que girasse 360 dias à volta do Sol em um ano.

Quando recalculamos a teoria do ciclo de manchas solares com uma velocidade orbital de 360 dias, o resultado é a inversão do campo depois de 1.980 unidades = 474 anos. Parece um pouco rápido demais. No entanto, se mudamos ligeiramente os parâmetros, a inversão alcança, para nossa surpresa, valores bem mais elevados. Em virtude de os maias terem escolhido a teoria dos 365,25 dias para seu código básico, quase podemos ter certeza de que o valor calculado de 3.848 anos se aproxima bastante do valor real. Talvez se trate também do acúmulo de vários ciclos convergentes depois de um longo período. Delego às futuras gerações de cientistas a tarefa de acompanhar de perto o comportamento do Sol e ajustar a teoria à realidade. Infelizmente, por enquanto, não disponho de dados bastantes para ajudar nessa tarefa.

A inversão na unidade 1.980 fornece os seguintes valores para as unidades próximas:
1.980 = 0
1.981 = 1.979 = 43,45
1.982 = 1.978 = 86,90
1.983 = 1.977 = 229,63
1.984 = 1.976 = 186,18
1.985 = 1.975 = 217,27
1.986 = 1.974 = 99,27
1.987 = 1.973 = 55,18
1.988 = 1.972 = 12,36
1.989 = 1.971 = 31,09
1.990 = 1.970 = 74,54 (74 e 54 são números de código básicos no Códice Dresden)

## Outro cálculo para o período da inversão polar do campo magnético do Sol

Uma diferença mínima na velocidade de rotação dos campos polar e equatorial do Sol altera consideravelmente a inversão polar de seu campo magnético. Por razões práticas, usamos aqui o ciclo de manchas solares de 365,25, pois ele mostra com clareza um ponto de virada. Depois de quase doze mil anos, a diferença pode facilmente chegar a 300 anos ou mais. Os exemplos a seguir ilustram isso:

A velocidade de rotação do campo equatorial é de 26,05 dias, não de 26.
A velocidade de rotação do campo polar é de 36,95 dias, não de 37.
Essas velocidades se correlacionam com os seguintes números de graus por dia:
360 ÷ 26,05 = 13,81957774
360 ÷ 36,95 = 9,742895805
Diferença no número de graus: 13,81957774 − 9,742895805 = 4,076681935
Portanto, ter-se-á uma unidade depois do seguinte número de dias:
360 ÷ 4,076681935 = 88,30711 dias
Outro exemplo:
Campo equatorial: 25,95 dias
Campo polar: 37,05 dias
Essas velocidades se correlacionam com os seguintes números de graus por dia:
360 ÷ 25,95 = 13,87283237
360 ÷ 37,05 = 9,71659919
Diferença no número de graus: 13,87283237 − 9,71659919 = 4,15623318
Portanto, ter-se-á uma unidade depois do seguinte número de dias:
360 ÷ 4,15623318 = 86,61689 dias

A diferença entre esses ciclos é: 88,30711 − 86,61689 = 1,69022 dias. O ponto de virada médio do campo magnético da Terra ocorre depois de aproximadamente 11.700 anos. Isso equivale, por alto, a 49.000 ciclos do ciclo de manchas de 87,454545 dias. Depois de 49.000 unidades, a diferença entre os cálculos acima é:
49.000 × 1,69022 = 82,821 dias. Ou seja, 227 anos!

Outro cálculo:
Campo equatorial: 26 dias
Campo polar: 36,7 dias
360 ÷ 26 = 13,84615385 graus
360 ÷ 36,7 = 9,809264305 graus
Diferença:13,84615385 − 9,809264305 = 4,036889545 graus
360 ÷ 4,036889545 = 89,17757 dias
Diferença com relação ao ciclo de manchas: 89,177 − 87,4545 = 1,7231 dias
Número de ciclos num ano = 365,25 ÷ 89,177 = 4,096
Diferença decrescente por ano: 4,096 x 1,7231 = 7,06 dias
Diferença depois de 11.804 anos = 7,06 x 11.804 = 83,308 dias = 228 anos

## O ponto de virada na unidade 16,071

Em meu livro anterior descobri que, depois de exatamente 3.848 anos, o ponto de virada do campo magnético do Sol incide na unidade 16,071. Se desacelerarmos a velocidade do campo polar e do campo equatorial por um fator proporcional (26 por 25,5 e 37 por 36,28846), o ponto de virada incide na unidade 16,071 depois de 3.774 anos.

Campo equatorial: 25,5 dias
Campo polar: 36,28846 dias
360 ÷ 25,5 = 14,11764706 graus
360 ÷ 36,7 = 9,920509165 graus
Diferença:14,11764706 − 9,920509165 = 4,197137895 graus
360 ÷ 4,197137895 = 85,77273585 dias

Ponto de virada = 16,071 x 85,7727 = 3.774 anos

Se acelerarmos a velocidade dos campos polar e equatorial (26 e 37, respectivamente) por um fator proporcional (26,25 e 37,355769), o ponto de virada incidirá na unidade 16,071 depois de 3.885 anos.

Campo equatorial: 26,25 dias
Campo polar: 37,355769 dias
360 ÷ 26,25 = 13,7142857 graus
360 ÷ 37,355769 = 9,637065697 graus
Diferença: 13,7142857 − 9,637065697 = 4,07722000 graus
360 ÷ 4,07722000 = 88,295456 graus

Ponto de virada = 16,071 x 88,295456 = 3.885 anos

*Conclusões*

1) Se você desacelerar a velocidade dos campos polar e equatorial por um fator proporcional que dê os resultados de 25,5 e 36,28846 dias respectivamente, o ponto de virada incidirá na unidade 16,071 depois de 3.774 anos. Se desacelerar a velocidade de ambos os campos obtendo 26,25 e 37,35569 dias respectivamente, o ponto de virada do campo magnético do Sol incidirá na unidade 16,071 depois de 3.885 anos. Isso gera uma diferença de 101 anos. Depois de três ciclos, ela chega a 303 anos.
2) Empregando-se a mesma fórmula, embora com números ligeiramente decrescentes (a diferença na velocidade de rotação de ambos os campos atinge um máximo de 0,4%!), depois de 11.700 anos a diferença atinge de novo quase 300 anos!
3) O período entre as catástrofes prévias foi de 11.520 anos. O intervalo entre a última e a próxima será de quase 11.804 anos − 284 a mais. Com base nisso podemos aventar o seguinte: em relação à era anterior, os dois campos devem estar hoje girando um pouco mais lentamente. E é provável também que o campo polar agora gire um pouco mais rapidamente que antes.

## Correlações matemáticas entre o ciclo de manchas solares e a mudança do zodíaco

Em *O Código de Órion*, mostrei que há uma relação direta entre a precessão do zodíaco e o ciclo de manchas solares. Repito abaixo os valores resultantes para o ciclo de manchas:

Provas matemáticas

68.302 ÷ 37 = 1.846
68.302 ÷ 26 = 2.627

Para a precessão:
25.920 ÷ 13,84615385 = 1.872 (360 ÷ 26 = 13,84615385)
25.920 ÷ 9,729729730 = 2.664 (360 ÷ 37 = 9,729729729)

Existe uma conexão entre as diferenças dos períodos. No caso do ciclo de manchas solares, temos 2.627 − 1.846 = 781; no caso da precessão, 2.664 − 1.872 = 792. Subtraindo-se esses números, o resultado é: 792 − 781 = 11. Dividindo-se 781 por 11, é 71. De novo conseguimos a prova: 26 x 37 = 962 e 71 x 962 = 68.302 = período de um ciclo de manchas solares. Nada poderia ser mais bonito. Mas por que aqueles danados de atlantes tinham de complicar tudo, eis o que será sempre um mistério para mim. Sem dúvida, saber é poder e eles eram habilíssimos na arte de escamotear. Sem minha pesquisa tenaz e obsessiva, o segredo jamais seria descoberto. E a coisa não para por aqui.

Multiplique 11 x 360 = 3.960

Divida o número de precessão por esse resultado: 25.920 ÷ 3.960 = 6,454545

Aqui, vemos uma correlação com outro número:
11 x 6,454545 = 71

Nem o cético mais empedernido dirá que isso é mera coincidência. E para calar de vez essa gente, indicarei outra correlação que ninguém pode negar.

Ao dividir o número de precessão por 792, encontrei as seguintes séries muito estranhas: 25.920 ÷ 792 = 32,727272

## Conclusões

1) Se você subtrair os dois números básicos da precessão e do ciclo de manchas solares, obterá como resultado 11: 792 − 781 = 11. Se dividir esses números por 11, obterá números de código: 792 ÷ 11 = 72; 781 ÷ 11 = 71. Se dividir 360 por 11, obterá 32,727272. Eis aí os valores de código do ciclo de manchas solares.

2) O 11 é o número básico do ciclo de manchas solares. A cada onze anos, um ciclo se desloca para cima e para baixo. Temos aqui uma conexão entre ambos os fenômenos.
3) Nos cálculos fundamentais do ciclo de manchas solares, feitos pelos maias, o número 11 aparece diversas vezes. Sem ele, não há como decodificar.
4) Num ano, o núcleo interno da Terra se desloca 1,1 grau em relação ao núcleo externo (ver Capítulo 3: "O núcleo interno da Terra"). Isso se relaciona a uma rotação extra depois de 327,2727 anos. Existe um vínculo óbvio com o ciclo de manchas solares, no qual rotações ou graus se relacionam a 32,727272 (ver adiante). Só a velocidade difere. Você sabe, com base em cálculos anteriores, que as unidades não contam.

Você já encontrou: 25.920 ÷ 792 = 32,727272.

A repetição infinita de 72 pareceu-me um ponto de partida dos atlantes. Por isso, continuei investigando. Siga meu raciocínio e chegará aos mesmos resultados.

Multiplique o número de graus que os campos magnéticos percorrem num dia, ao reverso dos círculos percorridos depois de 87,4545 dias. Esse cálculo utiliza os graus do círculo. Mude-os para dias e o resultado será:

13,84615385 x 2,363636 = 32,727272
9,729729729 x 3,363636 = 32,727272

Explicação: depois de 2,363636 e 3,363636 dias, os campos do Sol terão percorrido 32,727272 graus de círculo. Sim, você está lendo isto mesmo! Tamanha coincidência não pode ser coincidência coisa nenhuma! Detetives de verdade como você e eu não desistem facilmente. E veja outra pista: 360 ÷ 32,727272 = 11. Avancemos mais; a decifração prossegue assim: 3,3636 x 2,3636 = 7,9504132 x 11 = 87,4545. Sem dúvida, havia algo mais. Aqueles matemáticos brilhantes de um passado milenar eram espertos demais para não terem incorporado outros códigos:

7,9504132 x 13,8461538 = 110,0826439
7,9504132 x 9,72972930 = <u>77,35536587</u>
       32,72727272

Provas matemáticas

Explicação: depois de 7,9504132 dias, surge uma diferença de 32,727272 graus. Espero que você esteja tão ansioso quanto eu para desvendar um dos maiores segredos daquela civilização perdida. A próxima catástrofe mundial será tão grande que você precisa aguçar ao máximo seus sentidos. Mais acima você leu que, depois de 87,4545 dias, um campo ultrapassa o outro. Eis como se prova isso matematicamente:

87,4545 x 13,8461538 = 1.210,9090909
87,4545 x 9,72972930 = 850,9090909
　　　　　　　　　　　　　360

*Conclusão*

Depois de 87,4545 dias, o campo equatorial perfaz uma rotação (360 graus) a mais que o campo polar. Multiplicando-se o número de graus por 11, o resultado é conhecido:

1.210,90909 x 11 = 13.320
 850,90909 x 11 =  9.360
　　　　　　　　　　3.960

A diferença de 3.960 graus é o número que você calculou antes no ciclo zodiacal! Além disso, há aqui a repetição do tantas vezes usado número 936, que simplesmente não pode ser desprezado. Com isso provamos, à saciedade, o vínculo entre a precessão e o ciclo de manchas solares.

## Como os maias codificaram o período orbital da Terra?

Em meu livro anterior, *O Cataclismo Mundial em 2012*, cheguei à espantosa conclusão de que os maias conheciam o período do ano solar até pelo menos doze casas depois da vírgula decimal! Desde então tenho pesquisado as possibilidades de novos códigos. O período da órbita da Terra em volta do Sol, segundo os maias, era de 365,242 dias. Seria isso um código?, perguntei-me. Usando um valor de três casas depois da vírgula decimal e exprimindo assim, portanto, o número em "milésimos", estariam eles insinuando que devemos calcular o período orbital exato da Terra depois de mil anos?

Empreendi o cálculo de mil anos, para encontrar o valor *correto* de um ano solar, e descobri:

365,2422 x 1.000 = 365.242,2 dias

Depois da vírgula decimal, vemos 0,2 dia. Convertamo-lo no número de segundos:

0,2 dia = 4,8 horas = 17.280 segundos (1.728 = número de código do zodíaco egípcio; além disso, a diferença entre o ano maia e o valor atual é de 17,28 segundos por ano).

Continue a converter 4,8 horas desta maneira:
4 horas = 14.400 segundos
0,8 hora = 2.880 segundos
Esses são, ambos, números de código egípcios (ver meu livro anterior!)

Depois de mil anos, um ano sideral (em relação às estrelas) contém o seguinte número de dias: 365,2564 x 1.000 = 365.256,4 dias.

A diferença em relação ao ano maia é:
365.256,4 − 365.242 = 14,4 dias
A diferença com relação ao ano normal é:
365.256,4 − 365.242,2 = 14,2 dias
Isso resulta no seguinte número de segundos:
86.400 x 14,4 = 1.244.160
86.400 x 14,2 = <u>1.226.880</u>
17.280

Você determinou agora a correlação com o ciclo de precessão conforme mostrado em meu livro anterior:

17.280 ÷ 25.920 = 0,666666 = número de código
1.244.160 ÷ 25.920 = 48
1.226.880 ÷ 25.920 = 47,33333
Isso leva ao seguinte resultado:
48 − 47,3333 = 0,666666

Provas matemáticas

Como vimos em meu livro anterior, o valor real não é 0,2 dia e sim 0,199074074074. Multiplique esse número pelo número de segundos em um dia:
0,199074074074 x 86.400 = 17.200 segundos.

A diferença em relação ao valor acima mencionado é:
17.280 − 17.200 = 80 segundos. Divida esse resultado pelo número de segundos num minuto e obterá um número de código: 80 ÷ 60 = 1,3333333

Já demonstrei a conexão com os códigos do número 1.728:
108 − 1,33333 = 106,66666
1,3333 = 80 segundos
Divida os outros números por 1,33333:
108 ÷ 1,33333 = 81
106,66666 ÷ 1,3333 = 80

Multiplique ambos os resultados por 80:
81 x 80 = 6.480 segundos = anagrama de 86.400 (número de segundos num dia)
80 x 80 = 6.400 = número de código

A correlação com 108:
17.280 − 6,480 = 10.800 = número de código
17.200 − 6.400 = 10.800

Os cálculos seguintes produzem mais correlações:
864 ÷ 648 = 1,33333
64 ÷ 864 = 0,074074074 = número de código

*Conclusão*

Essa decifração mostra que os maias conseguiram calcular exatamente o período da órbita da Terra em volta do Sol com antecedência de mil anos. Como? Isso ainda não ficou completamente claro para mim.

## Um código absolutamente certo

Multiplique o número de segundos em um dia pelos diferentes períodos da órbita da Terra em volta do Sol:

86.400 x 360 = 31.104.000
86.400 x 365 = 31.536.000
86.400 x 365,25 = 31.557.600

Multiplique-o também pelo valor exato:
86.400 x 365,2422 = 31.556.926,08

Diferença com relação ao valor de 365,25:
31.557.600 − 31.556.926,08 = 673,92
Despreze a vírgula decimal:
67.392 = número de código do zodíaco egípcio
Em meu livro anterior, encontrei o seguinte:
67.392 + 936 = 68.328 = valor maia para o ciclo de manchas solares

Multiplique-o também pelo valor do ano maia:
86.400 x 365,242 = 31.556.908,8
Diferença em relação ao valor de 365,25:
31.557.600 − 31.556.908,8 = 691,2 = número de código
Amplie o número para as unidades usadas acima:
= 69.120
Subtraia o ciclo de manchas solares dos maias:
69.120 − 68.328 = 792 = número de código do Códice Dresden

Adicione os resultados:
936 + 792 = 1.728 = número de código maia para a diferença de tempo de um ano solar!

### *Conclusão*

Essa decifração prova, incontestavelmente, que todos os meus achados anteriores estavam corretos.

Provas matemáticas

## Outras provas possíveis

O período da órbita da Terra em volta do Sol é de 365,2422 dias. Divida em dois o número depois da vírgula decimal: 0,2422 = 24 e 22.

O número de segundos em um dia é 86.400, mas aqui usamos apenas os três primeiros algarismos (864 é também um número de código que você sempre encontra):
24 x 864 = 20.736 = 144 x 144
22 x 864 = 19.008
Sabemos que: 20.736 + 5.184 = 25.920
Some 5.184 e 19.008:
19.008 + 5.184 = 24.192

Aqui, obtemos dois números de código:
25.920 − 24.192 = 1.728 = número de código
25.920 − 19.008 = 6.912 = número de código

Os impressionantes cálculos seguintes provam que existem mais correlações entre nosso cálculo do tempo (86.400 segundos por dia) e os ciclos de manchas solares dos maias (68.328 e 68.302 dias, respectivamente):
86.400 − 68.328 = 18.072 = anagrama de 18.720
86.400 − 68.302 = 18.098 = anagrama de 18.980

Multiplique os números intermediários:
18 x 72 = 1.476
18 x 98 = 1.764 = os resultados são anagramas um do outro!

Some os resultados:
1.476 + 1.764 = 3.240 = número de código

Multiplique os números de código do Códice Dresden por 864:
74 x 864 = 63.936
54 x 864 = 46.656
52 x 864 = 44.928
22 x 864 = 19.008

O último resultado mostra o número 8 sozinho! É extraordinário!

Some os três outros números:
63.936 + 46.656 + 44.928 = 155.520
Subtraia o número de segundos num dia:
155.520 − 86.400 = 69.120 (= número de código!)

Subtraia os produtos acima do ciclo de manchas solares dos maias:
68.328 − 63.936 = 4.392
68.328 − 46.656 = 21.672
68.328 − 44.928 = 23.400
68.328 − 19.008 = 49.320 = anagrama do primeiro número, 4.392

Some os três primeiros números:
4.392 + 21.672 + 23.400 = 49.464
Subtraia os dois últimos resultados:
49.464 − 49.320 = 144 = número de código
Some: 49.464 + 19.008 = 68.472
Subtraia o número de código 144:
68.472 − 144 = 68.328 = ciclo de manchas solares dos maias

# APÊNDICE

No final de 2012, aguarda-nos uma inversão polar que destruirá tudo. Esse fenômeno já ocorreu milhares de vezes na história da Terra – mas, desta feita, será bem diferente. Nossos ancestrais de um passado distante calcularam e sabiam com antecedência quando o cataclismo anterior iria ocorrer e, graças a esse conhecimento, conseguiram escapar. Por isso, temos hoje uma civilização altamente evoluída. Mas talvez ela se transforme em pó ao final de 2012, a menos, é claro, que tomemos as devidas precauções para preservá-la.

Convido o leitor a visitar meu website (http://www.howtosurvive2012.com) a fim de se atualizar nas últimas medidas de nossos planos de sobrevivência. Com a ajuda desse website, tenciono me preparar melhor para a maior operação de resgate jamais vista. Alguém tem de assumir a tarefa dos preparativos, planejar a continuidade ou a restauração do conhecimento e dos padrões que hoje adotamos. Decidi ser eu essa pessoa.

## Como sobreviver a 2012

Alguns anos antes de 2012, a estratégia de sobrevivência discutida em *Como Sobreviver a 2012* será publicada nesse website. Mas você deve levar em conta que precisará dispor de pelo menos doze mil dólares (dez mil euros) para ter um mínimo de chance de escapar. Dezoito mil dólares (quinze mil euros) é uma estimativa mais realista. Com esse dinheiro, comprará o seguinte:

- Equipamento de sobrevivência suficiente
- Comida para pelo menos um ano
- Sementes de legumes, cereais, arroz e batatas

- Material básico para dar começo a uma civilização incipiente
- Livros

Além disso, parte do dinheiro será empregada na construção de abrigos subterrâneos. Isso merece uma explicação. Nosso refúgio será nas montanhas Drakensberg, África do Sul. Como permaneceremos em altitudes elevadas, seremos atingidos por violentas tempestades e intensa radiação solar. A única forma de sobreviver é ficar em abrigos de concreto ou túneis com paredes bem grossas. Só uma quantidade pequena de ferro poderá ser usada na construção, pois esse metal atrai raios. E teremos também de insistir bastante junto às autoridades para obter autorizações, o que custará mais dinheiro.

A fim de resistir à fúria das ondas, precisaremos estar a pelo menos três quilômetros acima do atual nível dos oceanos. Espero que o grupo principal se aloje no ponto mais conveniente, para lançar ali uma cabeça-de-ponte estável. A partir desse ponto, a civilização será reiniciada. Quem se disporá a mapear os melhores lugares naquelas montanhas?

## Europa

Várias pessoas me perguntaram se seria prudente construir abrigos subterrâneos na Europa. Não creio que lugar algum se preste bem a isso, exceto as altas cordilheiras da Espanha e Turquia. Nas terras baixas os abrigos terão de suportar formidáveis abalos sísmicos. Um deles bastará para atrair o maremoto, cuja pressão, com ondas de um quilômetro de altura, é incalculável. Além disso, muitos lugares ficarão alagados durante dias: as pessoas se afogarão facilmente. Enfim, você precisa saber que depois da inversão polar a maior parte da Europa mergulhará num frio insuportável.

## América do Norte e América do Sul

Explicamos minuciosamente em *Como Sobreviver a 2012* que as chances reais de sobreviver nas Américas do Norte e do Sul são muito tênues. O motivo é que o eixo terrestre nessas partes do mundo sofrerá a mudança mais drástica, resultando em terremotos e erupções vulcânicas inacreditáveis. Ali, o cenário será verdadeiramente apocalíptico.

## Outros locais de sobrevivência

Infelizmente, você precisa de dinheiro para comprar os materiais de que necessitará se quiser sobreviver; caso não tenha dinheiro neste momento, suas chances serão quase nulas. Se tal for o seu caso, consulte a lista de outros lugares onde talvez consiga escapar. Poderá ir para lá antes do cataclismo. Sem dúvida, suas chances serão menores do que se integrasse um grupo bem organizado. Mas fazer alguma coisa é melhor do que não fazer nada.

Entenda bem: será impossível pertencer ao nosso grupo principal se você dispuser de pouco ou nenhum equipamento para garantir sua própria segurança. A situação durante e depois do cataclismo será tão difícil que ninguém conseguirá ajudar ninguém. Mal poderemos nos considerar autossuficientes! Tome isso como definitivo, por favor! Não alimente ilusões! Se você não se esforçar, suas chances de sobreviver serão lamentavelmente precárias!

## Reagrupamento

Dependendo da magnitude do deslocamento da crosta terrestre, diversos pontos de partida para uma nova civilização serão assinalados com antecedência. Se você decidir refugiar-se lá, aprenda desde logo a ler mapas a fim de determinar a latitude no globo. Encontrará essas informações em *The Golden Thread of Time*, de Chrichton E. M. Miller. Esse livro vem a calhar para quantos queiram sobreviver!

## Barcos insubmergíveis

Devemos considerar seriamente a possibilidade de sobreviver ao maremoto com a ajuda de barcos insubmergíveis. Eles são caros e só umas poucas pessoas se podem permitir adquiri-los. Se convencermos alguns dos atuais e futuros proprietários a colaborar, milhares de vítimas decerto sobreviverão. Faça você mesmo as contas: um total de seis mil barcos foram construídos em 2002. Em 2012, haverá cerca de dez mil. Se conseguirmos usar um quarto deles (isto é, 2.500) com uma média de quatro pessoas a bordo, umas dez mil escaparão ao maremoto. É mais que o suficiente para dar início a uma nova civilização. Muito dependerá da boa vontade da ETAP em fornecer os endereços dos proprietários. E esses terão de ser instados a ajudar. Talvez alguns deles se esforcem para sobreviver e se encontrem em alto-mar na data fatídica. Caso não se mostrem interessados, quem sabe aceitem pelo menos nos alugar seus barcos? Espero que alguns capitães convençam seus colegas a participar do plano. Sem nenhuma dúvida, essa é a maneira mais viável de sobreviver.

Quem irá coordenar tudo isso?
Internet: http://www.etapyachting.com

## Os sobreviventes de 2012

Com esse website, pretendo promover a maior operação de sobrevivência e restauração de que se tem notícia. Poucos acreditam no que nos espera. Ainda assim, preciso desesperadamente de cada homem ou mulher que acreditar. Muita coisa depende da atitude correta e da motivação de quem tencione sobreviver. Quanto maior o desejo de escapar, mais numerosas as chances de consegui-lo. Esforcemo-nos juntos em prol de um mundo melhor, que é nosso objetivo final.

Depois do cataclismo da inversão polar de 2012, todas as estruturas e serviços existentes serão destruídos. Há forte possibilidade de que quase todos os seres humanos também pereçam. Preciso, pois, do maior número possível de pessoas decididas a sobreviver e a se empenhar conosco na operação de resgate que se seguirá à inversão. Não subestime o que nos aguarda porque teremos muito trabalho pela frente. Não preciso de gente disposta a fazer qualquer coisa, mas de gente cônscia do que deve ser feito. Se você leu atentamente meus livros, não achará difícil concentrar-se em um ou outro aspecto da maneira de sobreviver a 2012. Por exemplo, talvez se decida a acumular extenso conhecimento sobre um dos seguintes itens:

- O equipamento de sobrevivência mais prático
- O material básico para iniciar uma nova civilização

Apêndice

- Bicicletas e motocicletas para o transporte
- Comida
- Sementes de legumes, cereais, arroz e batatas
- Barcos insubmergíveis

Pode ser que você se disponha a reunir uma pequena biblioteca com livros sobre os seguintes assuntos:

- Princípios de matemática (álgebra, geometria plana, etc.)
- Física elementar
- Química elementar (geral e carboquímica)
- Eletricidade básica
- Eletrônica básica
- Elementos de anestesia (equipamentos e métodos)
- Elementos de odontologia (material necessário)
- Culturas de hortaliças e frutas
- Fundamentos de arquitetura/construção (matérias-primas para fazer cimento, etc.)
- Fabricação de papel e tinta
- Fabricação de vidro
- Fabricação de sabões
- Ligas metálicas
- Plásticos
- Curtição e manufatura de couros e outros produtos naturais
- Cerâmica
- Teares simples e máquinas de costura
- Refrigeração
- Produção de biodiesel para motores a diesel
- Construção de motores a combustão
- Medição da radioatividade
- Aparelhos de rádio e telefone
- Ábacos de madeira
- Moinhos de vento para geração de eletricidade
- Mapas-múndi completos
- Mapas para localizar minerais, petróleo, etc.

- Relógios mecânicos precisos
- Lentes corretivas para óculos
- Calças e casacos
- Técnicas de soldagem
- Projetos de construção de barcos
- Instrumentos musicais e partituras
- Pólvora e explosivos

Os itens acima mencionados são essenciais e uma nova civilização pode ser edificada a partir deles. Se você descobrir outros igualmente importantes, deverá levar consigo os livros que tratarem do assunto. Mas, como só conseguiremos transportar uma quantidade limitada, aconselho-o a ater-se às informações estritamente necessárias. É dessa maneira que conseguiremos salvar nosso conhecimento científico e transmiti-lo às novas gerações de um futuro distante e inseguro.

## Finalmente

Nós, os sobreviventes de 2012, talvez consigamos resgatar os erros cometidos até agora, principalmente na área da ecologia. Você, adepto de um paradigma de sabedoria ecológica, decerto se identificará com esse sonho. Terá ao seu dispor um ambicioso projeto de construção secundado por todas as informações científicas relevantes. Em consequência, uma civilização paradisíaca poderá governar a Terra dentro de algumas centenas ou milhares de anos.

Portanto, releia meus livros com a máxima atenção. Anote os pontos importantes e comece a esboçar uma estratégia de sobrevivência para si mesmo. Além de sua salvação, a continuidade de nosso conhecimento também é decisiva. Com isso em mente, conseguiremos superar o pior desafio que jamais se apresentou à humanidade: a persistência de nossa cultura. Não será fácil; será tremendamente difícil. Mas que isso não nos intimide. Temos uma meta e chegaremos lá de uma maneira ou de outra. Muito sangue, suor e lágrimas serão derramados até atingirmos o objetivo final: uma nova "Idade do Ouro" numa nova Terra.